国家社科基金项目（10BJY014）
"进城农民工子女教育政策绩效评价与体制创新研究"

进城农民工子女教育管理与体制创新研究

周国华 著

中国社会科学出版社

图书在版编目(CIP)数据

进城农民工子女教育管理与体制创新研究／周国华著．—北京：中国社会科学出版社，2021.5

ISBN 978-7-5203-8518-3

Ⅰ.①进⋯　Ⅱ.①周⋯　Ⅲ.①民工—子女—教育体制改革—研究—中国　Ⅳ.①G521

中国版本图书馆 CIP 数据核字（2021）第 108865 号

出 版 人	赵剑英
责任编辑	宫京蕾　周怡冰
责任校对	秦　婵
责任印制	郝美娜

出　版		中国社会科学出版社
社　址		北京鼓楼西大街甲 158 号
邮　编		100720
网　址		http://www.csspw.cn
发 行 部		010-84083685
门 市 部		010-84029450
经　销		新华书店及其他书店
印　刷		北京君升印刷有限公司
装　订		廊坊市广阳区广增装订厂
版　次		2021 年 5 月第 1 版
印　次		2021 年 5 月第 1 次印刷
开　本		710×1000　1/16
印　张		18.5
插　页		2
字　数		315 千字
定　价		108.00 元

凡购买中国社会科学出版社图书，如有质量问题请与本社营销中心联系调换
电话：010-84083683
版权所有　侵权必究

目　录

第一章　绪论 (1)
　第一节　研究的背景与问题 (1)
　　一　研究的背景 (1)
　　二　问题的提出 (4)
　第二节　研究的目标和意义 (5)
　　一　研究目标 (5)
　　二　研究意义 (5)
　第三节　研究的设计与框架 (6)
　　一　研究的设计 (6)
　　二　研究的框架 (8)
　第四节　研究的特色与创新 (10)
　　一　研究特色 (10)
　　二　研究展望 (11)

第二章　当前进城农民工子女教育政策绩效的调查研究 (12)
　第一节　调查背景及其问卷设计 (12)
　　一　调查背景 (12)
　　二　资料来源与问卷说明 (13)
　第二节　进城农民工子女教育政策绩效总体特征 (15)
　　一　进城农民工子女的人口学特征 (15)
　　二　进城农民工子女的心理健康 (19)
　　三　进城农民工子女的教育公平 (19)
　　四　进城农民工子女的社会融入 (20)
　第三节　进城农民工子女教育公平绩效的现状描述 (21)
　　一　教育过程公平 (21)

二　教育结果公平 ………………………………………… (22)
　第四节　进城农民工子女教育政策绩效的差异比较 ………… (23)
　　一　不同城市的进城农民工子女比较 …………………… (23)
　　二　不同性别的进城农民工子女比较 …………………… (26)
　　三　不同年级的进城农民工子女比较 …………………… (28)
　　四　不同学校类型的进城农民工子女比较 ……………… (31)
　第五节　讨论与结论 …………………………………………… (34)
　　一　进城农民工子女教育政策绩效的讨论 ……………… (34)
　　二　进城农民工子女教育政策绩效结论 ………………… (40)

第三章　进城农民工子女教育政策绩效的评价研究 ……………… (42)
　第一节　进城农民工子女教育政策绩效量表的编制研究 …… (42)
　　一　研究目的 ……………………………………………… (42)
　　二　研究假设 ……………………………………………… (42)
　　三　研究方法 ……………………………………………… (43)
　　四　结果与分析 …………………………………………… (46)
　　五　讨论与结论 …………………………………………… (83)
　第二节　农民工子女教育政策公平绩效研究：基于阶层回归
　　　　　模型 …………………………………………………… (87)
　　一　问题的提出 …………………………………………… (87)
　　二　相关研究和研究假设 ………………………………… (88)
　　三　数据、测量与统计分析 ……………………………… (91)
　　四　教育公平的影响因素分析 …………………………… (94)
　　五　结论与讨论 …………………………………………… (95)
　第三节　农民工子女教育安置方式对其社会融入的影响
　　　　　研究 …………………………………………………… (99)
　　一　问题的提出 …………………………………………… (99)
　　二　研究方法及思路 ……………………………………… (101)
　　三　教育安置方式对农民工子女社会融入的回归分析 … (104)
　　四　教育公平在教育安置方式与社会融入关系中的中介
　　　　作用 …………………………………………………… (106)
　　五　讨论与结论 …………………………………………… (109)

第四章 进城农民工子女教育管理的个案研究——以无锡、温州和广州为例 …… (113)

第一节 "无锡模式"：无锡市农民工子女教育管理的个案研究 …… (113)
一 政策表达：社会环境与农民工子女教育 …… (113)
二 政策效果：无锡农民工子女教育的成就与问题 …… (118)
三 模式解读："五个亮点""四大统筹"与"一个效应" …… (120)

第二节 "温州模式"：温州市农民工子女教育管理的个案研究 …… (127)
一 一座城的故事：在权衡中前进的农民工子女教育 …… (127)
二 解读：基于制度框架的温州农民工子女教育政策分析 …… (138)

第三节 "广州模式"：广州市农民工子女教育管理的个案研究 …… (148)
一 问题背景：广州市农民工人员子女教育情况 …… (149)
二 故事呈现：一个农民工子女在广州就学故事 …… (152)
三 模式解读："四大特色"能解决"一个效应"？ …… (161)

第四节 探索进城农民工子女教育治理的新模式：从"无锡模式"到"广州模式" …… (166)
一 三种模式的比较：从入学门槛到管理制度 …… (166)
二 绩效的比较：差异之源与共同经验 …… (171)
三 反思：流动人口子女教育治理是否需要一个"中国模式"？ …… (174)

第五章 国外流动人口子女教育管理的比较研究——以印度、以色列和美国为例 …… (178)

第一节 印度、以色列和美国流动人口子女教育管理政策实践比较 …… (178)
一 印度：追求正义与善的流动儿童教育政策 …… (178)
二 以色列：融移民子女教育于民族国家复兴之中 …… (182)
三 美国：构筑流动儿童教育管理生态系统 …… (187)

第二节　印度、以色列和美国流动人口子女教育管理理论基础的
　　　　审思 …………………………………………………………（191）
　　一　公平正义理论 …………………………………………（191）
　　二　多元文化理论 …………………………………………（192）
　　三　公民法治思想 …………………………………………（194）
第三节　印度、以色列、美国流动儿童教育政策的比较与
　　　　启示 …………………………………………………………（195）
　　一　三个国家流动儿童教育政策的比较：思想基础、动力因素
　　　　与运行机制 ……………………………………………（195）
　　二　三个国家流动儿童教育政策对我国的启示 ………（201）

第六章　基于统筹视角的进城农民工子女教育体制创新的研究 ……（202）
第一节　进城农民工子女教育体制创新的目标定位 ………（202）
　　一　逻辑起点：进城农民工子女教育问题属性反思 ………（202）
　　二　体制困境：进城农民工子女教育问题的三个效应 ………（205）
　　三　改革目标：进城农民工子女教育的二重诉求 ………（206）
　　四　战略定位：进城农民工子女教育改革的两个关键 ………（210）
第二节　进城农民工子女教育体制创新的路径选择 ………（217）
　　一　实践路径：我国进城农民工子女教育体制的诱导性
　　　　变迁 ………………………………………………………（217）
　　二　理论引导：进城农民工子女教育体制的强制性变迁 ………（226）
　　三　改革试点：进城农民工子女教育体制的探索性变迁 ………（231）
第三节　进城农民工子女教育体制创新的体系建构 ………（236）
　　一　进城农民工子女教育管理方针的探索 ………………（236）
　　二　进城农民工子女教育体制创新体系建构 ……………（240）

第七章　基于统筹视角的进城农民工子女义务教育发展评估指标
　　　　体系研究 ……………………………………………………（250）
第一节　分析视角：统筹视角下进城农民工子女义务教育发展
　　　　评估 …………………………………………………………（250）
　　一　农民工子女义务教育的属性及定位 …………………（250）
　　二　统筹视角下地方政府农民工子女教育发展的责任划分 ……（251）

第二节　理论建构：进城农民工子女义务教育发展评估的理论
　　　　分析 ………………………………………………（253）
　　一　教育发展评估的必要性 …………………………（254）
　　二　教育发展评估的要素分析 ………………………（256）
第三节　指标体系：进城农民工子女教育发展指标体系的
　　　　构建 ………………………………………………（257）
　　一　构建原则与概念模式 ……………………………（257）
　　二　权重分析与去量纲化 ……………………………（268）
第四节　进城农民工子女义务教育发展指数合成 …………（274）
　　一　发展指数合成的方法选择 ………………………（274）
　　二　教育发展指数的合成处理 ………………………（275）

主要参考文献 ……………………………………………………（277）
后　记 ……………………………………………………………（287）

第一章 绪论

第一节 研究的背景与问题

一 研究的背景

（一）工业化、城镇化带来的社会转型，造成大量的人口流动，进城农民工子女的教育问题凸现

改革开放以来，随着特区建设和乡镇企业的崛起，中国出现了历史上最大规模的人口流动。据中华人民共和国教育部发布的2011—2013年间的全国教育事业发展统计公报显示，2011年、2012年、2013年全国义务教育阶段进城农民工子女数量分别是1260.9万人、1393.8万人、1277.17万人。假设12—14周岁农民工子女在流动人口中所占比例的年龄结构不变，那么2010年、2015年、2020年12—14周岁的农民工子女规模将分别达到431.36万人、544.98万人、627.73万人。[①]数量庞大的农民工子女教育问题对于任何一个教育资源本已有限的流入地政府来说，都是一个不容易解决的教育难题。

除了工业化以外，城镇化的发展给进城农民工子女的教育问题带来了一个新的挑战。李克强总理在2013年指出，中国的城镇化一直会保持一个较快的增长速度，到2030年，届时城镇化率将达到65%—70%。按现在每年从农村转移到城镇的人口1000多万人计算，在未来较长的一段时

[①] 吴霓：《农民工随迁子女异地中考政策研究》，《新华文摘》2012年第5期。

间我国城镇人口将增加到 3 亿左右。① 城镇化是人的城镇化，不是物的城镇化，不只是房子多了、面积大了就是城镇化。人的城镇化要求新来的城市移民在城市的主体性得以实现，成为城市的新的主人，而不仅是一个"用工"而已。② 时任国务院副总理马凯指出，城镇化的国家战备需要推进的是农民工市民化，通过让农民工均等享受公共服务、子女融入学校，将农民工随迁子女义务教育纳入城市教育发展规划和财政保障范围，这才是中国特色的城镇化道路的重点任务。③ 但是，在现行的户籍制度下，进城农民工子女教育问题正成为阻碍我国实现公平教育、人民满意教育的"绊脚石"。④ 如何在国家城镇化的战略背景下，让农民工子女教育问题成为社会正义的一个重要引擎，也是当前国家政府面临的又一个重要挑战。

（二）伴随着社会转型，各种社会矛盾冲突加剧，国家面临着深化政治体制改革，教育体制改革进入深水区，进城农民工子女教育问题成为教育体制改革重要的一环

面对社会转型，各种社会矛盾冲突急剧增加，据中国社科院法学院研究所发布的《2014 年中国法治发展报告》统计，新世纪以来的 14 年间，百人以上群体性事件发生 871 件，其中，1000 人以下的事件 590 起，1000 人到 10000 人的群体性事件 271 起，10000 人以上的群体性事件 10 起。从时间上看，2008 年以来社会群体性事件急剧增加，2008—2013 年发生 798 件，社会矛盾已经严重影响了社会和谐。党的十八大已经把深化政治体制改革作为社会建设的重要举措。

在这些社会矛盾中，城市新生代农民工子女问题已经成为一个重要的社会问题，这些新生代农民工子女出生在城市，习惯了城市生活，农村的家乡对于他们已经很陌生。他们在城市中长大，但是现在的户籍制度没有给他们相应的社会保障，让他们在城市难以立足，成为"回不去的一代"。近年来城市农民工子女犯罪现象增多，这些"外来人口第二代"犯

---

① 李克强：《协调推进城镇化是实现现代化的重大战略选择》，《新华文摘》2013 年第 1 期。
② 姚毓春：《人的城镇化的政治经济学逻辑》，《新华文摘》2014 年第 19 期。
③ 马凯：《中国特色城镇化道路的重点任务》，《新华文摘》2013 年第 1 期。
④ 张健：《多源流模型框架下的异地高考政策议程再分析》，《教育学报》2014 年第 3 期。

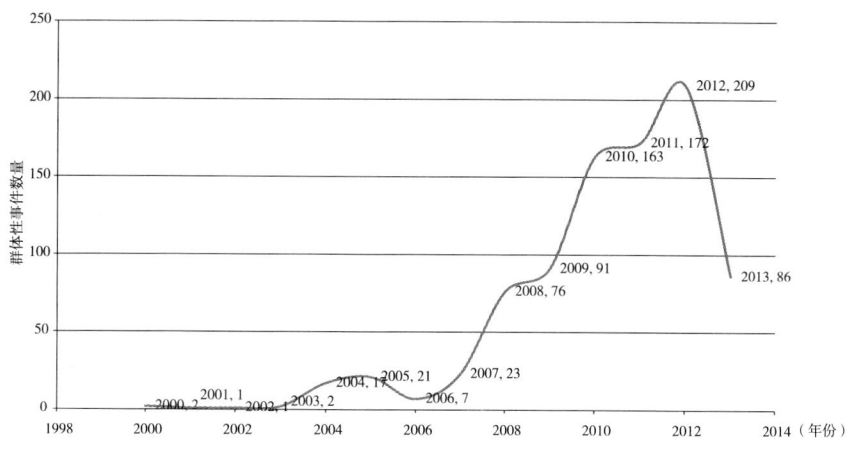

图 1-1　2014 年来中国群体性事件发生趋势①

罪人数增长较快，农民工子女在青少年犯罪中占比达 30%以上，是青少年犯罪中特殊的组成部分。②在犯罪的农民工子女中，在校生不多，大多为辍学后闲散、打工或随亲属搞个体经营者；绝大多数有吸烟、酗酒、赌博、夜不归宿等不良行为，沉迷网吧情况严重，因涉及网络而实施犯罪者增多。③农民工子女由于特殊成长环境导致的心理困境，加上在城市生活中受排斥和歧视，这种身份差别是农民工子女犯罪的直接根源，④⑤ 同时也表明这是农民工子女教育问题的体制性根源。当前农民工子女教育中的户籍制度所导致的城乡权利不对等、义务教育体制导致的农民工子女教育机会不均等、学校管理体制导致公立学校与打工子弟学校发展的不平等、⑥ 农民工子女经费保障、异地升学高考等问题都是深层次体制性问题

---

①　此图信息根据《2014 年中国法治发展报告》中的数据制作而成。
②　李川：《浅谈农民工子女犯罪》，《法制与社会》2008 年第 2 期。
③　谭京生、赵德云：《关于"外来人口第二代"犯罪问题的调研及建议——对北京市 100 名"外来人口第二代"未成年人犯罪情况调查》，《青少年犯罪问题》2009 年第 3 期。
④　郭理蓉：《外来人口第二代犯罪问题研究》，《青少年犯罪问题》2009 年第 5 期。
⑤　应培礼：《关于农民工第二代犯罪问题的若干思考》，《青少年犯罪问题》2007 年第 5 期。
⑥　王智超：《农民工子女就学的制度性障碍与建议》，《东北师大学报（哲学社会科学版）》2007 年第 6 期。

的表现。①②

有鉴于此，2010年《国家中长期教育改革和发展规划纲要（2010—2020年）》已经对解决农民工子女教育问题进行试点和探索，以期解决这一体制性深层次问题。同年，国务院办公厅发布关于教育体制改革试点的决定，决定从人民群众关心的热点难点问题入手，着力破除体制机制障碍，努力解决深层次矛盾。在其中的第2项"推进义务教育均衡发展"专项中，明确了"完善农民工子女接受义务教育体制机制，探索非本地户籍常住人口随迁子女非义务教育阶段教育保障制度（北京市，上海市，安徽省，广东省，云南省，新疆维吾尔自治区）"。同年，中央成立深化教育体制改革领导小组，全面部署教育体制的改革，农民工子女教育问题有望得到更好解决。

二　问题的提出

农民工子女教育问题，是一个社会问题，关系到国家发展与民族复兴。从1993年农民工子女进入媒体关注以来，国家和地方政府致力于其教育问题的解决，到现在为止，农民工子女教育入学难问题基本得到解决。然而，农民工子女教育问题仍然是一个重要的社会问题，不能进入公办学校的农民工子女去了农民工子弟学校，而这些学校教学质量、管理状况都一直饱受社会诟病，导致教育不公平问题日益严峻。同时，由于城乡户籍等制度原因，农民工子女教育经费得不到保障，农民工子女在学校和社会上仍然受到歧视，社会融入困难，犯罪问题加剧，这些都严重影响到社会公正与和谐。

就笔者个人来说，自己的不少亲人在外打工，其子女经历了入学难等一系列问题。一位亲戚打电话跟我提及，从中央电视新闻上都看到免除农民工子女借读费，为什么她的孩子上小学仍然要交费，而且数量还不低呢？对于她的困难我能理解，对于国家的困难我也能理解。但作为一个农民工子女的家长，她实在是难以理解与自己切身相关的中央政策为什么很难执行。她知道我在研究农民工子女，而我的回答难以抚慰她的愤怒与困

---

① 葛新斌：《农民工随迁子女异地高考困局的成因与对策》，《华南师范大学学报（社会科学版）》2014年第2期。

② 邬志辉：《大城市郊区义务教育的空间分异与治理机制》，《人民教育》2014年第6期。

感，我感觉到内疚。因此，从2008年开始研究流动儿童以来，到2010年申报国家社科基金项目研究进城农民工子女教育问题，以此作为自己对这一问题的关注，并希望于国于民有所裨益。

作为农民工子女教育问题多年的研究者，深知这一问题的复杂性与艰难性。就简单的入学问题，对于绝大多数流入地政府来说，都得到基本解决。然而，农民工子女在城市所遭受的教育不公平问题、社会歧视、融入等问题，仍然较为严重。如何对农民工子女教育的这些深层次问题加以研究，是一个学者所应努力承担的社会责任。有鉴于此，当前农民工子女教育的难点就是，如何通过对农民工子女教育政策绩效进行评价并促进地方政府对农民工子女教育问题的重视与解决，以及对新的农民工子女教育体制进行创新性设计等方式，来解决当前农民工子女面临的教育不公平、社会难融入等问题。

第二节 研究的目标和意义

一 研究目标

本研究的目标在于对现行的进城农民工子女教育政策绩效进行量化研究，探索影响政策绩效的重要因素；借鉴国内外流动人口子女教育管理的经验与措施，探索农民工子女教育新体制；在国内已有的相关研究基础上，结合各地农民工子女管理实践经验，建构进城农民工子女教育发展评价指标体系和发展指数。

二 研究意义

从实践上来说，党的十七大提出建设和谐社会的要求，教育部提出了城乡均衡发展的教育管理理念。然而迄今为止，很多地区农民工子女的教育政策执行难和问题解决不够到位仍然是影响社会发展进步的一个重大障碍。因此，本研究探讨农民工子女教育管理新体制和策略，建构进城农民工子女教育问题的解决之道，将有利于国家教育公平的推动和社会和谐稳定的实现，为政府部门提供决策支持。从理论上来说，农民工子女教育问题是一个与社会发展理论密切相关的学术问题，本研究从统筹的视角出发,采用政策研究和管理研究相结合的方法,将有利于深化农民工子女教育问题的研究,完善农民工子女教育管理模式、体制和政策体系。

第三节 研究的设计与框架

一 研究的设计

研究的问题针对农民工子女教育的体制性困境问题,课题组的研究目标是致力于政策绩效评价与体制创新,具体的问题是:

1. 当前进城农民工子女所受教育的情况如何?不同性质的家庭、不同流动状况及不同的政策安排下,农民工子女教育发展水平有何差异?

2. 当前农民工子女教育发展的绩效状况如何?哪些因素影响农民工子女教育政策绩效的发挥?

3. 对于流动儿童教育问题来说,发展中国家、发达国家等外国政府是如何解决这一问题的?对我国农民工子女教育问题解决有何启示?

4. 农民工子女教育问题出现以来,我国地方政府在解决农民工子女教育问题方面有何特色个案?哪些好的经验可以进一步全国推广?

5. 农民工子女教育深层次问题如何突破?在体制上如何创新?

6. 农民工子女教育发展可否有一个发展评价指数?如何构建这样一个评价指标体系和评价指数?

(一) 研究的思路

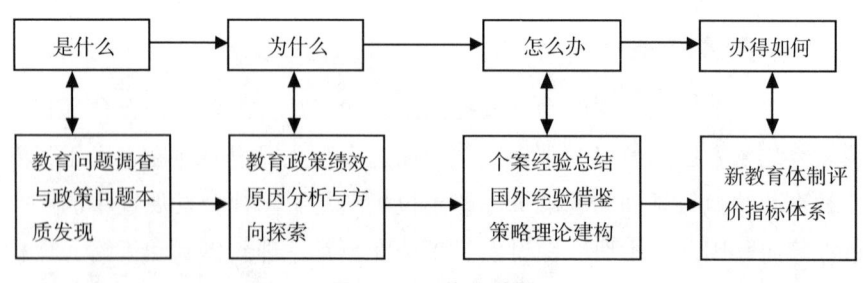

图 1-2 研究思路图

本研究通过对进城农民工子女教育问题的调查,从决定这一问题基础的教育政策绩效入手分析原因，找到新的问题解决方向。在此基础上通过对国内外经验和理论的借鉴，构建起流动儿童新的管理制度，并建立一套评价指标，以便于今后对地方政府政策执行效果进行测评。

(二) 核心概念

农民工子女　当前农民工子女这一概念仍有很多争议，相似的有流动儿童、进城农民工子女、务工人员子女、流动人口子女、外来人员子女、外来人口子女、随迁子女等，但其内涵基本都是进城农民工子女，只是称呼不同而已。"流动人口子女"概念不能清晰界定这一特殊群体的身份特征和生活状况；"流动儿童"涵盖的范围远远大于实际生活中的这一特殊群体，容易造成歧义理解；"进城务工农民子女"和"农民工子女"的概念突出进城农民职业的变更特点。在本研究中，农民工子女是指跟随父母工作地生活而在非户籍所在地就读的义务教育阶段的学龄儿童。在本研究中，各种不同名称的流动人口子女有时通用，在此界定。

体制创新　体制这一概念一直在管理学和政治学领域广泛运用，一般认为体制系指体系与制度的结合，体系则指管理机构的体系，制度则为各管理机构实施的政策措施等。制度的实施需要有具体的机构和人员来实施，而机构则为执行相应的职能和制度而设，体制是一个人、机构和制度的结合体，是政治功能实现的基本保证。因此，体制的重要性不言而喻。本研究中体制既遵循学界的一般观点，认为系机构体系与政策制度的结合体，也认为体制意味着一种社会思想，与时代发展密切联系。体制创新在本研究中指基于一种新的思想基础并与解决社会问题密切相关的人员、机构与制度的资源有效配置。

绩效评价　绩效评价在政治学中是与政策实施紧密相关的一个概念，政策的执行效果如何，需要一个获得较多认同的评价体系。在本研究中，绩效评价是指建立在规范研究范式下科学的评价指标体系与精确的数据实证结果下的政策实施效果评定。绩效的评价不是政府相关部门委托，而是作为一个独立研究机构的研究。研究的结果是用来对当前农民工子女教育政策效果进行检验和反思，以期让政策获得更好的改进。

(三) 研究的方法

文献法　本研究以"农民工子女教育政策绩效评价与体制创新研究"

为主题，以统筹为视角，在进行相应的研究设计后，文献的收集主要是以"农民工子女教育""政策绩效""教育体制""城乡统筹"为篇名、主题、关键词等，通过图书馆相关论著、年鉴、教育及社会科学类报纸杂志等获得相关的理论文献，整理、分类、分析收集到的文献，进行文献综述及论文撰写。

调查法 本研究需要对农民工子女教育政策实施现状进行实地调查，采取问卷、访谈等方式，借助SPSS统计软件、LISER建模软件进行定量的频数统计、相关分析等，评价政策实施效果。

个案法 本研究选择广东、浙江和北京三个农民工子女较多的省市中的三个城乡统筹管理典型个案，对各政策主体进行实地访谈，探讨已有做法存在的问题与值得借鉴的经验。

比较法 将选择国外流动人口子女教育管理的事实异同、规律特点、发展态势等，比较国内外区别，以及从国外找到有意义的经验启示，改进我国农民工子女教育统筹制度的设计与实践。

（四）研究的重点

本研究的重点是对进城农民工子女教育政策绩效的调查和分析。因为需要一个全国性样本取样，不同地区教育管理差异及政策实施状态不尽相同，样本取样、数据分析的结果对于教育管理体制探讨和政策支持体系完善有直接的影响，因此对进城农民工子女教育政策绩效评价是本研究的一个重点。

本研究的难点是统筹视角下进城农民工子女教育体制创新与指标评价体系研究。在对调查数据进行分析的基础上，探索进城农民工子女教育管理的模式之道与体制创新构想。因为不同地区差异较大，因而教育管理体制的共性与模式的个性把握，以及指标评价体系建构是研究的难点所在。

二 研究的框架

根据研究的目标与问题，按照既定的研究思路，确定以下六个方面为主要的研究框架：

（一）当前进城农民工子女教育管理问题的调查研究

本课题选取浙江、江苏等农民工数量较多、经济发达程度不同的代表性地区进行调查，以求发现当前进城农民工子女教育在学业绩效、教育管理体制、教育政策执行等方面存在的问题和原因，为进一步地专项研究奠定基础。

(二) 进城农民工子女教育政策绩效评价的量化研究

根据相关的政策理论范式，通过访谈进城农民工子女教育政策对其身心发展、教育公平和社会和谐等方面的实现程度，并在此基础上建立评价量表，分析当前农民工子女教育政策目标实现程度，寻找政策与绩效之间的张力。

(三) 进城农民工子女教育管理的典型个案研究

对当前我国在探讨进城农民工子女教育管理的典型地区，如无锡、温州和广州等进行个案研究，探讨他们在工作做法中存在的问题及值得借鉴的经验。

(四) 国外流动人口子女教育管理政策的比较研究

从国外流动人口子女教育管理的政策变迁实践及其相关的管理理论研究中获取可借鉴的经验和智慧，探讨对中国流动人口子女统筹管理的启示。

(五) 基于统筹视角的进城农民工子女教育体制创新的理论研究

根据新公共管理理论、新服务理论、治理理论等，探讨进城农民工子女教育体制深层次问题，对问题的性质界定、困境表现、改革目标和战略定位进行深入分析，对体制创新的途径进行探讨，建构农民工子女教育管理新体制和治理新模式，以期解决好农民工子女的教育公平与社会融入等问题。

(六) 基于统筹视角的进城农民工子女教育发展指标的评价研究

首先，从统筹视角下对进城农民工子女义务教育的供给特性进行定位，探讨相关的教育发展评估理论和原则，建构农民工子女教育发展指标评估体系，建立起进城农民工子女教育发展评估指数，以此对地方农民工子女教育管理状况和绩效进行评价，促进农民工子女教育的地方积极性。

第四节 研究的特色与创新

一 研究特色

(一) 统筹视角

本研究的一个重要特色就是研究视角的独特性。当前关于进城农民工子女教育研究较多，有各自不同的研究范式和学科视角，对于进城农民工子女教育研究来说都是有价值的。但正像本研究中对农民工子女教育问题的认识一样，它不只是一个教育问题，更是一个社会问题，很多的解决办法都是需要在教育之外来加以解决的。因此，秉着对体制性问题的深刻认识，对农民工子女教育现在与未来要加以统筹，城市和乡村要加以统筹，义务教育与职业教育、高等教育以及教育公平与社会公正也要加以统筹。因此，对于体制创新和评价指标等，均站在多方统筹的视角来加以审视，此为本研究的最大的一个特色。

(二) 关注实践

本研究第二个特色就是实践特色，即坚持基于事实、基于国情、基于可行的特色。本研究在一些农民工子女教育管理具有代表性的城市——无锡、温州和广州进行田野观察和调研，发现不少有价值的实践经验。本研究不仅关注中国已有的有价值的农民工子女教育实践，也关注国外类似的流动人口子女教育管理实践。因此，本研究基于国内外已有的成功实践经验，探讨了进城农民工子女的教育管理体制与评价方式等，所做的研究结论当具有较好的可行性。

(三) 重视国情

本研究对印度、以色列和美国三个国家流动人口子女的教育管理政策措施进行比较研究发现，印度的流动人口子女主要为一些国内流动人口子女；美国的是那些从事季节性流动工作的渔民、伐木工人等的孩子，或者是指那些从美国外的国家移民来的外国移民者的子女；而以色列的流动人口子女则多为来自世界各国的犹太族移民儿童，这些国家的政策都基于本国的思想文化和现实国情而制定。有鉴于此，本研究对中国这种以打工方式为主的农民工子女进行研究的时候，特别关注中国人口众多地区经济发展不平衡的现实,工业化、城镇化背景下农民工生存方式的独特性以及中国财税体制上的特殊性,因此在体制设计和评价体系方式的研究均基于中国现实国情,此为本研究第三个特色。

二 研究展望

(一) 研究局限

本研究存在以下两方面的不足:第一,由于经济力量及社会资源的限制,无法展开全国性大规模调查,致使调查量本不够大,对于量表的推广度会产生一定的影响;第二,本研究个案城市主要选择经济发展有代表性、农民工子女人数较多、流动较为频繁的无锡、温州和广州三个城市,虽然较具代表性,但鉴于我国面积辽阔、经济差异性较大、城市生态性各异的情况,三个代表性城市并不能完全代表中国,因而在个案结论的共同性方面会有所影响。

(二) 研究展望

本研究需要进一步研究的问题有:第一,农民工子女教育体制改革的共同性与差异性问题。当前的研究选取了农民工子女教育问题难度最大、人数最多和利益最杂的三个代表性城市进行研究,对于体制性的复杂问题研究肯定有较好的针对性。但是,对于一些不同情况的城市:如农民工子女较多、经济不够发达的中小城市,或是因城镇化而出现农民工子女较多的新城市,或是经济结构单一的城市等,如何与中国农民工子女体制问题进行对接,是一个值得进一步研究的问题。第二,农民工子女教育利益的表达机制与政策制定问题。当前的不少农民工子女教育政策属于精英型政策制订模式,更多的是从国家和地方利益出发,而作为利益最直接相关的农民工及其子女,很少参与政策的制订之中。因此,如何从利益相关者的角度来有效制定农民工子女教育政策,是值得研究的另一个新问题。第三,农民工子女教育质量提升的干预机制研究。课题组在研究过程中发现,当前农民工子女教育问题的研究,更多的是从宏观政策或制度的角度,来研究如何保障农民工子女教育权益,提升农民工子女教育质量,促进农民工子女的社会融入等,或是从农民工子女身心健康、学习情况等微观的调查分析研究,但关于如何从具体、直接方面对农民工子女教育进行帮助的研究较少。因此,如何从质量提升、学习效果干预等方面进行农民工子女教育的研究,将是一个非常有价值的学术生长点。

第二章 当前进城农民工子女教育政策绩效的调查研究[①]

第一节 调查背景及其问卷设计

一 调查背景

（一）调查背景

1. 现实背景

进城农民工子女教育问题并不是一个历史问题，而是随着改革开放以来城镇化进程中的大规模人口流动而产生的。据人口普查显示，流动人口已从1982年的657万（占全国人口总数的0.66%)[②]增至2010年的2.61亿[③]（占全国人口总数的20%）。流动人口已从早期的"个体流动多，举家流动少""短期流动多，长期流动少"转变为当前的流动人口"家庭化、常住化、长期化"。与此同时，流动人口子女数已由2000年第五次人口普查的1980万人[④]增至2010年第六次人口普查的3581万人，其中，义务教育阶段人数为1472万（占总数的41.1%)[⑤]。如此规模的流动人口子

[①] 研究生郭元凯参与了本章的部分撰写。

[②] 段成荣、杨舸、张斐：《改革开放以来我国流动人口变动的九大趋势》，《人口研究》2008年第6期。

[③] 国家人口计生委流动人口服务管理司：《中国流动人口生存发展状况报告——基于重点地区流动人口监测试点调查》，《人口研究》2010年第1期。

[④] 汪明：《聚焦流动人口子女教育》，高等教育出版社，2007年版第1页。

[⑤] 中国经济网，全国妇联发布：《我国农村留守儿童、城乡流动儿童状况研究报告》，http://www.ce.cn/xwzx/gnsz/gdxw/201305/10/t20130510_24368366_1.shtml，2013－05－1010/2013－11－11。

女的义务教育问题,已经不仅仅是一个教育问题,更是一个社会问题;不仅需要政府努力解决,而且需要学界积极研究。

2. 政策背景

自进城农民工子女教育问题出现以来,国家有关解决措施经历了"相关教育政策法规缺失""专门政策法规出台"到"政策法规体系基本形成"等阶段。政策实施从先行试点走向全面执行,政策理念由"控制"转向"接纳",教育管理由"差别对待"转向"一视同仁"。教育公平,已越来越成为解决农民工子女教育问题的价值追求。

2010年颁布的《国家中长期教育改革和发展规划纲要2010—2020年》(以下简称《教育规划纲要》)指出,要把"促进教育公平作为国家基本教育政策",其关键是"机会公平",基本要求是"保障公民依法享有受教育的权利",并要求"确保进城务工人员随迁子女平等接受义务教育,研究制定进城务工人员随迁子女接受义务教育后在当地参加升学考试的办法"。2012年,教育部、发展改革委、公安部及人力资源社会保障部等四部门联合发布了《关于做好进城务工人员随迁子女接受义务教育后在当地参加升学考试工作的意见》,以指导农民工子女在流入地的义务教育工作,并要求各省、自治区、直辖市于2012年年底前出台各自的具体办法。从当前各地[①]已出台的农民工子女异地升学考试方案来看,虽各地的农民工子女异地升学考试方案在政策目标、准入条件及管理举措上结合本地实际进行了适度创新,但仍存在政策主体责任下移与权责不清、对象模糊以及操作性不强等不足[②],且其实施时间主要集中在2014年。因此,如何进一步细化与完善农民工子女异地升学考试政策是各流入地政府面临的一大挑战。

二 资料来源与问卷说明

(一)资料来源

本课题关于农民工子女教育问题的研究数据来自对江苏省、浙江省等

---

① 包括除西藏自治区、港澳台外的我国30个省、自治区和直辖市。——课题组注
② 习勇生:《进城务工人员随迁子女异地高考政策分析:政策内容的视角》,《教育发展研究》2013年Z1期。

进城农民工子女较多地区的公立学校、民办学校及农民工子女学校的调查，共发放问卷4100份，其中有效问卷3823份，有效率93.24%。

(二) 问卷说明

本研究使用的问卷为课题组自编教育政策绩效问卷。主要是基于现在"两为主"政策，由在公立学校、民办学校及专门农民工子女学校就读的农民工子女在身心健康、教育公平知觉和社会融入等方面的测量构成，经过小范围试测并修正后的正式问卷由农民工子女基本信息和三个量表组成（Cronbach α 系数分别为 0.778、0.807、0.871，达到统计学要求）。基本信息包括农民工子女的个人特征、家庭背景、流动状况、学校特征等方面，共24题。三个量表包括："心理健康"量表共14题，分为"紧张""孤独"和"敏感"三个维度（Cronbach α 系数介于 0.685—0.741），采用1—5五点评分，分值越低则心理越健康；"教育公平"量表共18题，分为"过程公平"和"结果公平"两个维度（Cronbach α 系数介于 0.744—0.754），采用五点评分，分值越高则教育越公平，其中有三题为反向计分题；"社会融入"量表共19题，分为"对流入地的认同""对流入地人的认同""对教师的认同""对同伴的认同"及"自我认同"五个维度（Cronbach α 系数介于 0.656—0.806），采用五点评分，分值越大则社会融入越好，其中有一题为反向计分题。

(三) 调查过程

本研究的对象来自就读于江苏省无锡市（3所公办学校、1所民办学校）和浙江省金华市（2所公办学校、2所民办学校）、浙江省温州市（1所公立学校、2所民办学校）共11所义务教育学校的小学五、六年级和初中七至九年级的农民工子女。在地点的选择上出于如下考虑：一是江苏、浙江两省是我国经济比较发达的省份，吸引了大量的进城务工人员，因而具有一定的代表性；二是课题组（国家社科基金项目"进城农民工子女教育政策绩效评价与体制创新研究"）自2010年就与无锡市、金华市两地保持着密切的联系，便于开展实地调研。而之所以选择五年级及以上的农民工子女，则主要是考虑到问卷调查内容的难度和学生的实际情况。此外还对广州市2所有农民工子女的学校进行了访谈。从时间上来看，跨度从2010年在浙江金华调研开始，直到2013年在江苏无锡、浙江温州、广东广州等结束，有长达3年左右的调研过程。

第二节 进城农民工子女教育政策绩效总体特征

一 进城农民工子女的人口学特征

本研究主要从进城农民工子女的个人特征、学校特征、家庭背景及流动状况四个方面描述被试的人口学特征。

(一) 个人特征

由表 2-1 可以看出，在性别上，随机抽取的样本中男生多于女生，占 57.7%，共 2148 人，而女生则只有 1575 人，验证了以往的研究结论，即在经济条件限制的情况下，作为流动人口的农民工更倾向于将男孩带在身边看护，给予更好的受教育条件和发展机会[①]；在年龄上，被试主要分布在 13—15 岁（73.2%）之间，14 岁的被试最多（26.9%），这与研究者选取的调查对象（五年级到初三）以及我国《义务教育法》规定的接受义务教育的最低年限（年满 6 周岁）相关，但仍存在少量（0.3%）农名工子女入学时间滞后，年龄相对较大。可见，频繁地流动在一定程度上耽误了子女按时入学；从年级上看，被试主要是初一、初二学生，占总样本量的 70.6%，主要考虑的是该年级段的学生对该问卷内容的认知和理解能力较强，确保调查效度。

(二) 学校特征

由表 2-1 可知，总体而言，来自公办学校的被试最多，占 50.3%，其次是专门的农民工子女学校，占 31.0%，这与国家政策的积极引导和政府对农民工子女学校的合理管理有很大的关系；从选取的农民工子女所在学校的规模来看，大部分（84.9%）被试所在学校容纳人数在 500 人以上，其中在中等规模学校[②]学习的被试最多（32.4%），而在很小和较小规模学校就读的被试最少（15.1%）；从学校所在的位置来看，近一半

---

① 周皓：《流动儿童心理状况及讨论》，《人口与经济》2006 年第 1 期。
② 按照学校当时学生数划分学校规模，≤200 学生数为很小规模学校，200—500 学生数为比较小规模学校，500—1000 学生数为中等规模学校，1000—2000 学生数为较大规模学校，≥2000 学生数为很大规模学校。——课题组注

(47.4%) 的被试就读于城市郊区的学校,其次是就读于市区中的学校,同样占有相当大的比例 (36.6%),而在乡镇学校学习的被试仅占有 16.0%。

(三) 家庭背景

本研究主要从家庭住宿、父母工作、父亲学历及在流入地的亲朋好友的多少等情况来反映农民工子女家庭的经济、文化和社会资本。由表 2-1 可以看出,在家庭住宿情况方面,一半以上 (58.1%) 的家庭选择在流入地租房,而且在市区租房的家庭相对较多,只有一小部分 (20.2%) 的农民工家庭已在流入地买房;从农民工子女父母工作情况来看,在流入地打工的家庭最多,占 57.1%,在事业单位、政府部门工作或开店、经商的被试家庭所占比例基本均等;从农民工子女父亲受教育的程度来看,具有初中及以下学历水平的最多 (77.9%),而具有本科及以上学历的则只占 2.3%,即在 3823 份有效数据中只有 86 名被试选择父亲的学历是本科及以上,农民工家庭受教育水平低下问题显见;从在流入地拥有亲朋好友的情况来看,呈现"两头小中间大"形态,即超过半数 (62.4%) 的家庭在流入地都有几个或一些亲朋好友,而没有亲朋好友和有很多亲朋好友的家庭则只占 5.3% 和 9.6%。

(四) 流动状况

对进城农民工子女流动状况的研究主要从其在现居住地的居住时间长短、近一年中居住地更换次数、近三年就读学校个数、来当前学校的时间以及居住地与学校的距离等五个方面来反映。由表 2-1 可知,绝大多数 (91%) 被试在流入地居住时间超过一年,已经居住 4—6 年 (27.0%) 的最多,且居住 2—3 年、7—9 年、10 年及以上的均在 20% 左右,可见被调查地区的农民工子女家庭的流动并不是十分频繁,而是相对稳定。从近 90.0% 的农民工子女近三年中共就读 2 个及以下的学校[①]也能看出其较低的流动频率。从其近一年中居住地更换次数来看,没换过居住地的人数最多 (33.6%),但至少换过一个居住地的却占 66.4%。此外,虽然农民工子女来当前就读学校的时间不超过一年的较多 (40.6%,主要是有 36.2%

[①] 因被试多是初中生,且公办中、小学一般是分开的 (民办学校除外),故共就读 2 个学校很正常。——课题组注

表2-1　进城农民工子女人口学特征（表中数据不包含缺失值）

变量		总数	百分比(%)	变量		总数	百分比(%)	变量		总数	百分比(%)
个人特征				学校位置	乡镇	601	16.0	流动状况	很多	360	9.6
性别	男	2148	57.7		郊区	1779	47.4	居住时间	≤1年	334	9.0
	女	1575	42.3		市区	1374	36.6		2—3年	715	19.3
年龄	9—11岁	114	3.0	家庭背景					4—6年	998	27.0
	12岁	329	8.7	住宿情况	父母工作地	222	6.0		7—9年	764	20.7
	13岁	757	20.0		郊区租房	926	25.1		≥10年	886	24.0
	14岁	1018	26.9		市区租房	1217	33.0	更换居住地个数	0个	1219	33.6
	15岁	996	26.3		已买房	746	20.2		1个	1035	28.5
	16岁	476	12.6		其他	578	15.7		2个	707	19.5
	17—18岁	97	2.6	工作情况	打工	2089	57.1		≥3个	665	18.3
年级	五年级	101	2.6		开店或经商	378	10.3	就读学校个数	1个	1411	38.8
	六年级	421	11.0		事业单位	544	14.9		2个	1771	48.7
	初一	1380	36.2		政府部门	391	10.7		≥3个	376	10.3
	初二	1312	34.4		其他	259	7.1	来该校时间	≤1年	1485	40.6
	初三	603	15.8	父亲学历	小学及以下	848	22.7				

续表

变量		总数	百分比(%)	变量		总数	百分比(%)	变量		总数	百分比(%)
个人特征				学校位置	乡镇	601	16.0		很多	360	9.6
学校特征					初中	2061	55.2		2年	1003	27.4
学校类型	专门	1186	31.0		高中或中专	613	16.4		3年	521	14.3
	民办	714	18.7		大专	129	3.5		≥4年	648	17.7
	公办	1920	50.3		本科以上	86	2.3	家庭距离	很近	1005	27.3
学校规模	比较小	577	15.1	亲朋好友	没有	199	5.3		比较近	1135	30.8
	中等规模	1237	32.4		有几个	1136	30.4		一般	995	27.0
	较大	786	20.6		有一些	1196	32.0		比较远	405	11.0
	很大	1219	31.9		比较多	849	22.7		很远	148	4.0

的初一学生），但来校时间在两年以上的仍占大多数。而且，绝大部分（85.0%）的农民工子女都是就近入学，其上学距离并不远。

二 进城农民工子女的心理健康

进城农民工子女特殊的生活历程——"由农村到城市"以及特殊的生活体验——"生活在城市里的农村人"对其心理健康产生了深刻的影响，调查研究农民工子女心理健康问题成为当前关注"农民工子女"群体的重点。本研究从紧张、孤独、敏感三个维度来考察进城农民工子女的心理健康状况，并使用李克特五分量表对农民工子女的心理健康状况进行问卷调查，分数越高代表心理健康问题越严重，反之，分数越低代表心理越健康[①]。由表2-2可知，总体而言，农民工子女心理健康得分高于中值（M=3.9184），分布相对均衡（SD=0.6024），且在紧张、孤独和敏感三个维度上的平均分均处于一般水平之上，说明进城农民工子女心理健康状况整体较好。但相对而言，农民工子女在敏感维度表现最好（M=4.3850），其次是孤独（M=4.1717），而在紧张方面表现最差（M=3.2040）。而且孤独（SD=0.9431）和紧张（SD=0.8182）的标准差相对较大，说明其内部差异较大。

表2-2　　　　　　　　进城农民工子女的心理健康

变量	人数（N）	平均值（M）	标准差（SD）
心理健康	3808	3.9184	0.6024
紧张	3808	3.2040	0.8182
孤独	3804	4.1717	0.9431
敏感	3807	4.3850	0.6783

三 进城农民工子女的教育公平

进城农民工子女的教育公平是中国社会转型时期出现的一个独特的社会问题，已引起广泛的社会关注。本研究从教育过程公平和结果公平两个

---

① 实际分析时整体反向计分，即分值越高心理越健康。——课题组注

维度来反映进城农民工子女教育公平状况。由表 2-3 可知，总体上，进城农民工子女的教育公平状况较好（M=3.3106），处于中等以上水平，且内部差异较小（SD=0.5381）。其中，结果公平（M=3.8036）好于过程公平（M=2.8205），且过程公平处于一般水平之下，这一定程度上表明了农民工子女在义务教育过程中存在着"差别对待"。另外，过程公平（SD=0.6790）和结果公平（SD=0.5594）的标准差都不大，说明农民工子女在过程公平和结果公平上的内部差异比较小，但过程公平的内部差异稍大于结果公平。

表 2-3　　　　　　　　进城农民工子女的教育公平

变量	人数（N）	平均值（M）	标准差（SD）
教育公平	3805	3.3106	0.5381
过程公平	3804	2.8205	0.6790
结果公平	3803	3.8036	0.5594

四　进城农民工子女的社会融入

进城农民工子女的身份认同是社会建构和自我建构共同作用的结果[1]，是被动和主动相统一的过程。本研究对进城农民工子女社会融入状况的分析从农民工子女对流入地的认同、对流入地人的认同、对教师的认同、对同伴的认同以及对自身的认同五个维度出发，通过调查研究发现，农民工子女在对流入地的认同、对流入地人的认同、对教师的认同等维度上均处于一般水平之上，且对教师的认同上表现最好（M=3.4477），但是，三个维度的标准差均相对较大，说明农民工子女在这三个方面的内部差异比较明显。更重要的是，农民工子女在对自我认同方面低于一般水平（M=2.8138），标准差（SD=1.0306）大于1，内部差异明显，可见农民工子女自我认同上的突出问题一定程度上影响了该群体整体社会融入水平。

---

[1]　周永康、秦雯：《教师表征对进城农民工子女身份认同的影响》，《四川师范大学学报（社会科学版）》2011 年第 2 期。

表 2-4　　　　　　　　　进城农民工子女的社会融入

变量	人数（N）	平均数（M）	标准差（SD）
社会融入	3783	3.1166	0.7209
对流入地的认同	3781	2.9965	0.9042
对流入地人的认同	3779	3.2655	0.9931
对教师的认同	3774	3.4477	0.8628
对同伴的认同	3769	3.0988	0.9898
对自我的认同	3763	2.8138	1.0306

第三节　进城农民工子女教育公平绩效的现状描述

一　教育过程公平

针对进城农民工子女的教育过程公平问题，本课题研究组使用李克特五分量表设计了 8 个题目，即：B1 "在学校你和老师交流或交谈的次数"、B2 "你在学校、班级里面发言的次数"、B3 "你上讲台、黑板示范或演示的次数"、B4 "老师对你作业批改的次数"、B5 "你被老师表扬、鼓励的次数"、B6 "在学校你被老师嘲笑或讥讽的次数"[1]、B7 "你父母来学校参加家长会的次数"、B8 "你父母和老师联系的次数"。从表 2-5 中调查数据可知，农民工子女和老师交流或交谈次数、在学校或班级里面发言次数、上讲台或黑板示范及演示的次数绝大部分都处于 "一般" "较少" "很少" 水平，分别占总体的 85.0%、86.1%、93%，即相当大一部分进城农民工子女在接受义务教育过程中，缺少老师的鼓励和赞赏，表达自我、展示自身的机会难得；同样，43.4%农民工子女，认为自己被老师表扬的次数只是一般，22.0%认为较少，19.2%认为很少，也表明了上述问题；在家庭与学校的沟通方面，33.1%农民工子女父母很少与老师联系，34.2%很少到学校参加家长会，学校反馈少，家庭主动性弱，家校沟通断裂问题严重；但令人欣慰的一面是，在教师对待农民工子女的态度方面，绝大多数（71.7%）的农民工子女认为很少被老师嘲笑或讽刺。综

---

[1] 实际分析时反向计分，即次数越少教育过程表现越公平。——课题组注

上可见，农名工子女教育过程的不公平主要表现在教育教学、家校沟通方面，主要形式并非语言上的恶意中伤。

表 2-5　　　　　　　　进城农民工子女的教育过程公平

	B1(%)	B2(%)	B3(%)	B4(%)	B5(%)	B6(%)	B7(%)	B8(%)
很少	24.9	25.8	43.5	6.2	19.2	1.3	34.2	33.1
较少	22.7	25.2	27.3	6.0	22.0	2.0	12.8	21.8
一般	37.4	35.1	22.2	25.6	43.4	9.9	26.7	31.0
比较多	10.8	10.2	4.9	21.4	11.1	15.2	9.5	9.0
很多	4.3	3.9	2.1	40.7	4.3	71.7	16.7	5.1

二　教育结果公平

教育结果公平是教育公平的终极目标，同时又可以评价和衡量教育起点公平、教育过程公平，具有目标导向[①]。针对进城农民工子女教育结果公平问题，本课题研究组设计了10个题目，即：B9"你在课堂上有问题请教老师时，老师的态度如何"、B10"老师对你的关心情况是"、B11"你对现在就读学校的老师满意情况是"、B12"你的学习成绩如何"、B13"和上学期相比，你的学习如何"、B14"你认为学习成绩重要吗"、B15"毕业后你希望升入哪一种学校"、B16"毕业后你在当地继续升学就读的可能性多大"、B17"你是否被老师要求转学或转过班"[②]、B18"你是否被老师要求单独报名参加考试"。由表2-6可知，大部分（53.2%）农民工子女在课堂上请教老师问题时，老师的回应态度良好，处于一般水平及之上的比例高达95.2%，且老师对农民工子女的关心情况较好，"比较关心"和"很关心"分别占30.7%、32.1%；教师"一视同仁"的态度换来农民工子女对教师较高的满意度，调查结果中，33.4%的被试对就读学校的教师"满意"，32.9%的被试"很满意"；在取得学业成功的机会均等方面，一半以上（53.0%）的农民工子女目前的学习成绩一般，

[①] 辛涛、黄宁：《教育公平的终极目标：教育结果公平——对教育结果公平的重新定义》，《教育研究》2009年第8期。

[②] 实际分析时反向计分，即数值越大教育结果表现越不公平。——课题组注

"比较好"和"很好"的比例仅有 19.8%、3.1%，且 46.8%的农民工子女成绩和上学期差不多，进步不大。但另一方面，他们又深刻地认识到学习之于他们人生的重要性，31.3%被试认为"比较重要"，45.6%被试认为"非常重要"；理想中，农民工子女渴望升入重点中学（45.6%），享受较优越的教育资源，现实里，他们明白在当地继续升学的可能性不大（41.8%），理想与现实的撞击破坏了他们求学的梦想。综上，教育结果的不公平主要表现在农民工子女取得学业成功的机会均等方面，还需政府、社会、学校等各方支持和努力。

表 2-6　　　　　　　进城农民工子女的教育结果公平

	B9（%）	B10（%）	B11（%）	B12（%）	B13（%）	B14（%）	B15（%）	B16（%）	B17（%）	B18（%）
①	2.4	1.9	2.8	7.5	8.7	1.8	2.6	6.8	0.7	0.8
②	2.4	4.1	3.7	16.6	19.0	3.5	8.3	20.3	1.2	1.0
③	19.2	31.2	27.3	53.0	46.8	17.7	20.8	41.8	6.1	8.5
④	22.8	30.7	33.4	19.8	21.5	31.3	24.0	20.4	6.0	7.1
⑤	53.2	32.1	32.9	3.1	4.0	45.6	44.4	10.6	85.9	82.6

注：①—⑤数值越大，情况越好，③即表示一般状态；B15 选项①"不上学"，②"无所谓"，③"职业中学"，④"普通中学"，⑤"重点中学"。

第四节　进城农民工子女教育政策绩效的差异比较

一　不同城市的进城农民工子女比较

（一）进城农民工子女心理健康的地区差异比较

通过单因素方差分析对不同地区①的农民工子女心理健康的情况进行差异显著性检验，由表 2-7 可知，三个地区的农民工子女心理健康状况均优于一般水平（M = 3.0），平均数徘徊在 3.90，最好的 A 地区平均值 M = 3.9411，最差的 B 地区 M = 3.8900，三个地区的农民工子女心理健康

---

① 本课题的调查地区为无锡（用 A 表示）、金华（用 B 表示）、温州（用 C 表示）。——课题组注

状况不存在显著性差异（F=2.568，p=0.77）。此外，经事后 LSD 检验得知，仅有 A 和 B 地区的农民工子女心理健康存在显著性差异（p<0.05）。

从心理健康的三个维度分别来看，三个地区在紧张维度差异极其显著，在孤独维度差异显著，在敏感维度差异无显著性。具体来说，在紧张维度，C 地区农民工子女状况最理想（M=3.2520），其次是 B 地区（M=3.2064），A 地区相对而言最逊色（M=3.1648）。经 LSD 检验，A 与 C 地区在该维度方面存在显著性差异（p<0.01）；在孤独维度，三个地区平均值均高于一般水平（M=3.0），相比较而言，B 地区农民工子女孤独心理最为严重（M=4.1135），C 地区稍好（M=4.1459），A 地区最为令人满意（M=4.2526）。且事后检验得知，A 地区农民工子女心理健康状况显著优于 B 地区（p<0.001）、C 地区（p<0.01），而 B、C 之间不存在显著性差异；在敏感维度，三个地区均表现出令人满意的状态，不存在显著性差异。

表 2-7　　进城农民工子女心理健康的地区差异显著性检验

地区	变量	紧张	孤独	敏感	心理健康
A 地区	M	3.1648	4.2526	4.4060	3.9411
	SD	0.8255	0.9459	0.6782	0.5908
B 地区	M	3.2064	4.1135	4.3626	3.8900
	SD	0.8123	0.9217	0.6877	0.6112
C 地区	M	3.2520	4.1459	4.3864	3.9268
	SD	0.8140	0.9570	0.6663	0.6022
	F（p）	3.465*	8.013***	1.385（0.250）	2.568（0.77）

注：* p<0.05　　** p<0.01　　*** p<0.001，以下均同。

（二）进城农民工子女教育公平的地区差异比较

通过单因素方差分析对不同地区的进城农民工子女的教育公平状况进行差异显著性检验，结果（表 2-8）表明，农民工子女在教育公平（F=230.192，p<0.001）及教育过程公平（F=286.663，p<0.001）、教育结果公平（F=71.722，p<0.001）方面地区差异均显著。具体而言，A 地区农民工子女在教育公平及教育过程公平、教育结果公平方面均显著优于 B、C 地区，而 B 地区农民工子女在三个方面均劣于其他两个地区。

从教育过程公平和教育结果公平两个方面单独来看，同样存在着显著的地区差异。在教育过程公平方面，A地区农民工子女受教育的过程最为公平，处于一般水平之上（M=3.1231），内部差异较小（SD=0.5914），而B与C地区在该方面则表现较为不公平；在教育结果公平方面，同教育过程公平地区差异相似，A地区农民工子女受教育的结果最为公平（M=3.9429），且内部差异较小（SD=0.5042），显著优于B地区（M=3.6995）、C地区（M=3.7589），这与三个地区实施的地方农民工子女教育政策密切相关。但相对于三个地区的教育过程公平，教育结果公平更为乐观，即存在一定程度的"差别对待"。

表2-8　　　进城农民工子女教育公平的地区差异显著性检验

地区	变量	过程公平	结果公平	教育公平
A地区	M	3.1231	3.9429	3.5330
	SD	0.5914	0.5042	0.4710
B地区	M	2.5426	3.6995	3.1183
	SD	0.6355	0.5709	0.5125
C地区	M	2.7850	3.7589	3.2707
	SD	0.6777	0.5735	0.5448
	F（p）	286.663***	71.722***	230.192***

（三）进城农民工子女社会融入的地区差异比较

通过单因素方差分析对不同地区的进城农民工子女的社会融入状况进行差异显著性检验，结果（表2-9）表明，A、B、C三个地区的农民工子女在社会融入方面存在显著性差异（F=117.429，$p<0.001$）。具体而言，A地区农民工子女的社会融入（M=3.3459）状况最为乐观，其次是C地区（M=3.0304），而B地区（M=2.9534）最为不理想，低于一般水平（M=3.0）。且经LSD检验，A地区与B地区（$p<0.001$）、C地区（$p<0.001$）农民工子女社会融入均具有极其显著性差异，B地区与C地区（$p<0.05$）具有显著性差异。

从社会融入的五个维度单独来看，三个地区均存在显著性差异（F=202.300，F=14.272，F=16.292，F=150.L381，F=43.347，$p<0.001$）。具体来说，经LSD检验，在农民工子女对流入地的认同、对

流入地人的认同、对同伴的认同、对自我的认同四个方面,三个地区两两之间均存在显著性差异($p<0.001$)。在农民工子女对教师的认同方面,A 地区与 B 地区之间($p<0.001$)、A 地区与 C 地区之间($p<0.001$)差异同样极其显著,但 B 地区与 C 地区之间融入状况则比较相似,不存在显著性差异($p=0.396$)。在社会融入的五个方面,A 地区农民工子女均表现出较高的认同度和较小的内部差异性,融入情况良好,而 B 和 C 地区虽有差异,但差异水平较低,均表现出较低的认同度和较大的内部差异性。

表2-9 进城农民工子女社会融入的地区差异显著性检验

地区	变量	对流入地的认同	对流入地人的认同	对教师的认同	对同伴的认同	对自我的认同	社会融入
A 地区	M	3.3713	3.3602	3.5533	3.4558	3.0081	3.3459
	SD	0.8417	0.9471	0.8393	0.9652	1.0014	0.1867
B 地区	M	2.7793	3.1575	3.3753	2.8634	2.6464	2.9534
	SD	0.8256	1.0126	0.8317	0.9504	1.0150	0.6947
C 地区	M	2.7925	3.2812	3.4051	2.9429	2.7732	3.0304
	SD	0.9208	1.0112	0.9157	0.9372	1.0437	0.7213
	$F(p)$	202.300***	14.272***	16.292***	150.381***	43.347***	117.429***

二 不同性别的进城农民工子女比较

(一)进城农民工子女心理健康的性别差异比较

通过独立样本 T 检验对不同性别的进城农民工子女心理健康情况进行差异性分析,结果表明(表2-10)性别对该群体的心理健康的影响显著($t=3.990$,$p<0.001$),男生平均值 $M=3.9518$,女生 $M=3.8723$,农民工子女中男生的心理健康状况显著优于女生。从心理健康紧张、孤独、敏感三个维度上分别来看,农民工子女在孤独($t=1.245$,$p=0.213$)和敏感($t=-0.723$,$p=0.470$)方面不存在显著的性别差异,男女在这两方面表现都较为乐观和健康($M>M=3.0$);而在紧张维度,男女情况差异显著($t=8.036$,$p<0.001$),而且男生显著优于女生($M=3.2947>M=3.0784$),即女生紧张感更强烈。

表 2-10　　进城农民工子女心理健康的性别差异显著性检验

性别	变量	紧张	孤独	敏感	心理健康
男	M	3.2947	4.1881	4.3785	3.9518
	SD	0.8153	0.9413	0.6991	0.6076
女	M	3.0784	4.1492	4.3945	3.8723
	SD	0.8041	0.9423	0.6475	0.5894
	t（p）	8.036***	1.245 (0.213)	-0.723 (0.470)	3.990***

（二）进城农民工子女教育公平的性别差异比较

通过独立样本 T 检验对进城农民工子女教育公平状况进行性别差异性分析，结果表明（表2-11），无论是从总体上看农民工子女的教育公平（t=-5.782，p<0.001），还是在教育过程公平（t=-2.297，p<0.05）和教育结果公平（t=-8.471，p<0.001）两个维度上分别加以比较，都存在着明显的男女差异。而且，在教育过程公平、教育结果公平以及教育公平三方面均是女性优于男性，差异极其显著地表现在教育结果公平方面。

表 2-11　　进城农民工子女教育公平的性别差异显著性检验

性别	变量	过程公平	结果公平	教育公平
男	M	2.7987	3.7417	3.2687
	SD	0.6802	0.5405	0.5440
女	M	2.8506	3.8954	3.3718
	SD	0.6784	0.5272	0.5264
	t（p）	-2.297*	-8.471***	-5.782***

（三）进城农民工子女社会融入的性别差异比较

通过独立样本 T 检验对进城农民工子女的社会融入状况进行性别差异性分析，结果表明（表2-12），总体上男女农民工子女在社会融入方面差异显著，女生能较好地融入社会（$M_{女}$=3.1553>$M_{男}$=3.0888）。具体从社会融入的五个维度来说，性别对农民工子女对流入地的认同（t=-2.677，p<0.05）、对流入地人的认同（t=-3.758，p<0.001）、对教师的认同（t=-3.812，p<0.001）等方面影响显著，而且女生在这三个方面认同度要显著高于男生，表现出较强的融入能力；在农民工子女对同伴的

认同方面,男女均处于一般水平,差异不显著（t=0.279,p=0.780）;在农民工子女自我认同方面,男女认同感都较低（$M_男$=2.7992<$M_女$=2.8345<M=3.0）,处于一般水平之下,女生稍好于男生,而且男女农民工子女对自我的认同内部差异均较大（$SD_男$=1.0421,$SD_女$=1.0158）。

表2-12　　进城农民工子女社会融入的性别差异显著性检验

性别	变量	对流入地的认同	对流入地人的认同	对教师的认同	对同伴的认同	对自我的认同	社会融入
男	M	2.9597	3.2153	3.4043	3.1052	2.7952	3.0888
	SD	0.9293	1.0182	0.8734	0.9822	1.0421	0.7403
女	M	3.0394	3.3379	3.5139	3.0960	2.8345	3.1553
	SD	0.8645	0.9494	0.8461	0.9970	1.0158	0.6898
	t（p）	-2.677*	-3.758***	-3.812***	0.279(0.780)	-1.143(0.253)	-2.802*

三　不同年级的进城农民工子女比较

（一）进城农民工子女心理健康的年级差异比较

通过单因素方差分析检验进城农民工子女心理健康水平在年级分布上是否具有显著性差异,结果表明（表2-13）,不同年级的农民工子女心理健康状况差异显著（F=3.615,p<0.05）。另外,经事后检验得知,七年级（p<0.05）、八年级（p<0.001）学生的心理健康状况均显著优于九年级,就学就业的两难境地在一定程度上给九年级毕业班农民工子女带来了心理压力。

从紧张、孤独、敏感三个维度分别检验农民工子女心理健康的年级差异性可知,农民工子女在紧张（F=3.456,p<0.05）和孤独（F=4.131,p<0.005）心理方面均具有显著性的年级差异,九年级学生的紧张和孤独心理比较严重;而在敏感性方面,农民工子女群体中不存在显著性年级差异,五年级到九年级学生均处于一般水平之上（M=3.0）,状况良好。

表2-13　　进城农民工子女心理健康的年级差异显著性检验

年级	变量	紧张	孤独	敏感	心理健康
五年级	M	3.3036	4.1716	4.3723	3.9492

续表

年级	变量	紧张	孤独	敏感	心理健康
	SD	0.7977	0.8977	0.6905	0.5990
六年级	M	3.1893	4.1671	4.3542	3.9035
	SD	0.8525	0.9474	0.6681	0.6118
初一	M	3.1797	4.1949	4.3849	3.9178
	SD	0.8117	0.9329	0.6787	0.5998
初二	M	3.2600	4.2153	4.4031	3.9562
	SD	0.8133	0.9381	0.6831	0.5954
初三	M	3.1305	4.0331	4.3724	3.8453
	SD	0.8132	0.9680	0.6712	0.6099
	$F(p)$	3.456*	4.131**	0.508（0.730）	3.615*

（二）进城农民工子女教育公平的年级差异比较

通过单因素方差分析检验进城农民工子女教育公平在年级分布上是否具有显著性差异，结果表明（表2-14），农民工子女在教育过程公平（$F=8.686$，$p<0.001$）、教育结果公平（$F=24.864$，$p<0.001$）两维度以及教育公平（$F=17.103$，$p<0.001$）整体上均具有显著性的年级差异。经LSD检验，整体上来看，除了五年级农民工子女教育公平状况显著劣于九年级外（$p<0.05$），其他年级状况均显著优于九年级（$p<0.001$）；在教育过程公平方面，六年级、七年级、八年级农民工子女均显著优于九年级（$p<0.001$）；在教育结果公平方面，九年级农民工子女明显不及其他几个年级（$p<0.001$）。可见，面临初中毕业升学问题的九年级农民工子女在教育公平方面处于明显的不利位置。

表2-14　　进城农民工子女教育公平的年级差异显著性检验

年级	变量	过程公平	结果公平	教育公平
五年级	M	2.8045	3.7970	3.3007
	SD	0.7203	0.5613	0.5598
六年级	M	2.8842	3.9062	3.3952
	SD	0.6933	0.5319	0.5355
初一	M	2.8158	3.8741	3.3450
	SD	0.6551	0.5448	0.5085

续表

年级	变量	过程公平	结果公平	教育公平
初二	M	2.8697	3.7783	3.3215
	SD	0.6954	0.5750	0.5581
初三	M	2.6847	3.6285	3.1535
	SD	0.6588	0.5253	0.5240
	$F\ (p)$	8.686***	24.864***	17.103***

（三）进城农民工子女社会融入的年级差异比较

通过单因素方差分析对进城农民工子女社会融入的年级差异进行显著性检验，结果表明（表2-15），农民工子女在对流入地的认同（$F=20.060$，$p<0.001$）、对流入地人的认同（$F=6.803$，$p<0.001$）、对教师的认同（$F=21.634$，$p<0.001$）、对同伴的认同（$F=9.611$，$p<0.001$）、对自我的认同（$F=6.519$，$p<0.001$）等五个维度以及社会整体融入（$F=19.895$，$p<0.001$）方面均具有显著性年级差异。

为了更清楚地了解不同年级组农民工子女社会融入状况差异，我们进行了事后检验。经 LSD 检验后知，在农民工子女对流入地的认同方面，初中三年级学生显著劣于六年级、初一和初二年级学生，五年级学生虽稍优于初三年级，但二者差异不显著，且初三年级学生内部差异较小，普遍对流入地的认同度都不高；在对流入地人的认同方面，五年级和初三年级学生分别处于认同度的高低两极，即五年级学生对流入地人的认同度显著高于其他年级，而初三年级学生对流入地人的认同则显著低于其他年级，且各年级内部差异均较大；在对教师的认同方面，六年级学生对教师的认同显著优于其他年级，而初三年级学生则显著劣于其他年级；在对同伴的认同方面，五年级、初一年级、初二年级农民工子女均显著优于初三年级，而六年级同样优于初三年级，但差异不显著；在对自我的认同方面，平均值均低于一般水平（$M=3.0$），表现出较低的自我认同感，而且该群体内部差异很大，其中，最为糟糕的同样是初三年级学生，显著劣于其他年级。总体而言，随着农民工子女心智的逐渐成熟，抽象思维和独立意识占据主导位置，初三年级农民工子女在各种现实面前，更加清楚地意识到自身与流入地群体之间的距离，社会融入状况明显低于其他年级，表现在对流入地的认同、对流入地人的认同、对教师的认同、对同伴的认同、对自我的认同等各个方面。

表2-15　　　进城农民工子女社会融入的年级差异显著性检验

年级	变量	对流入地的认同	对流入地人的认同	对教师的认同	对同伴的认同	对自我的认同	社会融入
五年级	M	2.8867	3.6010	3.4625	3.1280	2.8200	3.1724
	SD	0.9816	0.9675	1.0429	0.9771	1.1256	0.7463
六年级	M	3.0558	3.3294	3.6529	2.9957	2.8667	3.1654
	SD	0.9283	1.0764	0.8661	1.0263	1.0327	0.7324
初一	M	3.0928	3.2776	3.4985	3.1620	2.8546	3.1754
	SD	0.9080	0.9938	0.8434	0.9823	1.0409	0.7151
初二	M	3.0128	3.2781	3.4483	3.1566	2.8421	3.1438
	SD	0.9078	0.9874	0.8635	0.9889	1.0170	0.7118
初三	M	2.7083	3.1141	3.1788	2.8997	2.6139	2.8775
	SD	0.7899	0.9175	0.8071	0.9479	0.9876	0.6911
	F(p)	20.060***	6.803***	21.634***	9.611***	6.519***	19.895***

四　不同学校类型的进城农民工子女比较

(一) 进城农民工子女心理健康的学校类型差异比较

通过单因素方差分析对进城农民工子女心理健康的学校类型差异进行显著性检验，结果表明（表2-16），进城农民工子女在心理健康的总体水平上差异显著（$F=12.286$，$p<0.001$），表现在专门农民工子女学校的农民工子女心理健康状况要明显劣于一般民办学校（$M_{专}=3.8508<M_{民}=3.9161$，$p<0.05$）和普通公办学校（$M_{专}=3.8508<M_{公}=3.9608$，$p<0.001$）。

从心理健康的三个维度来看，进城农民工子女的心理健康在孤独（$F=18.121$，$p<0.001$）和敏感（$F=5.603$，$p<0.001$）方面存在显著性差异。结合事后检验得知，与普通公办学校农民工子女相比，专门农民工子女学校和一般民办学校的农民工子女更为孤独（$M_{专}=4.0568<M_{民}=4.1244<M_{公}=4.2595$），且专门农民工子女学校与普通公办学校农民工子女之间（$p<0.001$）、一般民办学校与普通公办学校农民工子女之间（$p<0.001$）

差异极其显著；在心理敏感性方面，整体状况良好，但相对而言，专门农民工子女学校的农民工子女最为敏感，其次是一般民办学校农民工子女，且普通公办学校与专门农民工子女学校农民工子女之间差异显著（p<0.001）；而在心理紧张维度，三个类型的学校不存在显著性差异（F=1.866，p=1.55），专门农民工子女学校农民工子女在面对问题时心理更为紧张。总体而言，普通公办学校农民工子女心理健康状况要优于一般民办学校和专门农民工子女学校，这种差异主要表现在孤独和敏感方面。

表2-16 进城农民工子女心理健康的学校类型差异显著性检验

学校类型	变量	紧张	孤独	敏感	心理健康
专门农民工子女学校	M	3.1751	4.0568	4.3345	3.8508
	SD	0.8146	0.9289	0.7067	0.6120
一般民办学校	M	3.2504	4.1244	4.3795	3.9161
	SD	0.8154	0.9582	0.6802	0.5980
普通公办学校	M	3.2049	4.2595	4.4181	3.9608
	SD	0.8210	0.9379	0.6579	0.5945
	F（p）	1.866（1.55）	18.121***	5.603***	12.286***

（二）进城农民工子女教育公平的学校类型差异比较

通过单因素方差分析对进城农民工子女教育公平的学校类型差异进行显著性检验，结果表明（表2-17），进城农民工子女在教育过程公平（F=392.515，p<0.001）、教育结果公平（F=150.943，p<0.001）两个维度以及教育公平整体（F=368.307，p<0.001）方面均存在显著性差异。具体而言，在教育公平方面，普通公办学校农民工子女受到较专门农民工子女学校和一般民办学校更为公平的待遇（$M_{公}$=3.5234>$M_{民}$=3.1467>$M_{专}$=3.0621），其次是一般民办学校，且三种类型学校相互之间差异显著（p<0.001）；在教育过程公平方面，专门农民工子女学校和一般民办学校均处于一般水平之下（$M_{专}$=2.4810<$M_{民}$=2.6454<M=3.0），唯有普通公办学校处于一般水平之上（M=3.0930>M=3.0），显著优于其他两种类型学校（p<0.001）；在教育结果公平方面，专门农民工子女学校和一般民办学校处于相当水平（$M_{专}$=3.6494，$M_{民}$=3.6517，p=0.929），普通公办学校相对来说最为公平（M=3.9518>M=3.6517>M=3.6494），且与专门农民工子女学校、一般民办学校之间均存在显著性差异。总体而言，普通公办学校农民工子女公平感最强，其次是一般民办学校，而专门农民工子女学校最弱，这与国家政策具有很大的相关性，在农民工子女公平性问题上仍然存在着一系列问题。

表 2-17　进城农民工子女教育公平的学校类型差异显著性检验

学校类型	变量	过程公平	结果公平	教育公平
专门农民工子女学校	M	2.4810	3.6494	3.0621
	SD	0.5976	0.5598	0.4870
一般民办学校	M	2.6454	3.6517	3.1467
	SD	0.6586	0.5749	0.5362
普通公办学校	M	3.0930	3.9538	3.5234
	SD	0.6156	0.5109	0.4791
	$F(p)$	392.515***	150.943***	368.307***

（三）进城农民工子女社会融入的学校类型差异比较

通过单因素方差分析对进城农民工子女社会融入的学校类型差异进行显著性检验，结果表明（表2-18），进城农民工子女在社会融入（F=264.198，p<0.001）整体水平上以及在对流入地的认同（F=202.488，p<0.001）、对流入地人的认同（F=46.387，p<0.001）、对教师的认同（F=47.779，p<0.001）、对同伴的认同（F=320.995，p<0.001）、对自我的认同（F=171.367，p<0.001）五个方面均存在显著性差异。

具体而言，在社会融入的整体水平上，专门农民工子女学校和一般民办学校农民工子女社会融入水平相当（$M_{专}$=2.8644，$M_{民}$=2.8548），均处于一般水平（M=3.0）之下，而普通公办学校农民工子女社会融入状况最为理想，处于一般水平之上（M=3.3656>M=3.0），显著优于其他两类学校。同样，在对同伴的认同、对自我的认同方面学校类型差异相似；在对流入地的认同方面，普通公办学校农民工子女认同感最高（$M_{公}$=3.2685>$M_{专}$=2.7776>$M_{民}$=2.6151），显著优于专门农民工子女学校和一般民办学校，其次是专门农民工子女学校，一般民办学校农民工子女认同感显著低于其他两类学校；在对流入地人的认同以及对教师的认同方面，整体状况良好，均处于一般水平之上（M=3.0），且普通公办学校农民工子女认同感显著高于其他两类学校。总体而言，普通公办学校农民工子女社会融入状况最为良好，一般民办学校和专门农民工子女学校处于明显不利地位。

表2-18　进城农民工子女社会融入的学校类型差异显著性检验

学校类型	变量	对流入地的认同	对流入地人的认同	对教师的认同	对同伴的认同	对自我的认同	社会融入
专门农民工子女学校	M	2.7776	3.0827	3.3394	2.6875	2.5016	2.8644
	SD	0.8372	1.0221	0.8325	0.8754	0.9668	0.6613
一般民办学校	M	2.6151	3.1605	3.2672	2.7630	2.5264	2.8548
	SD	0.8890	0.9771	0.9275	0.8988	0.9798	0.6766
普通公办学校	M	3.2685	3.4148	3.5791	3.4696	3.1064	3.3656
	SD	0.8621	0.9575	0.8353	0.9439	1.0013	0.6835
	$F(p)$	202.488***	46.387***	47.779***	320.995***	171.367***	264.198***

第五节　讨论与结论

一　进城农民工子女教育政策绩效的讨论

（一）进城农民工子女教育政策绩效总体特征的讨论

1. 农民工子女心理健康水平总体较好，但稍显紧张

研究发现，农民工子女心理健康总体得分及其在紧张、孤独和敏感三个维度上的平均分均高于中值，可见其整体状况较好，处于一般水平之上。但相对而言，农民工子女在敏感性方面表现最好，其次是孤独感，而在紧张感方面表现最差。这一结果与以往的研究基本一致，如有研究发现农民工子女"比较焦虑、紧张、抑郁、孤僻、离群、倔强固执"[1]，其人格特征表现为缺乏自信、敏感、遇事忧虑不安、烦恼自扰等[2]。从紧张维度具体题项的平均得分来看，农民工子女的紧张感主要来源于学习成绩不好（M=2.5679）、受到老师批评（M=2.6304）、害怕考试（M=3.1839）

---

[1] 郑友富、俞国良:《流动儿童身份认同与人格特征研究》,《教育研究》2009年第5期。
[2] 陈美芬:《外来务工人员子女人格特征的研究》,《心理科学》2005年第6期。

等方面。这与以往研究也基本一致,如有研究发现,农民工子女"学习压力作为最大的心理问题占总检出率的35.52%"①。可见,学习压力是造成农民工子女表现出紧张心理的一个重要因素。

2. 农民工子女教育公平总体较好,但结果公平优于过程公平

研究发现,农民工子女教育公平总体上处于一般水平之上,其结果公平好于过程公平,且过程公平处于一般水平之下,这一定程度上表明了农民工子女在接受义务教育过程中被"差别对待"。从过程公平维度具体题项的平均分来看,农民工子女教育过程公平得分低主要表现在农民工子女很少上讲台示范或演示（M = 1.9473）、其父母与老师联系较少（M = 2.3134）、较少在班级发言（M = 2.4117）、较少与老师交流（2.4694）、被老师表扬和鼓励少（M = 2.5924）以及父母很少参加家长会（M = 2.6170）等方面。这与以往研究基本一致,如有研究发现,流动儿童课堂发言的次数、上讲台示范的次数均低于非流动儿童。一方面,可能是老师的排斥心理与不公平对待；另一方面,也可能是流动儿童胆小、比较害羞②。

3. 农民工子女的社会融入总体一般,但自我认同混乱

研究发现,农民工子女的社会融入及其对流入地人的认同、对教师的认同及对同伴的认同等维度均处于一般水平之上,但自我认同却低于一般水平,且其内部差异非常明显,说明农民工子女身份认同的矛盾（或称之为"自我认同混乱"）一定程度上阻碍了其社会融入水平③,使其成为"双重边缘人"④或"夹缝者"。从自我认同维度具体题项的平均得分来看,农民工子女一方面"希望将来在现居住地工作"（M = 3.0541）,另一方面却又表现出对"自己已是当地人"（M = 2.6007）这一身份的较低

---

① 肖蕊:《北京市流动儿童心理健康状况及学校社会工作路径研究》,华中农业大学,2012年。

② 曾焕平:《农民工子女义务教育阶段教育公平的实证研究——以厦门市湖里中学为例》,华中农业大学,2010年。

③ 郑友富、俞国良:《流动儿童身份认同与人格特征研究》,《教育研究》2009年第5期。

④ 中国青少年研究中心课题组:《北京市进城务工农民子女城市生活适应性调查报告》,《中国青年研究》2007年第6期。

认同。这与刘杨等人①的研究基本一致,其发现"仅有18.9%的流动儿童认同'老家人'身份,11.2%的流动儿童不再认同'老家人'身份,69.9%的流动儿童社会身份认同处于不确定状态"。可见,农民工子女存在着较大程度的身份认同混乱。

(二)进城农民工子女教育政策绩效差异比较的讨论

1. 进城农民工子女心理健康状况在A、B、C之间的地区差异不显著,而不同性别、不同年级、不同学校类型的农民工子女心理健康状况则存在显著性差异。

研究发现,进城农民工子女心理健康水平地区差异不显著,均处于中等以上水平,各个地区整体状况良好;在性别差异方面,女生的心理健康水平显著低于男生,这与许多调查研究结论一致②③。如刘正荣等人的调查显示,农民工子女在对人焦虑、自责倾向、身体症状和恐怖倾向等项目的得分上也存在显著或极其显著的性别差异,女童在这些项目上的水平高于男童,且这种差异与进城与否关联不大,④ 具有内在性别差异性;与年龄相一致的年级同样是影响农民工子女心理健康的重要因素。研究发现,随着年级的升高,农民工子女的心理健康整体呈下滑趋势,初三年级学生的心理健康状况最为糟糕,唯有初一到初二之间有一个大幅度的上升。这与其他相关学者的研究基本一致,随着年龄的增长,农民工子女对来自社会的排斥有强烈的体验,心理健康受到一定影响⑤。何亚玺对北京市农民工子女的调查研究同样显示出曲线发展、整体下降的趋势⑥。而初三年级毕业班由于面临就学就业的两难境地,心理压力较大,心理健康状况令人

---

① 刘杨、方晓义:《流动儿童社会身份认同状况研究》,《国家行政学院学报》2011年第3期。

② 蔺秀云、方晓义:《流动儿童歧视知觉与心理健康水平关系及其心理机制》,《心理学报》2009年第10期。

③ 何亚玺:《北京市农民工子女社会适应及其与心理健康关系的研究》,河南大学,2009年。

④ 刘正荣:《进城就业农民子女心理健康问题研究》,扬州大学,2006年,第18页。

⑤ 郭良春、姚远、杨变云:《流动儿童的城市适应性研究——对北京市一所打工子弟学校的个案调查》,《青年研究》2005年第3期。

⑥ 何亚玺:《北京市农民工子女社会适应及其与心理健康关系的研究》,河南大学,2009年。

担忧,应该给予更多的关怀和心理指导;同样,学校类型对农民工子女的心理健康也具有重要影响。研究发现,专门农民工子女学校的农民工子女心理健康状况显著劣于一般民办学校[①]和普通公办学校,而普通公办学校的农民工子女心理相对最为健康。从以往研究来看,有关不同学校类型间农民工子女心理健康状况比较的研究尚未取得一致的结论:一方面,多数研究发现,公办学校农民工子女的心理健康水平要好于专门农民工子女学校[②③④⑤];另一方面,也有研究发现,就读专门农民工子女学校更有利于农民工子女的心理健康[⑥]。之所以出现这种情况,既有可能是各地农民工子女义务教育政策差异所致,也可能是心理健康调查内容侧重点各异造成的,还可能与调查样本的选取有关。因此,还有待于进一步的研究。

2. 进城农民工子女教育公平状况在地区、性别、年级以及学校类型方面均存在显著性差异

研究发现,进城农民工子女教育公平状况在地区、性别、年级以及学校类型间均存在显著性差异。首先,在地区差异性方面,A 地区的教育公平状况最为理想,这与当地实施的农民工子女教育政策密切相关。A 地区提出在农民工子女的教育教学和管理上坚持"一视同仁"原则,并对学习困难和家庭经济困难的农民工子女给予特殊的帮助[⑦],在入学准入、升学问题、经费提供、办学制度等方面均提出切实有效的措施保障农民工子女的教育公平。据相关报道,A 地区的农民工子女在公办学校的就读率一

---

① 本研究中的"一般民办学校"是指既有农民工子女又有城市儿童的私立学校,区别于专门的农民工子女学校。——课题组注

② 刘正容:《进城就业农民工子女心理健康问题研究》,扬州大学,2006 年。

③ 王瑞敏、邹泓:《北京市流动儿童主观幸福感的特点》,《中国心理卫生杂志》2010 年第 2 期。

④ 袁立新、张积家等:《公立学校与民工子弟学校流动儿童心理健康状况比较》,《中国学校卫生》2009 年第 9 期。

⑤ 蔺秀云、方晓义等:《流动儿童歧视知觉与心理健康水平的关系及其心理机制》,《心理学报》2009 年第 10 期。

⑥ 邱达明、曹东云等:《南昌市流动儿童心理健康状况的调查研究》,《中国健康教育》2008 年第 1 期。

⑦ 中央教育科学研究所课题组:《进城务工农民随迁子女教育状况调研报告》,《教育研究》2008 年第 4 期。

直保持在 90% 左右,甚至其个别地区达到了 100%[①],并在国内首次"最具经济活力城市"评比中当选为"农民工满意城市"[②];在性别差异性方面,男性农民工子女在接受义务教育的过程中较易受到不公平待遇,在教育结果公平方面表现尤其显著,目前在该方面尚未发现相关调查研究;在年级差异性方面,随着年级的升高,农民工子女的公平感整体呈下降趋势,九年级毕业班在学生教育公平方面明显处于不利地位,这验证了"入学和升学问题是农民工子女教育公平的首要问题"[③④],毕业班学生的升学困境显露出农民工子女在教育领域还没有受到与当地学生相一致的对待;在学校类型差异性方面,公办学校教育公平状况显著好于一般民办学校和专门农民工子女学校,该结论和以往的研究相一致。如"农民工子女就读的子弟学校,与公办学校相比,无论是教学资源的硬软件上还是在深造机会、综合素质方面都有明显的差距,教育过程和结果均是不公平的"[⑤],"不同类型学校(公办学校、民办注册打工子弟学校、民办未注册打工子弟学校)间农民工子女的学校适应状况差异显著,公办学校和民办注册打工子弟学校要显著好于民办未注册打工子弟学校"[⑥]。

3. 进城农民工子女社会融入状况在地区、性别、年级以及学校类型方面均存在显著性差异

研究发现,农民工子女社会融入状况在地区、性别、年级以及学校类型方面均存在显著性差异。首先,在地区差异性方面,A 地区的社会融入显著优于 B 和 C 地区,B 和 C 地区融入情况类似,两地不存在显著性的差异,均处于一般水平左右。"地区的制度差异"对流动儿童的城市融入

---

① 新华网:《全市义务教育阶段流动人口子女在公办学校就学率达 90%》,http://wx.xinhuanet.com/2010-02/02/content_18933610.html. 2010 年 2 月 2 日/2013 年 11 月 1 日。

② 央视网:《"十大最具经济活力城市"评选结果揭晓》,http://www.cctv.com/program/jjxxlb/20041106/100763.shtml. 2004 年 11 月 6 日。

③ 李振堂:《进城务工者随迁子女教育公平问题研究》,《经济与管理》2012 年第 8 期。

④ 张意忠:《教育公平视野下的农民工子女义务教育》,《天津师范大学学报(基础教育版)》,2010 年第 3 期。

⑤ 王守恒、查晓虎:《进城农民工随迁子女的教育公平》,《安徽师范大学学报(人文社会科学版)》2011 年第 1 期。

⑥ 朱丽娜:《进城农民工子女城市适应状况调查——以武汉市为例》,华中师范大学,2008 年。

具有显著的影响①，A地区地方政府切实有效的举措真实地给农民工子女带来了福利，促进了与流入地的融合；其次，在性别差异性方面，研究发现，女生能更好地融入社会。关于性别对农民工子女社会融入影响的研究尚未取得一致，多数学者调查得出"男性不如女性社会融入评价程度高，女性具有性格方面的宜人性"②③。另一方面，也有学者提出"不同文化中父母对儿童的期望和教育观念的差异导致女生比男生更难融入流入地环境和生活"④、"性别没有对流动儿童的社会融合产生明显的影响"⑤⑥，关于此点的调查和解释还有待进一步地考证和分析；再次，在年级差异性方面，随着年级的升高整体呈现下降趋势，在初一年级出现一个"拐角"，显著优于六年级和初二年级，初三年级农民工子女社会融入水平处于最低值。"随着儿童的认识能力、个性、社会性的发展，他们的社会适应能力增强，表现为社会适应水平随年级的升高而不断提高"⑦ 无法解释该次调查结果，而何亚玺对北京市农民工子女的调查显示：随着时间的推移，农民工子女对流入地环境逐渐熟悉，社会融入水平不断提高。但进入初中以后，抽象思维占据主导地位，思维的独立性与批判性增强，身心发育进入一个转折期，社会融入出现下降趋势。所以农民工子女的社会融入水平年级差异显著，呈现曲线发展，3—6年级学生的社会适应水平上升，6—8年级学生的社会适应水平下降⑧，则给了本次研究一个较为合理的解释；

---

① 唐有财：《流动儿童的城市融入——基于北京、广州、成都三城市的调查》，《青年研究》2009年第1期。
② 张传慧：《新生代农民工社会融入问题研究》，北京林业大学，2013年，第89页。
③ 胡韬：《流动少年儿童社会适应的发展特点及影响因素研究》，西南大学，2007年，第33页。
④ 何亚玺：《北京市农民工子女社会适应及其与心理健康关系的研究》，河南大学，2009年，第21页。
⑤ 孟艳俊：《流动儿童社会融入状况比较研究》，首都经济贸易大学，2008年，第32—33页。
⑥ 何亚玺：《北京市农民工子女社会适应及其与心理健康关系的研究》，河南大学，2009年，第21页。
⑦ 胡韬：《流动少年儿童社会适应的发展特点及影响因素研究》，西南大学，2007年，第33页。
⑧ 何亚玺：《北京市农民工子女社会适应及其与心理健康关系的研究》，河南大学，2009年，第21页。

最后，在学校类型差异性方面，普通公办学校学生的融入水平要显著高于一般民办学校和专门农民工子女学校。目前有关不同学校类型间农民工子女社会融入状况的比较尚未取得一致结论，一般认为，与公办学校流动儿童相比，民工子弟学校流动儿童的社会适应水平偏低[1][2][3][4]，其感受到的被歧视感要强于公办学校流动儿童[5][6]。但也有研究发现，相比于民工子弟学校，公办学校的流动儿童"更为强烈地感受到城市主流社会的歧视，对个人前景也更加悲观，其成长过程存在显著的'天花板效应'"[7]，其"农村人"身份认同感更高[8]。造成上述研究不一致的原因，既有可能是流动儿童义务教育政策的地区差异，也有可能是社会融入调查内容侧重点各异，还有可能是调查样本的偏差。因此，仍需进一步的研究证实。

二　进城农民工子女教育政策绩效结论

（一）总体而言，农民工子女的心理健康、教育公平和社会融入均处于一般水平之上，内部差异不大。相对而言，心理健康表现最好，社会融入表现最差。

（二）农民工子女教育过程的不公平主要表现在教育教学、家校沟通方面，主要形式并非语言上的恶意中伤；而教育结果的不公平主要表现在农民工子女取得学业成功的机会均等方面，农民工子女升学仍然面临着重重阻力。

---

[1] 袁晓娇、方晓义、刘杨等：《教育安置方式与流动儿童城市适应的关系》，《北京师范大学学报（社会科学版）》2009年第5期。

[2] 曾守锤：《流动儿童的社会适应：教育安置方式的比较及其政策含义》，《辽宁教育研究》2008年第7期。

[3] 孙晓莉：《流动儿童学校适应性现状研究》，《现代教育科学》2006年第6期。

[4] 孟艳俊：《流动儿童社会融合状况的比较研究》，首都经济贸易大学，2008年。

[5] 蔺秀云、方晓义等：《流动儿童歧视知觉与心理健康水平的关系及其心理机制》，《心理学报》2009年第10期。

[6] 李晓巍、邹泓等：《流动儿童歧视知觉产生机制的质性研究：社会比较的视角》，《心理研究》2008年第2期。

[7] 熊易寒：《当代中国的身份认同与政治社会化：一项基于城市农民工子女的实证研究》，复旦大学，2008年。

[8] 刘杨、方晓义：《流动儿童社会身份认同状况研究》，《国家行政学院学报》2011年第3期。

（三）在心理健康上，紧张感最强烈，而且学习压力是造成进城农民工子女心理紧张的一个重要因素；在教育公平上，教育结果公平好于教育过程公平，且教育过程公平低于一般水平，仍存在"差别对待"；在社会融入上，对流入地人的认同、对教师的认同和对同伴的认同方面高于一般水平，但内部差异较大，自我认同低于一般水平，内部差异非常明显，自我认同混乱一定程度上影响了整体社会融入。

（四）进城农民工子女的心理健康存在显著的性别、年级、学校类型差异：女生的心理健康水平显著低于男生；随着年级的升高、年龄的增长，农民工子女的心理健康整体呈下滑趋势，初三毕业班学生的心理压力最大；专门农民工子女学校的学生心理健康状况显著劣于一般民办学校和普通公办学校，普通公办学校儿童的心理相对来说最为健康，而专门农民工子女学校儿童心理健康状况需引起重视。

（五）进城农民工子女的教育公平在A、B、C三地区间存在显著性差异，A地区教育公平政策绩效显著优于B地区和C地区；女生的教育公平感优于男生；随着年级的升高，农民工子女的教育公平状况整体呈下降趋势，五年级、九年级毕业班学生的教育公平状况显著劣于其他年级，其中九年级最甚，入学和升学问题仍是农民工子女教育公平的首要问题；不同学校间，农民工子女教育公平差异同样很显著，公办学校在教育过程公平和教育结果公平方面均显著优于专门农民工子女学校。

（六）进城农民工子女社会融入水平在地区、性别、年级以及学校类型方面同样存在着显著性差异：A地区农民工子女社会融入状况最为理想，显著好于B地区和C地区；女生的社会融入水平显著优于男生；随着年级的升高，农民工子女的社会融入整体呈现下降趋势，其中初一年级例外，出现一个"拐角"；普通公办学校农民工子女社会融入状况显著优于一般民办学校和专门农民工子女学校，一般民办学校和专门农民工子女学校处于一般融入水平之下，亟待关注和解决。

第三章 进城农民工子女教育政策绩效的评价研究[①]

第一节 进城农民工子女教育政策绩效量表的编制研究

一 研究目的

本研究在已有的国内外研究的基础上，结合我国进城农民工子女教育政策实施的实际情况，确定进城农民工子女教育政策绩效的相关内容；探索农民工子女教育政策绩效的内容结构；编制对农民工子女教育政策绩效进行评估的通用量表；检验该量表的各项测量学指标，确认该量表的可靠性。该量表既可以作为研究的工具，帮助研究者们深入了解农民工子女教育政策取得的成绩、存在的问题，也可为教育行政部门、学校等相关治理主体提供量化的诊断手段。

为此，在编制《进城农民工随迁子女身心健康量表》的同时，也编制了《进城农民工随迁子女教育公平量表》、《进城农民工随迁子女社会融入量表》。

二 研究假设

假设1：本研究基于课题组的调查访谈实践，并参考国内外已有的相关量表，因而有良好的理论构想。总量表由进城农民工子女心理健康、教育公平及社会融入三个分量表构成，其中进城农民工子女心理健康量表包

[①] 研究生郭元凯参与了本章的部分撰写。

括紧张、孤独、敏感、焦虑四个维度；教育公平①的内容包括教育过程公平和教育结果公平两个维度；社会融入的内容包括对流入地的认同、对流入地人的认同、对学校的认同、对教师的认同、对同伴的认同及自我认同等六个维度。

假设2：本研究所编制的以上三个通用测量量表有较好的信度和效度指标。

假设3：本研究的三个量表是进城农民工随迁子女教育政策绩效领域相关但又各自独立的量表。

三 研究方法

(一) 被试的选择

本研究中的被试者就读于江苏省无锡市（3所公办学校、1所民办学校）、浙江省金华市（2所公办学校、2所民办学校）和温州市（1所公办学校、2所民办学校）。之所以选择江苏、浙江作为调研地点，主要出于两方面考虑：第一，江苏、浙江作为东部发达省份，吸引了大量的农民工到此工作，因此农民工子女教育问题较为突出，两地出现的问题有代表性和集中性特点；第二，课题组从2010年起，开始与无锡、金华、温州等地的教育管理部门及学校进行密切联系，为实地调研的顺利"进场"做了很好的前期准备。在抽样方式上，我们采用的是随机抽样和方便抽样相结合的原则，同时考虑到问卷的难度及学校的现实情况，我们主要的调查对象是6年级以上的学生。课题组在三地发放问卷4150份，回收3974份，回收率为95.8%。剔除无效问卷后，得到有效问卷3823份，有效问卷率为96.2%。总体施测样本的人口学基本特征见表3-1。

(二) 研究程序

第一，进行文献检索和理论的探究。课题组在对国内外文献进行梳理后，结合研究的需要，进行初步的理论构想。

第二，进行现场的访谈。课题组在2012—2014年期间，对无锡、金

---

① 本研究所指的教育公平仅仅指学校内部微观方面的教育公平，包括课堂公平、教师公平等，不是指宏观方面的公平，如入学公平、升学公平等。

表 3-1 总体施测样本的人口学特征

变量		总体	比率	变量		总体	比率	变量		总体	比率
个人特征				家庭背景				流动状况			
性别	男	2149	57.7	住宿情况	父母工作地	222	6.0	居住时间	≤1年	33	9.0
	女	1576	42.3		郊区租房	926	25.1		2—3年	716	19.4
年龄	11岁	88	2.3		市区租房	1218	33.0		4—6年	998	27
	12岁	329	8.7		已买房	748	20.3		7—9年	762	20.6
	13岁	757	20.0		其他	578	15.7		≥10年	986	24
	14岁	1018	26.9	父母工作	打工	2090	57.1	居住地个数	1个	1035	28.5
	15岁	996	26.3		开店或经商	379	10.3		2个	707	19.5
	16岁	476	12.6		事业单位	544	14.9		3个	436	12.0
	17岁	86	2.3		政府部门	391	10.7		≥4个	229	6.3
	18岁	11	0.3		其他	259	7.1	就读学校个数	1个	1411	38.8
年级	六年级	421	11.0	母亲学历	小学及以下	1438	38.3		2个	1772	48.7
	初一	1380	36.2		初中	1743	46.4		≥3个	376	10.3
	初二	1312	34.4		高中或中专	450	12.0	来该时间	≤1年	1486	40.6
	初三	603	15.8		大专	77	2.0		2年	999	27.3

第三章　进城农民工子女教育政策绩效的评价研究

续表

变量		总体	比率	变量		总体	比率	变量		总体	比率
个人特征				家庭背景				流动状况	3年	519	14.2
学校特征									≥4年	648	17.7
学校类型	公办	1923	50.3	亲朋好友	本科及以上			家校距离	很近	1006	27.3
	民办	1900	49.7		没有	51	1.4		比较近	1136	30.8
学校位置	乡镇	601	16.0		有几个	199	5.3		一般	995	27.0
	城市郊区	1779	47.4		有一些	1137	30.4		比较远	405	11.0
	市区	1376	36.6		比较多	1196	32.0		很远	148	4.0
					很多	850	22.7				
						360	9.6				

华、温州等地的教育管理部门、学校领导、教师、家长及学生进行了开放式的访谈，并结合访谈内容对最初构想进行修正。

第三，形成初始测量量表。在借鉴其他学者以及课题组对农民工子女心理健康认识的基础上，形成一个四维度、二十题项的心理健康初测量表，两维度、十八题项的教育公平初始量表，六维度、二十七题项的社会融入初始量表。

第四，小样本预测、初测量表的探索性因素分析。课题组编制成初测量表后，在无锡选取3所公办学校和1所民办学校进行问卷预调查，并对初测量表进行探索性因素分析，最终得到一个进城农民工随迁子女教育政策绩效修订量表。

第五，正式测试。对初测量表进行修订后，在金华、温州进行大规模测试，并对修订量表进行探索性因素分析，形成进城农民工子女教育政策绩效正式量表，并对正式量表进行验证性因素分析。

具体步骤：首先对初测量表（数据来源于无锡调研）进行探索性因素分析，形成一个修订量表。然后将正式测试问卷（来源于金华、温州调研）进行探索性因素和验证性因素分析，最后形成进城农民工随迁子女教育政策绩效量表。全部数据的录入及探索性因素分析在SPSS18.0统计学软件上进行，验证性因素分析在AMOS7.0软件进行。

四 结果与分析

（一）进城农民工随迁子女心理健康量表的内容结构分析

本研究对进城农民工子女心理健康的内容结构分析，是在建立了初始量表基础上对初测对象进行探索性因素分析，得到一个修订量表；然后用于正式施测并进行探索性因素分析，得到一个正式量表；最后对正式量表进行验证性因素分析，得到进城农民工子女心理健康测量量表。

1. 初测量表的探索性因素分析

第一，项目反应分析。在正式测试前，我们对预调查的对象进行了测试，共收集有效问卷1186份，对所测得的结果进行了经典测量项目分析。初测量表的项目反应见表3-2。

表 3-2　　　　进城农民工子女心理健康初始量表题项质量分析

维度	题号	题目	决断值（CR）	P	备注
紧张	Aa1	老师向全班提问时，我会觉得是在提问自己而感到不安	18.273	0.000	
	Aa2	在大家面前或被老师提问时，我会脸红	18.562	0.000	
	Aa3	听说"要考试"我心里就紧张	21.779	0.000	
	Aa4	学习成绩不好时，我心里总是感到不安	17.296	0.000	
	Aa5	受到老师批评时，我心里总是不安	15.100	0.000	
孤独	Ab1	和大家在一起时，我觉得自己是孤单的一个	17.496	0.000	
	Ab2	同学们在交谈时，我不想加入	16.108	0.000	
	Ab3	我觉得在有些活动中受冷漠	16.756	0.000	
	Ab4	在学校我容易交到新朋友	10.116	0.000	反向计分
	Ab5	需要帮助时，我就能找到朋友	7.709	0.000	反向计分
敏感	Ac1	被人说了坏话，我就想立即采取报复行动	9.760	0.000	
	Ac2	心里不开心，我会乱丢、乱砸东西	11.717	0.000	
	Ac3	我经常发脾气，想控制但控制不住	14.357	0.000	
	Ac4	我经常与人争论、抬杠	13.183	0.000	
	Ac5	我经常反驳老师或与老师顶嘴	9.725	0.000	
焦虑	Ad1	如果得不到老师的关心和支持，我会非常焦躁不安	17.859	0.000	
	Ad2	碰到困难时，我可以依靠老师	5.877	0.000	
	Ad3	不与老师在一起，我会感到很不安	13.287	0.000	
	Ad4	与老师离别总是让我很伤心	8.768	0.000	
	Ad5	我的老师会帮助我做出各种决定	9.447	0.000	

从初次的项目质量分析得出的结果可以看出，Ab5、Ac1、Ad2、Ad4、Ad5 等题项的 CR 值并不是太高，但是均到达了显著性。为了保证数据的完整性，我们先对这些数据进行保留，待进一步分析再做去留决定。

第二，项目分与总分相关。用皮尔逊积差相关来分析各个题项与总分之间的相关性，根据实际情况，将相关性低于 0.4 的题项予以删除。农民工子女心理健康各个题项与总分相关情况见表 3-3。

表 3-3　　进城农民工子女心理健康初始量表题项项目分析结果

维度	题号	题目	相关系数 R	P	备注
紧张	Aa1	老师向全班提问时，我会觉得是在提问自己而感到不安	0.476	0.00	
	Aa2	在大家面前或被老师提问时，我会脸红	0.482	0.00	
	Aa3	听说"要考试"我心里就紧张	0.513	0.00	
	Aa4	学习成绩不好时，我心里总是感到不安	0.475	0.00	
	Aa5	受到老师批评时，我心里总是不安	0.426	0.00	
孤独	Ab1	和大家在一起时，我觉得自己是孤单的一个	0.546	0.00	
	Ab2	同学们在交谈时，我不想加入	0.494	0.00	
	Ab3	我觉得在有些活动中受冷漠	0.514	0.00	
	Ab4	在学校我容易交到新朋友	0.320	0.00	删除
	Ab5	需要帮助时，我就能找到朋友	0.246	0.00	删除
敏感	Ac1	被人说了坏话，我就想立即采取报复行动	0.387	0.00	删除
	Ac2	心里不开心，我会乱丢、乱砸东西	0.433	0.00	
	Ac3	我经常发脾气，想控制但控制不住	0.473	0.00	
	Ac4	我经常与人争论、抬杠	0.443	0.00	
	Ac5	我经常反驳老师或与老师顶嘴	0.391	0.00	待定
焦虑	Ad1	如果得不到老师的关心和支持，我会非常焦躁不安	0.518	0.00	
	Ad2	碰到困难时，我可以依靠老师	0.221	0.00	删除
	Ad3	不与老师在一起，我会感到很不安	0.450	0.00	
	Ad4	与老师离别总是让我很伤心	0.286	0.00	删除
	Ad5	我的老师会帮助我做出各种决定	0.300	0.00	删除

从分析的结果中可以看出，心理健康量表中题项 Ab4、Ab5、Ac1、Ac5、Ad2、Ad4、Ad5 与总分的相关系数低于 0.4，从理论上说应该予以删除，但是我们考虑到 Ac5 与系数 0.4 较为接近，我们暂且保留这个题项，待以后的分析中再决定其取舍。

第三，样本的适合性检验。样本的适合性检验指 KMO 与 Bartlett 的球形检定，根据统计测量学的通常标准，如果 KMO 值小于 0.5 时，一般不适合做因素分析。我们利用 SPSS18.0 对初测样本的 1186 人的有效数据进行了探索性因素分析，采用主成分分析法，抽取因素时限定特征根大于 1

者，进行方差最大正交旋转。初测样本适合性的结果如表3-4。

表3-4　　进城农民工子女心理健康初始样本适合性的检验结果

KMO 样本的适合性		0.785
Bartlett 球形检验	卡方	3851.485
自由度	自由度	91
显著性	显著性水平	0.000

通过对初测样本的适合性检验发现，此处的 KMO 值为 0.785，说明本研究的取样是非常适当的。从 Bartlett 球形检验结果来看，卡方值为 3851.485，自由度为91，达到了 0.000 水平上的显著，代表母群体的相关矩阵有共同的因素存在，进一步表明适合对数据进行因素分析。

第四，共同因子的提取。根据因素分析基本理论，参照以下标准对题项进行确定：第一，因素特征根要大于1；第二，符合碎石检验；第三，每个因素上至少包括3个题目。农民工子女心理健康初始量表各题项解释总变异量见表3-5。（第一次提取公共因子）

表3-5　　进城农民工子女心理健康初始量表各题项解释
总变异量（第一次分析）

成分	初始特征值			提取平方和载入			旋转平方和载入		
	合计	方差的%	累计%	合计	方差的%	累计%	合计	方差的%	累计%
1	3.524	25.175	25.175	3.524	25.175	25.175	2.240	15.997	15.997
2	2.093	14.950	40.125	2.093	14.950	40.125	2.006	14.331	30.328
3	1.475	10.536	50.661	1.475	10.536	50.661	1.873	13.377	43.705
4	1.033	7.382	58.043	1.033	7.382	58.043	1.671	11.934	55.639
5	1.011	7.224	65.266	1.011	7.224	65.266	1.348	9.627	65.266
6	0.702	5.017	70.283						
7	0.651	4.650	74.934						
8	0.615	4.390	79.324						
9	0.566	4.041	83.364						
10	0.530	3.785	87.149						
11	0.515	3.681	90.831						
12	0.460	3.287	94.118						

续表

成分	初始特征值			提取平方和载入			旋转平方和载入		
	合计	方差的%	累计%	合计	方差的%	累计%	合计	方差的%	累计%
13	0.450	3.218	97.336						
14	0.373	2.664	100.000						

提取方法：主成分分析

对整体解释的变异数表进行检查，发现提取出特征根均大于 1 的 5 个共同因子，解释方差总变异为 65.266%。但是在旋转成分矩阵中发现，共同因子 4 只含有 Aa4 和 Aa5 两个题项，共同因子 5 只含有 Ad1 和 Ad3 两个题项，因此根据"每个因素上至少包括 3 个题目"的原则将这两个共同因子中所含题项予以删除，进而进行第二次因素分析。农民工子女心理健康初始量表各题项解释总变异量见表 3-6。（第二次提取公共因子）

表 3-6　　　进城农民工子女心理健康初始量表各题项解释
总变异量（第二次分析）

成分	初始特征值			提取平方和载入			旋转平方和载入		
	合计	方差的%	累计%	合计	方差的%	累计%	合计	方差的%	累计%
1	3.019	30.194	30.194	3.019	30.194	30.194	2.222	22.222	22.222
2	1.767	17.670	47.864	1.767	17.670	47.864	1.993	19.935	42.157
3	1.294	12.940	60.804	1.294	12.940	60.804	1.865	18.647	60.804
4	0.697	6.970	67.774						
5	0.670	6.699	74.472						
6	0.571	5.715	80.187						
7	0.560	5.597	85.784						
8	0.512	5.123	90.907						
9	0.457	4.575	95.482						
10	0.452	4.518	100.000						

提取方法：主成分分析

对整体解释的变异数表进行检查，发现提取出特征根均大于 1 的 3 个共同因子，解释方差总变异为 60.804%。于是采用 Cattell 所倡导的特征

值图形的陡坡检验法，将提取的共同因子确定为3个。（见表3-7）

第五，分析结果及命名。通过对以上数据整理分析，经过反复比较，萃取了3个因素对总变异解释率为最高，达到60.804%，各题项在这三个共同因子上的负荷经转轴后形成的主成分矩阵如表3-7，各题项有非常好的因素聚合性，不需要再删除。

表3-7　　进城农民工子女心理健康初始量表转轴后因子负荷阵

题项	成分		
	1	2	3
Ac4	0.792	0.071	0.033
Ac3	0.772	0.090	0.058
Ac2	0.689	0.119	0.081
Ac5	0.685	0.125	−0.006
Ab1	0.136	0.803	0.160
Ab3	0.122	0.798	0.097
Ab2	0.119	0.792	0.103
Aa3	0.054	0.079	0.782
Aa1	0.072	0.102	0.781
Aa2	0.009	0.155	0.765

提取方法：主成分分析
旋转法：具有Kaiser标准化的正交旋转法

结合农民工子女心理健康已有的一些理论研究，我们将Ac2、Ac3、Ac4、Ac5组成的共同因子命名为敏感维度，Ab1、Ab2、Ab3组成的共同因子命名为孤独维度，Aa1、Aa2、Aa3组成的共同因子命名为紧张维度。至此，经过初测样本数据的探索性因素分析，形成了农民工子女心理健康修订量表，结果见表3-8。

表3-8　　进城农民工子女心理健康修订量表

维度	题号	题目
紧张	Aa1	老师向全班提问时，我会觉得是在提问自己而感到不安
	Aa2	在大家面前或被老师提问时，我会脸红
	Aa3	听说"要考试"我心里就紧张

续表

维度	题号	题目
孤独	Ab1	和大家在一起时，我觉得自己是孤单的一个
	Ab2	同学们在交谈时，我不想加入
	Ab3	我觉得在有些活动中受冷落
敏感	Ac2	心里不开心，我会乱丢、乱砸东西
	Ac3	我经常发脾气，想控制但控制不住
	Ac4	我经常与人争论、抬杠
	Ac5	我经常反驳老师或与老师顶嘴

第六，量表的可靠性分析。在得出一个非常简明的10题项的进城农民工子女心理健康修订量表后，为了保障测量有一个比较高的信度，采用了克隆巴赫 Alpha 信度系数，对本量表进行可靠性分析。Alpha α 系数界于 0—1 之间，但究竟多大为好，不同学者有不同的看法。学者 Nunnally（1978）认为该系数等于 0.70 是一个较低但可以接受的边界值，而 DeVellis（1991）认为系数在 0.60—0.65 之间最好不要，在 0.65—0.70 之间是最小可接受值，在 0.70—0.80 之间相当好，在 0.80—0.90 之间则非常好。[①] 本研究所得出的心理健康修订量表总体信度为 0.739，信度系数比较好，结果见表 3-9。

表 3-9　　　　　进城农民工子女心理健康修订量表信度分析

序号	因素	Alpha 信度系数
1	紧张	0.691
2	孤独	0.751
3	敏感	0.730
4	心理健康	0.739

2. 正式问卷的探索性因素分析

在对初测对象样本数据进行探索性因素分析后，得到一个三维度、十题项的量表，我们暂且称之为修订量表。为了检验这个量表是否具有通用性，我们对正式施测对象样本数据进行探索性因素分析。

[①] 吴明隆：《SPSS 统计应用实务》，中国铁道出版社第 2000 年版，第 9 页。

第一，项目反应分析。我们对从温州、金华调研所得到的2453份有效问卷做经典测量项目分析，具体的操作步骤同初测量表的项目反应分析一样，结果见表3-10。

表3-10　　进城农民工子女心理健康修订量表题项质量分析

维度	题号	题目	决断值（CR）	P
紧张	A1	老师向全班提问时，我会觉得是在提问自己而感到不安	27.743	0.000
	A2	在大家面前或被老师提问时，我会脸红	31.659	0.000
	A3	听说"要考试"我心里就紧张	29.049	0.000
孤独	A4	和大家在一起时，我觉得自己是孤单的一个	30.026	0.000
	A5	同学们在交谈时，我不想加入	28.773	0.000
	A6	我觉得在有些活动中受冷落	37.390	0.000
敏感	A7	心里不开心，我会乱丢、乱砸东西	21.708	0.000
	A8	我经常发脾气，想控制但控制不住	27.910	0.000
	A9	我经常与人争论、抬杠	24.327	0.000
	A10	我经常反驳老师或与老师顶嘴	16.083	0.000

从对修订量表的初次项目反应的分析结果中可以看出，各个题项的决断值都比较高，而且都达到0.000水平上的显著，因此在这一阶段不用对心理健康量表做调整。

第二，项目分与总分相关。用皮尔逊积差相关来分析各个题项与总分之间的相关性，根据实际情况，将相关性低于0.4的题项予以删除，具体操作步骤同初测量表的项目分与总分相关一样，结果见表3-11。

表3-11　　进城农民工子女心理健康修订量表题项项目分析结果

维度	题号	题目	相关系数（R）
紧张	A1	老师向全班提问时，我会觉得是在提问自己而感到不安	0.534**
	A2	在大家面前或被老师提问时，我会脸红	0.534**
	A3	听说"要考试"我心里就紧张	0.510**
孤独	A4	和大家在一起时，我觉得自己是孤单的一个	0.590**
	A5	同学们在交谈时，我不想加入	0.568**
	A6	我觉得在有些活动中受冷落	0.647**

维度	题号	题目	相关系数（R）
敏感	A7	心里不开心，我会乱丢、乱砸东西	0.527**
	A8	我经常发脾气，想控制但控制不住	0.597**
	A9	我经常与人争论、抬杠	0.546**
	A10	我经常反驳老师或与老师顶嘴	0.465**

从表3-11中可以看出，修订量表的各个题项与总得分的相关性都大于0.4，而且呈现显著性，因此在这一阶段不用对心理健康量表进行修改。

第三，样本的适合性检验。我们利用SPSS18.0对正式样本中的2453人的有效数据进行了探索性因素分析，采用主成分分析法，抽取因素时限定特征根大于1者，进行方差最大正交旋转。修订量表适合性的检验结果见表3-12。

表3-12　进城农民工子女心理健康修订量表样本适合性的检验结果

KMO样本的适合性		0.799
Bartlett球形检验	卡方	4568.766
自由度	自由度	45
显著性	显著性水平	0.000

通过对修订量表的适合性检验发现，此处的KMO值为0.799，说明本研究的取样是非常适当的。从Bartlett球形检验结果来看，卡方值为4568.766，自由度为45，达到了0.000水平上的显著，代表母群体的相关矩阵有共同的因素存在，进一步表明适合对数据进行因素分析。

第四，共同因子的提取。对整体解释的变异数表进行检查，发现提取出特征根均大于1的3个共同因子，解释方差总变异为58.533%，于是采用Cattell所倡导的特征值图形的陡坡检验法，将提取的共同因子确定为3个，结果见表3-13。

表3-13　进城农民工子女心理健康修订量表各题项解释总变异量

成分	初始特征值			提取平方和载入			旋转平方和载入		
	合计	方差的%	累计%	合计	方差的%	累计%	合计	方差的%	累计%
1	3.152	31.520	31.520	3.152	31.520	31.520	2.200	22.003	22.003

续表

成分	初始特征值			提取平方和载入			旋转平方和载入		
	合计	方差的%	累计%	合计	方差的%	累计%	合计	方差的%	累计%
2	1.491	14.914	46.434	1.491	14.914	46.434	1.926	19.261	41.264
3	1.210	12.099	58.533	1.210	12.099	58.533	1.727	17.269	58.533
4	0.735	7.349	65.882						
5	0.680	6.801	72.683						
6	0.625	6.251	78.934						
7	0.588	5.879	84.813						
8	0.559	5.588	90.401						
9	0.487	4.870	95.272						
10	0.473	4.728	100.000						

提取方法：主成分分析

第五，分析结果及命名。通过对以上数据整理分析，经过反复比较，萃取了3个因素对总变异解释率为最高，达到58.533%，各题项在这三个共同因子上的负荷经转轴后形成的主成分矩阵如表3-14。

表3-14　进城农民工子女心理健康修订量表转轴后因子负荷阵

题项	成分		
	1	2	3
A8	0.758	0.095	0.173
A9	0.757	0.122	0.057
A7	0.701	0.096	0.107
A10	0.692	0.141	-0.015
A4	0.101	0.807	0.126
A5	0.135	0.774	0.063
A6	0.181	0.760	0.209
A2	0.066	0.131	0.756
A3	0.060	0.067	0.754
A1	0.119	0.150	0.691

提取方法：主成分分析
旋转法：具有 Kaiser 标准化的正交旋转法

从表 3-15 中可以看出，各题项有非常好的因素聚合性，不需要再对题项进行删除。至此，经过正式样本数据的探索性因素分析，形成了农民工子女心理健康正式量表，结果见表 3-15。

表 3-15　　　　　　　进城农民工子女心理健康正式量表

维度	题号	题目
紧张	A1	老师向全班提问时，我会觉得是在提问自己而感到不安
紧张	A2	在大家面前或被老师提问时，我会脸红
紧张	A3	听说"要考试"我心里就紧张
孤独	A4	和大家在一起时，我觉得自己是孤单的一个
孤独	A5	同学们在交谈时，我不想加入
孤独	A6	我觉得在有些活动中受冷落
敏感	A7	心里不开心，我会乱丢、乱砸东西
敏感	A8	我经常发脾气，想控制但控制不住
敏感	A9	我经常与人争论、抬杠
敏感	A10	我经常反驳老师或与老师顶嘴

第六，量表的可靠性分析。在得出一个非常简明的 10 题项的进城农民工子女心理健康最后量表后，为了保障测量有一个比较高的信度，采用了克隆巴赫 Alpha 信度系数，对本量表进行可靠性分析。本研究所得出的心理健康正式量表总体信度为 0.755，信度系数比较好，结果见表 3-16。

表 3-16　　　　　进城农民工子女心理健康正式量表信度分析

序号	因素	Alpha 信度系数
1	紧张	0.608
2	孤独	0.727
3	敏感	0.723
4	心理健康	0.755

3. 正式量表的验证性因素分析

以上是对进城农民工子女心理健康初测量表、修订量表的探索性因素分析，但探索性的因素分析有其不足之处。探索性因素分析是假设所有的公共因素都相关（或都无关）；所有的公共因素都直接影响所有的观测变量;特殊因素之间相互独立;所有的观测变量只受一个特殊因素的影响;公共因素和特殊因素相互独立。而验证性因素分析则可以克服探索性因素分析约束太强的缺陷,它假设所有的公共因素可以相关(也可以无关);观测变量只受一个或几个公共因素的影响而不必受所有公共因素的影响;特殊因素之间可以有相关,还可以出现不存在误差因素的观测变量;公共因素和特殊因素相互独立。

第一,模型评价指标。RMSEA,近似均方根误差指标是近年来相当受到重视的一个模型适配指标,研究表明在评价适配度时表现得比许多其他指标还要好。RMSEA 的值在 0—1 之间,RMSEA 越接近 0,表示整体拟合度越好。一般认为,当 RMSEA≤0.05 时,表示理论模式可以被接受,通常被视为良好拟合;当 0.05<RMSEA≤0.08 时,可以视为不错的拟合;当 0.08<RMSEA≤0.10 时,则是中度拟合;RMSEA>0.10 时,表示不良拟合。

GFI,适配度指标是一种非统计的测量,其范围大小介于 0—1 之间,越接近 1,表明模型整体拟合度较好。通常学者建议当 GFI>0.90 时,表示良好的拟合程度。

AGFI 是调整后适配指标,目的在于利用自由度和项目个数之比率来调整 GFI,其范围大小介于 0—1 之间,越接近 1,表明模型整体拟合度较好。通常学者建议当 GFI>0.90 时,表示良好的拟合程度。

NFI 规范拟合指标,是测量独立模型和设定模型之间卡方值的缩小比例。一般认为,NFI>0.90 时,模型拟合较好。

NNFI 拟合指标,避免模型复杂度的影响。一般认为,NFI>0.90 时,模型拟合较好。

CFI 比较拟合指标,目的是克服 NFI 在嵌套模型上所产生的缺失。CFI 的值介于 0—1 之间,越接近 1,表明模型整体拟合度越好。一般认为,CFI>0.90 时,模型拟合较好。

IFI 拟合指标,应用最小二乘估计模型时,IFI 指标要比 CFI 指标好。IFI 的值介于 0—1 之间,越接近 1,表明模型整体拟合度越好。一般认为,IFI>0.90 时,模型拟合较好。

一般来说,结构方程模型理论认为,评价一个模型的拟合程度是一个比较复杂的问题,并不是一个指标就可以判断出来的。在进行模型评价时，不同拟合指标评价的侧重点是不一样的。因此，对于某个模型的好坏，不能以一个，而应该以多个指标进行综合评价。统计专家一般建议最好能够同时考虑上述各类指标，其好处是在使用以上各类指标时，对模型的可接受性比较能够产生共识的结果。

第二，模型的假设。从前面探索性因素分析可以看出，农民工子女心理健康主要包括紧张、孤独、敏感三个维度，但是这三个维度是否可以合成心理健康测量量表，则需要进行验证性因素分析。

第三，模型的评价。我们用 AMOS7.0 对 2453 份有效问卷进行验证性因素分析，从表 3-17 中可以看出，进城农民工子女心理健康正式测量量表假设模型的各项指标均很好。其中最为关键的 RMSEA 在 0.03—0.08 之间（0.032），达到非常好的拟合状态，其他各项指标均接近 1，也就是说可以从紧张、孤独、敏感三个维度来测量农民工子女的心理健康情况。进城农民工子女心理健康正式量表二阶验证性因素分析的整体模型适配度检验摘要见表 3-17。

表 3-17　　"心理健康量表"二阶验证性因素分析的整体模型适配度检验摘要

统计检验量	适配的标准或临界值	检验结果数据	模型适配判断
绝对适配指数			
RMR 值	<0.05	0.023	是
RMSEA 值	<0.08（若<0.05 优良）	0.032	是
GFI 值	>0.90	0.991	是
AGFI 值	>0.90 以上	0.984	是
增值适配度指数			
NFI 值	>0.90 以上	0.977	是
RFI 值	>0.90 以上	0.967	是
IFI 值	>0.90 以上	0.983	是
TLI 值（NNFI 值）	>0.90 以上	0.976	是
CFI 值	>0.90 以上	0.983	是
简约适配度指数			
PGFI 值	>0.50 以上	0.576	是
PNFI 值	>0.50 以上	0.694	是
CN 值	>200	1019	是

另外，对于测量模型好坏的评价，一般来说包括每个外显变量在潜变量和误差变量的负荷。外显变量在潜在变量上的负荷通常较高，而在误差变量上的负荷通常较低，表示模型质量好，外显变量和潜在变量的关系可靠。因素负荷量不能太低或太高，最好介于 0.50—0.95 之间。从图 3-1 中可以看出，各项目与各因素的负荷在 0.54—0.74 之间，每个项目对相应潜变量的解释率较大，误差较小，3 个初阶因素构成的因素负荷量分别为 0.58、0.62、0.80，均大于 0.50，解释率较大。进城农民工子女心理健康假设模型完全标准化解见图 3-1。

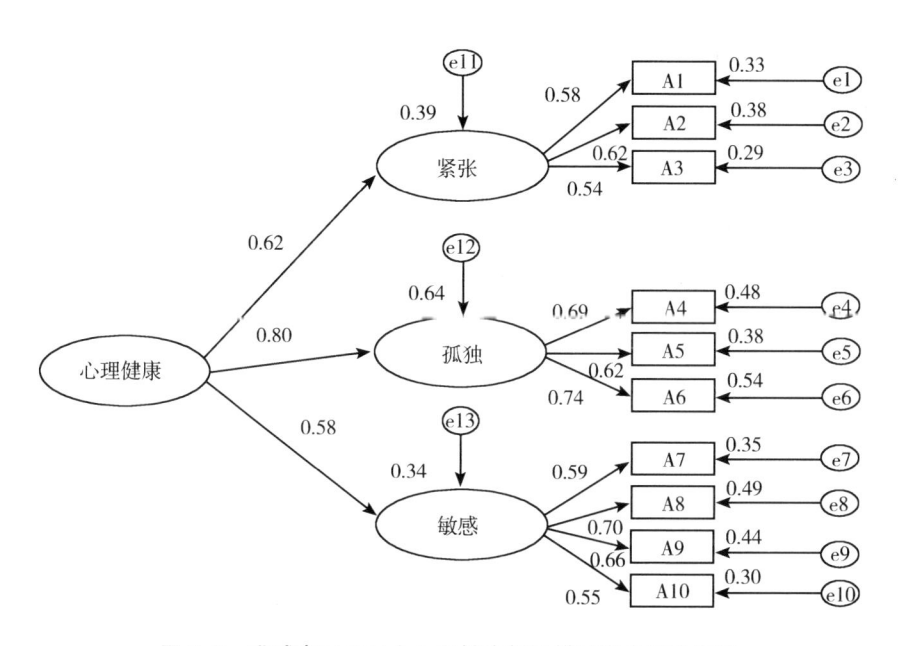

图 3-1 进城农民工子女心理健康假设模型完全标准化解

（二）进城农民工随迁子女教育公平的内容结构分析

本研究对进城农民工随迁子女教育公平的内容结构分析，是在建立了初始量表基础上对初测对象进行测试，并对其进行探索性因素分析，得到一个修订量表；再用于大规模测试，对修订量表进行探索性因素分析，得到一个正式量表；最后对正式量表进行验证性因素分析。

1. 初测量表的探索性因素分析

第一，项目反应分析。在正式测试前，我们对预调查的对象进行了测试，共收集有效问卷1186份，对所测得的结果进行了经典测量项目分析，结果见表3-18。

表3-18　进城农民工子女教育公平初始量表题项质量分析

维度	题号	题　目	决断（CR）	P	备注
过程公平	B1	在学校你和老师的交流或交谈的次数	18.742	0.000	
	B2	你在学校、班级里面的发言次数	19.581	0.000	
	B3	你上讲台、黑板示范或演示的次数	16.292	0.000	
	B4	老师对你作业批改的次数	12.380	0.000	
	B5	你被老师表扬、鼓励的次数	23.779	0.000	
	B6	在学校你被老师嘲笑或讽刺的次数如何	9.157	0.000	反向
	B7	你父母来学校参加家长会的次数如何	16.735	0.000	
	B8	你父母和老师联系的次数如何	14.357	0.000	
结果公平	B9	你在课堂上有问题请教老师时，他们的态度	17.129	0.000	
	B10	老师对你的关心情况是	21.034	0.000	
	B11	你对现在就读学校的老师满意情况是	18.542	0.000	
	B12	你的学习成绩目前如何	18.215	0.000	
	B13	和上学期相比，你的学习如何	12.080	0.000	
	B14	你认为学习成绩重要吗	12.048	0.000	
	B15	毕业后你希望升入哪一种学校	20.029	0.000	
	B16	毕业后你在当地继续升学就读可能性	19.654	0.000	
	B17	你是否被老师要求转学或转过班	8.446	0.000	反向
	B18	你是否被老师要求单独报名参加考试	3.283	0.003	反向

从题项的质量测试来看，B6、B17、B18得分较低，但均达到显著性水平。为了保证数据完整性，我们暂时保留这三项，待进一步分析后处理。

第二，项目分与总分相关。用皮尔逊积差相关计算各项目与总分的相关，相关系数低于0.4的B4、B6、B17、B18题项被删除，由于B13题项接近0.4，我们暂且保留该项，具体见表3-19。

表 3-19　　进城农民工子女教育公平初始量表项目分析结果

维度	题号	题目	相关系数 R	备注
过程公平	B1	在学校你和老师的交流或交谈的次数	0.537**	
	B2	你在学校、班级里面的发言次数	0.571**	
	B3	你上讲台、黑板示范或演示的次数	0.493**	
	B4	老师对你作业批改的次数	0.383**	删除
	B5	你被老师表扬、鼓励的次数	0.656**	
	B6	在学校你被老师嘲笑或讽刺的次数如何	0.332**	删除
	B7	你父母来学校参加家长会的次数如何	0.474**	
	B8	你父母和老师联系的次数如何	0.424**	
结果公平	B9	你在课堂上有问题请教老师时，他们的态度	0.525**	
	B10	老师对你的关心情况是	0.590**	
	B11	你对现在就读学校的老师满意情况是	0.531**	
	B12	你的学习成绩目前如何	0.554**	
	B13	和上学期相比，你的学习如何	0.394**	待定
	B14	你认为学习成绩重要吗	0.409**	
	B15	毕业后你希望升入哪一种学校	0.569**	
	B16	毕业后你在当地继续升学就读可能性	0.545**	
	B17	你是否被老师要求转学或转过班	0.306**	删除
	B18	你是否被老师要求单独报名参加考试	0.123**	删除

第三，样本的适合性检验。利用 SPSS18.0 统计软件，对初测样本 1186 人的有效数据进行探索性因素分析，采用主成分分析法，抽取因素时限定特征根大于 1 者，进行方差最大正交旋转，样本适合性的结果如表 3-20。

表 3-20　　进城农民工子女教育公平初始量表样本适合性检验结果

KMO 样本的适合性		0.838
Bartlett 球形检验	卡方	3753.969
自由度	自由度	91
显著性	显著性水平	0.000

从表 3-20 中可以看到，此处的 KMO 值为 0.838，说明本研究的取样是非常适合的。从 Bartlett 球形检验的结果来看，卡方值为 3753.969，自

由度为91，达到了0.000水平的显著，代表母群体的相关矩阵有共同的因素存在，进一步表明适合对数据进行因素分析。

第四，共同因子的分析。对整体解释的变异数进行检查，发现提取出特征根均大于1的共同因子，解释方差变异为58.517%，见表3-21。

表3-21 进城农民工子女教育公平初始量表各题项解释总变异量

成分	初始特征值			提取平方和载入			旋转平方和载入		
	合计	方差的%	累积%	合计	方差的%	累积%	合计	方差的%	累积%
1	4.116	29.398	29.398	4.116	29.398	29.398	2.481	17.722	17.722
2	1.732	12.370	41.767	1.732	12.370	41.767	2.214	15.817	33.539
3	1.260	9.000	50.768	1.260	9.000	50.768	2.163	15.450	48.989
4	1.085	7.749	58.517	1.085	7.749	58.517	1.334	9.529	58.517
5	0.927	6.621	65.138						
6	0.765	5.466	70.604						
7	0.656	4.687	75.291						
8	0.609	4.352	79.643						
9	0.579	4.134	83.777						
10	0.516	3.682	87.459						
11	0.482	3.443	90.902						
12	0.462	3.296	94.199						
13	0.435	3.105	97.304						
14	0.377	2.696	100.000						

提取方法：主成分分析

第五，分析结果及其命名。通过对以上数据的整理分析，经过反复比较，萃取了4个因素对总变异解释率为最高，达到58.517%，各题项在这4个因素上的负荷经转轴后形成主成分矩阵，如表3-22。

表3-22 进城农民工子女教育公平初始量表转轴后因子负荷阵

题项	成分			
	1	2	3	4
B2	0.794	0.211	0.023	0.058
B1	0.757	0.045	0.155	0.139

续表

题项	成分			
	1	2	3	4
B3	0.755	0.148	0.029	0.055
B5	0.598	0.406	0.185	0.147
B12	0.315	0.726	0.040	0.013
B15	0.045	0.724	0.204	0.079
B16	0.151	0.694	0.042	0.175
B13	0.166	0.415	0.150	-0.018
B11	0.132	0.123	0.804	0.006
B10	0.225	0.116	0.784	0.079
B9	0.016	0.120	0.758	0.105
B14	-0.106	0.408	0.435	-0.031
B7	-0.008	0.248	0.062	0.825
B8	0.343	-0.074	0.084	0.742

提取方法：主成分分析
旋转法：具有 Kaiser 标准化的正交旋转法

从表中我们可以看出，共同因子4只包含B7、B8两个题项，因此我们将此共同因子删除。根据农民工子女教育公平已有的研究，我们将B1、B2、B3、B5组成的共同因子命名为课堂公平，B9、B10、B11、B14组成的共同因子命名为教师公平，B12、B13、B15、B16组成的共同因子命名为升学公平。进城农民工子女教育公平修订量表见表3-23。

表3-23　　　　　　　进城农民工子女教育公平修订量表

维度	题号	题目
课堂公平	B1	在学校你和老师的交流或交谈的次数
	B2	你在学校、班级里面的发言次数
	B3	你上讲台、黑板示范或演示的次数
	B5	你被老师表扬、鼓励的次数
教师公平	B9	你在课堂上有问题请教老师时，他们的态度
	B10	老师对你的关心情况是
	B11	你对现在就读学校的老师满意情况是
	B14	你认为学习成绩重要吗

续表

维度	题号	题目
升学公平	B12	你的学习成绩目前如何
	B13	和上学期相比,你的学习成绩如何
	B15	毕业后你希望升入哪一种学校
	B16	毕业后你在当地继续升学就读可能性

第六,量表的可靠性分析。在得出一个有三维度、十二题项的农民工子女教育公平修订量表后,为了保障测量有一个比较高的信度,采用了克隆巴赫 Alpha 信度系数,对本量表进行可靠性分析,量表总体信度达到 0.806,结果如表 3-24。

表 3-24　　　　进城农民工子女教育公平修订量表信度分析

序号	因素	Alpha 信度系数
1	课堂公平	0.781
2	教师公平	0.711
3	升学公平	0.667
4	教育公平	0.806

2. 正式测试问卷的探索性因素分析

第一,项目反应分析。我们对从温州、金华调研所得到的 2453 份有效问卷做经典测量项目分析,从对修订量表的初次项目反应分析的结果中可以看出,各个题项的决断值都比较高,而且都达到 0.000 水平的显著。因此在这一阶段不用对修订量表做调整,结果见表 3-25。

表 3-25　　　　进城农民工子女教育公平修订量表题项质量分析

维度	题号	题目	决断值(CR)	P
课堂公平	B1	在学校你和老师的交流或交谈的次数	33.438	0.000
	B2	你在学校、班级里面的发言次数	39.334	0.000
	B3	你上讲台、黑板示范或演示的次数	27.298	0.000
	B5	你被老师表扬、鼓励的次数	37.648	0.000

续表

维度	题号	题目	决断值（CR）	P
教师公平	B9	你在课堂上有问题请教老师时，他们的态度	26.963	0.000
教师公平	B10	老师对你的关心情况是	33.549	0.000
教师公平	B11	你对现在就读学校的老师满意情况是	30.052	0.000
升学公平	B14	你认为学习成绩重要吗	23.391	0.000
升学公平	B12	你的学习成绩目前如何	30.360	0.000
升学公平	B13	和上学期相比，你的学习成绩如何	22.152	0.000
升学公平	B15	毕业后你希望升入哪一种学校	31.501	0.000
升学公平	B16	毕业后你在当地继续升学就读可能性	25.667	0.000

第二，项目分与总分相关。用皮尔逊积差相关来分析各个题项与总分之间的相关性，根据实际情况，将相关性低于0.4的题项予以删除。从表中可以看出，修订量表的各个题项与总得分的相关性都大于0.4，而且呈现显著性，因此在这一阶段不用对量表进行修改，结果见表3-26。

表 3-26　进城农民工子女教育公平修订量表题项项目分析结果

维度	题号	题目	相关系数（R）
课堂公平	B1	在学校你和老师的交流或交谈的次数	0.619**
课堂公平	B2	你在学校、班级里面的发言次数	0.659**
课堂公平	B3	你上讲台、黑板示范或演示的次数	0.560**
课堂公平	B5	你被老师表扬、鼓励的次数	0.663**
教师公平	B9	你在课堂上有问题请教老师时，他们的态度	0.535**
教师公平	B10	老师对你的关心情况是	0.618**
教师公平	B11	你对现在就读学校的老师满意情况是	0.590**
教师公平	B14	你认为学习成绩重要吗	0.495**
升学公平	B12	你的学习成绩目前如何	0.617**
升学公平	B13	和上学期相比，你的学习成绩如何	0.465**
升学公平	B15	毕业后你希望升入哪一种学校	0.594**
升学公平	B16	毕业后你在当地继续升学就读可能性	0.531**

第三，样本的适合性检验。我们利用SPSS18.0对正式样本中的2453人的有效数据进行了探索性因素分析，采用主成分分析法，抽取因素时限定特征根大于1者，进行方差最大正交旋转。此处的KMO值为0.860，

说明本研究的取样是非常适当的，从 Bartlett 球形检验结果来看，卡方值为 8469.276，自由度为 66，达到了 0.000 水平上的显著，修订量表适合性的结果如表 3-27。

表 3-27　进城农民工子女教育公平修订量表样本适合性的检验结果

KMO 样本的适合性		0.860
Bartlett 球形检验	卡方	8469.276
自由度	自由度	66
显著性	显著性水平	0.000

第四，共同因子的提取。对整体解释的变异数进行检查，发现提取出特征根大于 1 的共同因子，解释方差总变异 59.988%，于是采用 Cattell 所倡导的特征值图形的陡坡检验法，将提取的共同因子确定为 3 个，见表 3-28。

表 3-28　进城农民工子女教育公平修订量表各题项解释总变异量

成分	初始特征值 合计	方差的 %	累积 %	提取平方和载入 合计	方差的 %	累积 %	旋转平方和载入 合计	方差的 %	累积 %
1	4.299	35.826	35.826	4.299	35.826	35.826	2.888	24.068	24.068
2	1.808	15.063	50.889	1.808	15.063	50.889	2.259	18.828	42.896
3	1.092	9.099	59.988	1.092	9.099	59.988	2.051	17.092	59.988
4	0.942	7.851	67.839						
5	0.710	5.921	73.759						
6	0.564	4.696	78.456						
7	0.505	4.209	82.665						
8	0.482	4.015	86.681						
9	0.465	3.871	90.551						
10	0.455	3.794	94.345						
11	0.352	2.931	97.276						
12	0.327	2.724	100.000						

提取方法：主成分分析

第五，分析结果及命名。通过对以上数据整理分析，经过反复比较，萃取了 3 个因素对总变异解释率为最高，达到 59.988%，各题项在这三个共同因子上的负荷经转轴后形成的主成分矩阵如表 3-29。

表 3-29　　进城农民工子女教育公平修订量表转轴后因子负荷阵

题项	成分 1	成分 2	成分 3
B2	0.835	0.080	0.188
B3	0.811	0.019	0.107
B1	0.769	0.162	0.079
B5	0.743	0.170	0.233
B10	0.204	0.836	0.121
B11	0.069	0.807	0.238
B9	0.068	0.806	0.139
B15	0.144	0.149	0.775
B14	-0.046	0.291	0.672
B16	0.248	0.032	0.636
B12	0.455	0.115	0.527
B13	0.217	0.277	0.344

提取方法：主成分分析
旋转法：具有 Kaiser 标准化的正交旋转法

从表 3-29 中可以看出，B12 在因子 1 和因子 3 上区别不大，B13 在因子 2 和因子 3 上区别不大，故将这两项删除。至此，形成了农民工子女教育公平正式量表，结果见表 3-30。

表 3-30　　　　　　　进城农民工子女教育公平正式量表

维度	题号	题目
课堂公平	B1	在学校你和老师的交流或交谈的次数
	B2	你在学校、班级里面的发言次数
	B3	你上讲台、黑板示范或演示的次数
	B5	你被老师表扬、鼓励的次数
教师公平	B9	你在课堂上有问题请教老师时，他们的态度
	B10	老师对你的关心情况是
	B11	你对现在就读学校的老师满意情况是

续表

维度	题号	题目
升学公平	B14	你认为学习成绩重要吗
	B15	毕业后你希望升入哪一种学校
	B16	毕业后你在当地继续升学就读可能性

第六，量表的可靠性分析。为了保障测量量表有一个比较高的信度，采用了克隆巴赫 Alpha 信度系数，对本量表进行可靠性分析，量表总体信度达到 0.813，结果如表 3-31。

表 3-31　　进城农民工子女教育公平正式量表信度分析

序号	因素	Alpha 信度系数
1	课堂公平	0.836
2	教师公平	0.803
3	升学公平	0.620
4	教育公平	0.813

3. 正式测试问卷的验证性因素分析

第一，模型的假设。从前面探索性因素分析可以看出，农民工子女教育公平主要包括课堂公平、教师公平、升学公平三个维度，但是这三个维度是否可以合成教育公平测量量表，则需要进行验证性因素分析。

第二，模型的评价。我们用 AMOS7.0 对 2453 份有效问卷进行验证性因素分析。从表 3-32 中可以看出，进城农民工子女教育公平正式测量量表假设模型的各项指标均很好，其中最为关键的 RMSEA 在 0.03—0.08 之间（0.061），达到良好拟合状态，其他各项指标均接近 1，也就是说可以从课堂公平、教师公平、升学公平三个维度来测量农民工子女的教育公平情况。进城农民工子女教育公平正式量表二阶验证性因素分析的整体模型适配度检验摘要表见表 3-32。

表 3-32　　"教育公平量表"二阶验证性因素分析的整体
模型适配度检验摘要表

统计检验量	适配的标准或临界值	检验结果数据	模型适配判断
绝对适配指数			

续表

统计检验量	适配的标准或临界值	检验结果数据	模型适配判断
RMR 值	<0.05	0.05	是
RMSEA 值	<0.08（若<0.05 优良）	0.061	是
GFI 值	>0.90 以上	0.974	是
AGFI 值	>0.90 以上	0.956	是
增值适配度指数			
NFI 值	>0.90 以上	0.960	是
RFI 值	>0.90 以上	0.943	是
IFI 值	>0.90 以上	0.964	是
TLI 值（NNFI 值）	>0.90 以上	0.949	是
CFI 值	>0.90 以上	0.964	是
简约适配度指数			
PGFI 值	>0.50 以上	0.567	是
PNFI 值	>0.50 以上	0.682	是
CN 值	>200	354	是

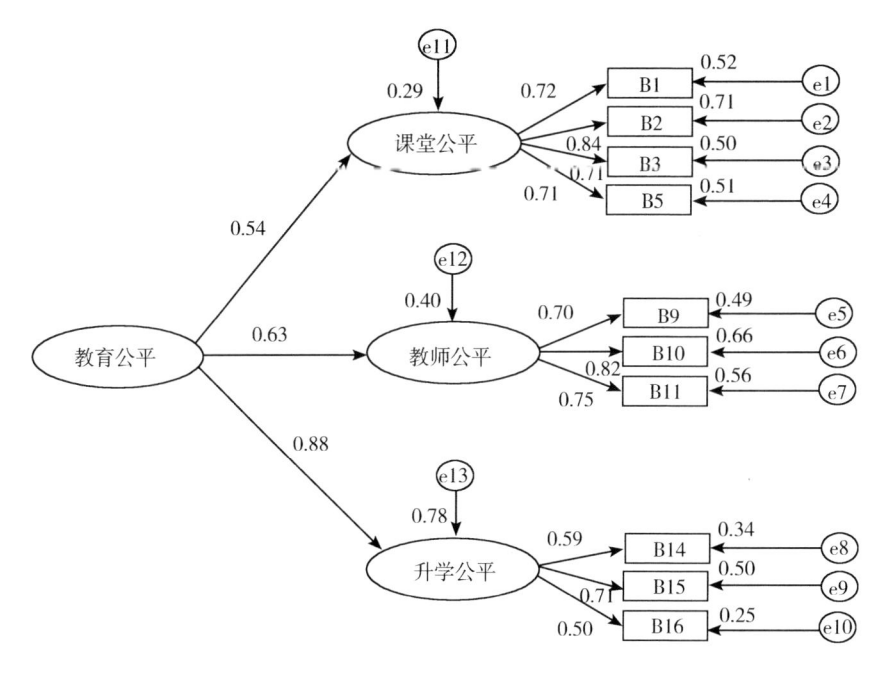

图 3-2　进城农民工子女教育公平量表假设模型完全标准化解

另外，从图 3-2 中可以看出，各项目与各因素的负荷在 0.50—0.84 之间，每个项目对相应潜变量的解释率较大，误差较小，3 个初阶因素构成的因素负荷量分别为 0.54、0.63、0.88，均大于 0.50，解释率较大。

进城农民工子女教育公平量表假设模型完全标准化解见图3-2。

（三）进城农民工子女社会融入量表的内容结构分析

本研究对进城农民工随迁子女社会融入量表的内容结构分析，是在建立了初始量表基础上对初测对象进行测试，并对其进行探索性因素分析，得到一个修订量表；再用于大规模测试，对修订量表进行探索性因素分析，得到一个正式量表；最后对正式量表进行验证性因素分析。

1. 初测量表的探索性因素分析

第一，项目反应分析。在正式测试前，我们对预调查的样本对象进行了测试，对所测得的结果采用经典测量项目分析，结果见表3-33。

表3-33　　进城农民工子女社会融入初始量表题项质量分析

维度	题号	题目	决断值（CR）	P	备注
对流入地认同	Ca1	我对我现在的生活环境感到满意	19.131	0.000	
	Ca2	在这里生活让我有点不开心，我想回老家	14.976	0.000	反向
	Ca3	暑假里我会去参加社区组织的活动	15.248	0.000	
	Ca4	我不随便去自己不熟悉的地方	-3.113	0.002	删除（反向）
对流入地人的认同	Cb1	我们家的邻居对我很友好	15.516	0.000	
	Cb2	与当地人见面时感觉不自然	12.724	0.000	反向
	Cb3	如果有需要，我会去找邻居帮忙	16.602	0.000	
	Cb4	见到同一社区的邻居我会主动打招呼	19.079	0.000	
	Cb5	我周围的很多人都是可以信赖的	19.146	0.000	
对学校的认同	Cc1	和以前家乡的学校相比，我更喜欢现在的学校	17.163	0.000	
	Cc2	我觉得学校的学习节奏太快了，我不太能适应	10.599	0.000	反向
	Cc3	我经常参加学校里组织的文艺演出、运动会	12.816	0.000	
	Cc4	我认为学校对外地学生独立编班是一种歧视	-0.112	0.911	删除
对教师的认同	Cd1	在学校老师对待我和其他本地同学是一样公平的	15.414	0.000	
	Cd2	我不愿意接近老师，很少与老师交流	14.127	0.000	反向
	Cd3	遇到学习上、生活上的问题，会主动问老师	17.813	0.000	
	Cd4	老师的教学方法能让我更喜欢学习知识	21.072	0.000	

续表

维度	题号	题目	决断值（CR）	P	备注
对同伴的认同	Ce1	我觉得我的大部分朋友都很信任我	24.738	0.000	
	Ce2	我喜欢与本地的学生一起学习和活动	27.302	0.000	
	Ce3	我觉得本地学生对外地学生没有歧视行为	20.222	0.000	
	Ce4	我在学校有比较要好的本地同学	23.526	0.000	
	Ce5	当我有困难、烦恼时，我愿意告诉班上的本地学生	23.448	0.000	
	Ce6	我觉得老家的朋友比当地同学更好交往	2.091	0.037	待定（反向）
对自我的认同	Cf1	我觉得自己现在已经是当地人了	18.478	0.000	
	Cf2	在日常生活中，我会按当地的风俗习惯办事	16.529	0.000	
	Cf3	我希望将来能在我现在所居住的地方工作	14.261	0.000	
	Cf4	有时我会因为自己是外地人而感到不自在	8.195	0.000	待定（反向）

从题项的质量测试来看，Ca4、Cc4 两项的决断值 CR 分别是 $t=-3.113$、$t=-0.112$，t 值较小，说明这两个题项无法鉴别高低，我们将其删除。Ce6、Cf4 的决断值也较小，为了保证数据的完整性，我们暂时保留这两项，待进一步分析后再做处理。

第二，项目分与总分相关。用皮尔逊积差相关计算各项目与总分的相关，相关系数低于 0.4 的删除。因此删去 Cb2、Cc2、Cc3、Ce6、Cf4 五个得分小于 0.4 的题项，结果见表3-34。

表3-34　　进城农民工子女社会融入初始量表初测项目分析结果

维度	题号	题目	相关系数	备注
对流入地认同	Ca1	我对我现在的生活环境感到满意	0.525**	
	Ca2	在这里生活让我有点不开心，我想回老家	0.435**	
	Ca3	暑假里我会去参加社区组织的活动	0.458**	
对流入地人的认同	Cb1	我们家的邻居对我很友好	0.463**	
	Cb2	与当地人见面时感觉不自然	0.370**	删除
	Cb3	如果有需要，我会去找邻居帮忙	0.482**	
	Cb4	见到同一社区的邻居我会主动打招呼	0.524**	
	Cb5	我周围的很多人都是可以信赖的	0.549**	

续表

维度	题号	题目	相关系数	备注
对学校的认同	Cc1	和以前家乡的学校相比，我更喜欢现在的学校	0.517**	
	Cc2	我觉得学校的学习节奏太快了，我不太能适应	0.336**	删除
	Cc3	我经常参加学校里组织的文艺演出、运动会	0.390**	删除
对教师的认同	Cd1	在学校老师对待我和其他本地同学是一样公平的	0.448**	
	Cd2	我不愿意接近老师，很少与老师交流	0.440**	
	Cd3	遇到学习上、生活上的问题，会主动问老师	0.527**	
	Cd4	老师的教学方法能让我更喜欢学习知识	0.599**	
对同伴的认同	Ce1	我觉得我的大部分朋友都很信任我	0.623**	
	Ce2	我喜欢与本地的学生一起学习和活动	0.666**	
	Ce3	我觉得本地学生对外地学生没有歧视行为	0.529**	
	Ce4	我在学校有比较要好的本地同学	0.589**	
	Ce5	当我有困难、烦恼时，我愿意告诉班上的本地学生	0.604**	
	Ce6	我觉得老家的朋友比当地同学更好交往	0.085**	删除
对自我的认同	Cf1	我觉得自己现在已经是当地人了	0.534**	
	Cf2	在日常生活中，我会按当地的风俗习惯办事	0.504**	
	Cf3	我希望将来能在我现在所居住的地方工作	0.441**	
	Cf4	有时我会因为自己是外地人而感到不自在	0.247**	删除

第三，样本的适合性检验。利用SPSS18.0统计软件，对预测试样本1186人的有效数据进行探索性因素分析，采用主成分分析法，抽取因素时限定特征根大于1者，进行方式最大正交旋转。从表3-35中看出，此处的KMO值为0.903，说明本研究的取样是非常适当的；从Bartlett球形检验的结果来看，卡方值为6183.007，达到了0.00水平的显著，结果见表3-35。

表3-35 进城农民工子女社会融入初始量表样本适合性检验结果

KMO样本的适合性		0.903
Bartlett球形检验	卡方	6183.007
自由度	自由度	190
显著性	显著性水平	0.000

第四，共同因子分析。对整体解释的变异数进行检查，发现提取出特征值均大于1的共同因子，解释变异量为56.316%，见表3-36。

表3-36　进城农民工子女社会融入初始量表各题项解释总变异量

成分	初始特征值 合计	初始特征值 方差的%	初始特征值 累积%	提取平方和载入 合计	提取平方和载入 方差的%	提取平方和载入 累积%	旋转平方和载入 合计	旋转平方和载入 方差的%	旋转平方和载入 累积%
1	6.063	30.315	30.315	6.063	30.315	30.315	2.848	14.238	14.238
2	1.599	7.995	38.310	1.599	7.995	38.310	2.393	11.963	26.201
3	1.330	6.648	44.958	1.330	6.648	44.958	2.174	10.868	37.068
4	1.219	6.093	51.050	1.219	6.093	51.050	2.091	10.457	47.526
5	1.053	5.266	56.316	1.053	5.266	56.316	1.758	8.791	56.316
6	0.904	4.520	60.837						
7	0.795	3.975	64.812						
8	0.748	3.742	68.554						
9	0.686	3.431	71.985						
10	0.654	3.269	75.254						
11	0.619	3.095	78.349						
12	0.583	2.914	81.263						
13	0.575	2.875	84.139						
14	0.552	2.761	86.900						
15	0.514	2.571	89.471						
16	0.480	2.399	91.869						
17	0.449	2.245	94.114						
18	0.415	2.074	96.188						
19	0.389	1.947	98.135						
20	0.373	1.865	100.000						

提取方法：主成分分析。

第五，分析结果及其命名。通过对以上的数据整理分析，经过反复比较，萃取了5个因素对总变异解释率为最高，达到56.316%，各题项在这五个因素上的负荷经转轴后形成的主成分矩阵，见表3-37。

表 3-37　　进城农民工子女社会融入初始量表转轴后因子负荷阵

题项	成分				
	1	2	3	4	5
Ce5	0.760	0.131	-0.027	0.207	0.172
Ce4	0.751	0.080	0.076	0.203	0.102
Ce3	0.673	0.042	0.282	0.074	-0.024
Ce2	0.656	0.191	0.197	0.241	0.187
Ce1	0.543	0.201	0.372	0.079	0.214
Cb3	0.078	0.791	0.094	0.118	0.063
Cb4	0.087	0.744	0.063	0.169	0.221
Cb1	0.096	0.641	0.271	0.061	0.055
Cb5	0.391	0.560	0.225	-0.052	0.080
Cc1	0.103	0.230	0.682	0.185	0.047
Cd1	0.241	0.113	0.650	-0.081	0.065
Ca1	0.152	0.264	0.557	0.216	0.079
Ca2	0.030	-0.127	0.497	0.174	0.388
Cd4	0.171	0.235	0.477	0.159	0.451
Cf3	0.052	0.068	0.198	0.745	0.062
Cf1	0.317	0.072	0.060	0.734	0.103
Cf2	0.239	0.158	0.103	0.715	0.031
Cd2	0.130	0.045	0.138	-0.125	0.770
Cd3	0.134	0.224	0.148	0.199	0.658
Ca3	0.187	0.305	-0.078	0.294	0.409

提取方法：主成分分析
旋转法：具有 Kaiser 标准化的正交旋转法

因素分析后发现，Ca2、Cd4 在共同因子 3 和共同因子 5 上区别不大，故予以删除。Ce1、Ce2、Ce3、Ce4、Ce5 组成的共同因子被命名为对同龄人的认同；Cb1、Cb3、Cb4、Cb5 组成的共同因子被命名为对流入地人的认同；Cf1、Cf2、Cf3 组成的共同因子被命名为对自我的认同，与我们的理论构想一致。其他虽然和我们理论构想不太一致，但是根据我们的理论构想和实际情况，将 Ca1、Ca3、Cc1 命名为对流入地的认同，Cd1、Cd2、Cd3 命名为对教师的认同，进城农民工子女社会融入修订量表见表 3-38。

表 3-38　　　　　　　　进城农民工子女社会融入修订量表

维度	题号	题目
对流入地认同	Ca1	我对我现在的生活环境感到满意
	Ca3	暑假里我会去参加社区组织的活动
	Cc1	和以前家乡的学校相比，我更喜欢现在的学校
对流入地人的认同	Cb1	我们家的邻居对我很友好
	Cb3	如果有需要，我会去找邻居帮忙
	Cb4	见到同一社区的邻居我会主动打招呼
	Cb5	我周围的很多人都是可以信赖的
对教师的认同	Cd1	在学校老师对待我和其他本地同学是一样公平的
	Cd2	我不愿意接近老师，很少与老师交流
	Cd3	遇到学习上、生活上的问题，会主动问老师
对同伴的认同	Ce1	我觉得我的大部分朋友都很信任我
	Ce2	我喜欢与本地的学生一起学习和活动
	Ce3	我觉得本地学生对外地学生没有歧视行为
	Ce4	我在学校有比较要好的本地同学
	Ce5	当我有困难、烦恼时，我愿意告诉班上的本地学生
对自我的认同	Cf1	我觉得自己现在已经是当地人了
	Cf2	在日常生活中，我会按当地的风俗习惯办事
	Cf3	我希望将来能在我现在所居住的地方工作

第六，量表的信度检验。在得出一个 18 题项的农民工子女社会融入量表后，为保证有一个比较高的信度，采用了克隆巴赫 Alpha 信度系数，对本量表进行可靠性分析，总体系数达到 0.865。

2. 正式测试问卷探索性因素分析

第一，项目反应分析。我们对从温州、金华调研所得到的 2453 份问卷做经典测量项目分析，从表 3-39 中可以看出，C9 题项的决断值没有大于 10，但是得到了显著性水平，我们暂且保留该项，待以后再做取舍决定。

表 3-39　　进城农民工子女社会融入修订量表题项质量分析

维度	题号	题目	决断值（CR）	P
对流入地认同	C1	我对我现在的生活环境感到满意	24.372	0.000
	C2	暑假里我会去参加社区组织的活动	21.784	0.000
	C3	和以前家乡的学校相比，我更喜欢现在的学校	21.950	0.000
对流入地人的认同	C4	我们家的邻居对我很友好	32.185	0.000
	C5	如果有需要，我会去找邻居帮忙	32.082	0.000
	C6	见到同一社区的邻居我会主动打招呼	32.369	0.000
	C7	我周围的很多人都是可以信赖的	30.404	0.000
对教师的认同	C8	在学校老师对待我和其他本地同学是一样公平的	24.218	0.000
	C9	我不愿意接近老师，很少与老师交流	-4.027	0.000
	C10	遇到学习上、生活上的问题，会主动问老师	25.013	0.000
对同伴的认同	C11	我觉得我的大部分朋友都很信任我	29.295	0.000
	C12	我喜欢与本地的学生一起学习和活动	34.461	0.000
	C13	我觉得本地学生对外地学生没有歧视行为	28.539	0.000
	C14	我在学校有比较要好的本地同学	34.440	0.000
	C15	当我有困难、烦恼时，我愿意告诉班上的本地学生	32.769	0.000
对自我的认同	C16	我觉得自己现在已经是当地人了	33.345	0.000
	C17	在日常生活中，我会按当地的风俗习惯办事	29.365	0.000
	C18	我希望将来能在我现在所居住的地方工作	26.942	0.000

第二，相关分析。用皮尔逊积差相关计算各项目与总分的相关，相关系数低于 0.4 的删除。因此删去 C9 题项，结果见表 3-40。

表 3-40　　进城农民工子女社会融入修订量表项目分析结果

维度	题号	题目	相关系数（R）
对流入地认同	C1	我对我现在的生活环境感到满意	0.510**
	C2	暑假里我会去参加社区组织的活动	0.480**
	C3	和以前家乡的学校相比，我更喜欢现在的学校	0.466**
对流入地人的认同	C4	我们家的邻居对我很友好	0.586**
	C5	如果有需要，我会去找邻居帮忙	0.598**
	C6	见到同一社区的邻居我会主动打招呼	0.587**
	C7	我周围的很多人都是可以信赖的	0.599**

续表

维度	题号	题目	相关系数（R）
对教师的认同	C8	在学校老师对待我和其他本地同学是一样公平的	0.494**
	C9	我不愿意接近老师,很少与老师交流	-0.060** （删除）
	C10	遇到学习上、生活上的问题,会主动问老师	0.524**
对同伴的认同	C11	我觉得我的大部分朋友都很信任我	0.595**
	C12	我喜欢与本地的学生一起学习和活动	0.647**
	C13	我觉得本地学生对外地学生没有歧视行为	0.571**
	C14	我在学校有比较要好的本地同学	0.614**
	C15	当我有困难、烦恼时,我愿意告诉班上的本地学生	0.620**
对自我的认同	C16	我觉得自己现在已经是当地人了	0.635**
	C17	在日常生活中,我会按当地的风俗习惯办事	0.593**
	C18	我希望将来能在我现在所居住的地方工作	0.543**

第三,样本的适合性检验。利用SPSS18.0统计软件,对预测试样本2453人的有效数据进行探索性因素分析,采用主成分分析法,抽取因素时限定特征根大于1者,进行方式最大正交旋转。此处的KMO为0.904,结果见表3-41。

表3-41 进城农民工子女社会融入修订量表样本适合性检验结果

KMO样本的适合性		0.904
Bartlett球形检验	卡方	12323.932
自由度	自由度	136
显著性	显著性水平	0.000

第四,共同因子分析。对整体解释的变异数进行检查,发现提取出特征值均大于1的共同因子,解释变异量为57.379%,见表3-42。

表3-42 进城农民工子女社会融入修订量表各题项解释总变异量

成分	初始特征值			提取平方和载入			旋转平方和载入		
	合计	方差的%	累积%	合计	方差的%	累积%	合计	方差的%	累积%
1	5.816	34.214	34.214	5.816	34.214	34.214	2.759	16.231	16.231

续表

成分	初始特征值			提取平方和载入			旋转平方和载入		
	合计	方差的%	累积%	合计	方差的%	累积%	合计	方差的%	累积%
2	1.665	9.797	44.011	1.665	9.797	44.011	2.737	16.098	32.329
3	1.148	6.751	50.761	1.148	6.751	50.761	2.339	13.758	46.087
4	1.125	6.617	57.379	1.125	6.617	57.379	1.919	11.291	57.379
5	0.900	5.293	62.671						
6	0.813	4.783	67.454						
7	0.662	3.892	71.346						
8	0.625	3.677	75.023						
9	0.610	3.587	78.610						
10	0.584	3.436	82.046						
11	0.526	3.095	85.141						
12	0.504	2.962	88.103						
13	0.449	2.641	90.744						
14	0.442	2.601	93.346						
15	0.423	2.491	95.836						
16	0.393	2.311	98.147						
17	0.315	1.853	100.000						

提取方法：主成分分析

第五，分析结果及其命名。通过对以上的数据整理分析，经过反复比较，萃取了4个因素对总变异解释率为最高，达到57.379%，各题项在这四个因素上的负荷经转轴后形成的主成分矩阵，见表3-43。

表3-43 进城农民工子女社会融入修订量表转轴后因子负荷阵

题项	成分			
	1	2	3	4
C5	0.823	0.116	0.136	0.090
C6	0.788	0.150	0.118	0.108
C4	0.755	0.101	0.095	0.250

续表

题项	成分			
	1	2	3	4
C7	0.584	0.265	0.102	0.260
C10	0.369	0.146	0.282	0.314
C14	0.170	0.748	0.185	0.054
C15	0.164	0.745	0.240	0.027
C12	0.183	0.707	0.233	0.159
C13	0.111	0.649	0.040	0.317
C18	0.080	0.187	0.686	0.150
C17	0.118	0.372	0.681	0.023
C3	0.126	-0.021	0.631	0.263
C16	0.089	0.465	0.615	0.104
C2	0.390	0.158	0.478	-0.088
C8	0.170	0.147	0.011	0.785
C1	0.162	0.021	0.331	0.682
C11	0.247	0.357	0.103	0.591

提取方法：主成分分析
旋转法：具有 Kaiser 标准化的正交旋转法

从表3-43中可以看出，C2题项在因子1和因子3上的负荷非常接近，C10题项在因子1和因子4上的负荷也非常接近，故将其删除。我们将C4、C5、C6、C7命名为对流入地人的认同，C13、C14、C15、C12命名为对同伴的认同，C17、C18、C16、C3为对自我认同。C1、C8、C11组成的共同因子不符合我们的理论构想，故将其删除。至此，得到一个农民工子女社会融入的正式量表，见表3-44。

表3-44　　　　　　　农民工子女社会融入正式量表

维度	题号	题目
对流入地人的认同	C4	我们家的邻居对我很友好
	C5	如果有需要，我会去找邻居帮忙
	C6	见到同一社区的邻居我会主动打招呼
	C7	我周围的很多人都是可以信赖的

续表

维度	题号	题目
对同伴的认同	C12	我喜欢与本地的学生一起学习和活动
	C13	我觉得本地学生对外地学生没有歧视行为
	C14	我在学校有比较要好的本地同学
	C15	当我有困难、烦恼时,我愿意告诉班上的本地学生
对自我的认同	C16	我觉得自己现在已经是当地人了
	C17	在日常生活中,我会按当地的风俗习惯办事
	C18	我希望将来能在我现在所居住的地方工作
	C3	和以前家乡环境相比,我更喜欢现在的地方

第六,量表的可靠性分析。在得出一个非常简明的12题项的进城农民工子女社会融入最后量表后,为了保障测量有一个比较高的信度,采用了克隆巴赫Alpha信度系数,对本量表进行可靠性分析。本研究所得出的社会融入正式量表总体信度为0.852,信度系数比较好,结果见表3-45。

表3-45　　　　进城农民工子女社会融入正式量表信度分析

序号	因素	Alpha信度系数
1	对流入地人的认同	0.804
2	对同伴的认同	0.782
3	对自我认同	0.721
4	社会融入	0.852

3. 正式测试问卷的验证性因素分析

第一,模型的假设。从前面探索性因素分析可以看出,农民工子女社会融入主要包括对流入地人的认同、对同伴的认同及对自己的认同等三个维度,但是这三个维度是否可以合成社会融入测量量表,则需要进行验证性因素分析。

第二,模型的评价。我们用AMOS7.0对2453份有效问卷进行验证性因素分析。从表3-46中可以看出,进城农民工子女社会融入测量量表假设模型的各项指标均很好,其中最为关键的RMSEA在0.03—0.08之间(0.049),达到非常好拟合状态,其他各项指标均接近1,也就是说可以从对流入地人的认同、对同伴的认同及对自己的认同等三个维度来测量农民工子女社会融入情况。进城农民工子女社会融入正式量表二阶验证性因素分析的整体模型适配度检验摘要表见表3-46。

表3-46 **"社会融入量表"二阶验证性因素分析的整体模型适配度检验摘要表**

统计检验量	适配的标准或临界值	检验结果数据	模型适配判断
绝对适配指数			
RMSEA 值	<0.08（若<0.05 优良）	0.049	是
GFI 值	>0.90 以上	0.976	是
AGFI 值	>0.90 以上	0.963	是
增值适配度指数			
NFI 值	>0.90 以上	0.963	是
RFI 值	>0.90 以上	0.953	是
IFI 值	>0.90 以上	0.969	是
TLI 值（NNFI 值）	>0.90 以上	0.959	是
CFI 值	>0.90 以上	0.969	是
简约适配度指数			
PGFI 值	>0.50 以上	0.638	是
PNFI 值	>0.50 以上	0.744	是
CN 值	>200	482	是

另外，从图3-3中可以看出，各项目与各因素的负荷在0.41—0.81间，每个项目对相应潜变量的解释率较大，误差较小，3个初阶因素构成的因素负荷量分别为0.55、0.90、0.82，均大于0.50，解释率较大。进城农民工子女社会融入量表假设模型完全标准化解见图3-3。

（四）进城农民工子女教育政策绩效总体量表结构的验证性分析

在前面假设，进城农民工子女教育政策绩效总体量表由进城农民工子女心理健康量表、教育公平量表及社会融入量表组成，这三个量表是相关但没有达到可以合成一个维度的量表。为此，需要对三个量表之间的相关性做进一步分析，看看这三个量表是进城农民工子女教育政策绩效总体量表的三个分量表，还是相关的三个独立量表。在这里，我们使用的是从无锡、金华及温州调研所得的3823份有效问卷中的数据。

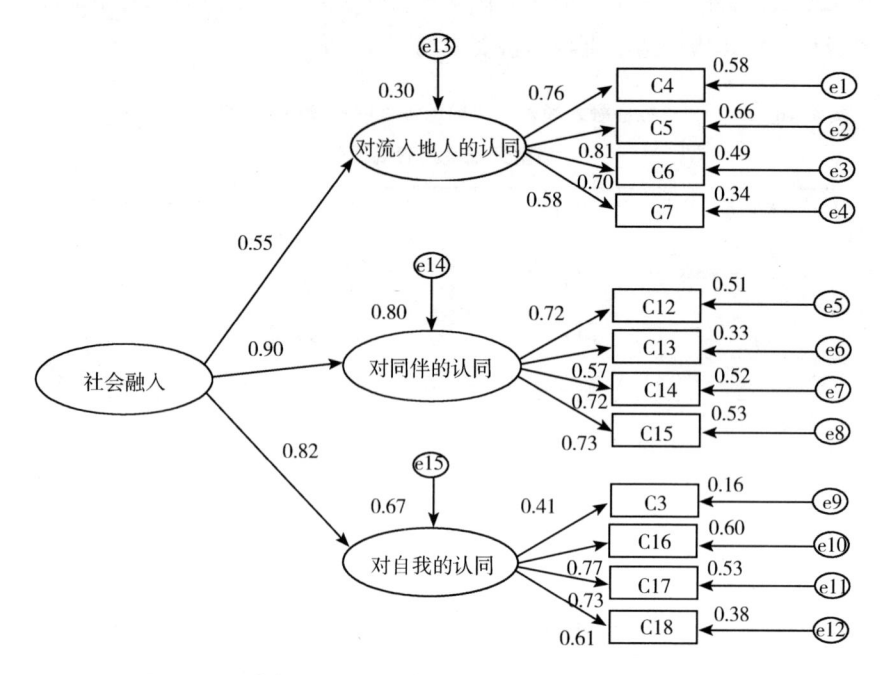

图 3-3　进城农民工子女社会融入量表假设模型完全标准化解

1. 模型假设

在前面的探索性和验证性因素已经看到，进城农民工子女心理健康测量量表包括紧张、孤独、敏感三个维度；进城农民工子女教育公平量表包括课堂公平、教师公平和升学公平三个维度；进城农民工子女社会融入量表包括对流入地人的认同、对同伴的认同及对自己的认同等三个维度。需要进一步验证的是，这三个分量表是不是可以成为一个量表，它们之间的相关性如何。

2. 模型评价

从表 3-47 中可以看出，进城农民工子女教育政策绩效量表假设模型的各项指标均很好，其中最为关键的 RMSEA 在 0.03—0.08 之间（0.037），达到非常好的拟合状态，其他各项指标均接近 1，这一模型的良好拟合反映心理健康、教育公平及社会融入是总体量表的三个相关的模型。进城农民工子女教育政策绩效量表验证性因素分析拟合指数见表 3-47。

表 3-47　进城农民工子女教育政策绩效量表验证性因素分析拟合指数

测量模型	dF	RMSEA	GFI	AGFI	NFI	NNFI	CFI	IFI
	452	0.037	0.951	0.943	0.923	0.928	0.934	0.934

另外，从图 3-4 中可以看出，各项目与各因素的负荷在 0.46—0.83 之间，每个项目对相应潜变量的解释率较大，误差较小。心理健康、教育公平与社会融入的相关性在 0.34—0.69 之间，有相关性但没有达到可以成为一个维度的状态，这说明这三个量表是进城农民工子女教育政策绩效总体量表中三个相关但各自独立的量表。进城农民工子女教育政策绩效量表假设模型完全标准化解见图 3-4。

五　讨论与结论

关于儿童心理健康的测量量表已经有很多的研究，有些量表的测量对象专门针对流动儿童，有些则适合所有的儿童。宋传茂、陈伟等开发的心理健康诊断量表（2000），该量表共有 100 个项目、8 个内容量、1 个效度量表，量表的主要内容包括对学习焦虑、对人的焦虑、孤独感、敏感、身体症状、冲动倾向等。[①] Asher，Hymel 于 1984 年编制的、由国内汪向东等修订的儿童孤独量表，该量表共有 24 个项目，包括 16 个基本项目和 8 个补充项目。[②] 杨堂英等使用的儿童社交焦虑感量表（SASC），该量表主要测量儿童的情感、认知和行为三方面的因素，一共有 10 个题项，再测信度为 0.67，Cronbach α 系数为 0.76。儿童孤单感量表有 16 个基本测试题和 8 个掩饰题，Cronbach α 系数为 0.90。[③] 我们的心理健康量表在借鉴他人的基础上，根据问卷结构整体的设计，将心理健康主要集中在紧张、孤独、敏感三个方面，三个公共因子解释的总方差为 58.533%，而且心理健康量表的 Alpha 信度系数达到 0.755，量表的内部一致性较高，

[①] 韩煊：《流动儿童健康状况及其影响因素的结构方程模型研究》，华中科技大学，2009 年，第 53 页。

[②] 林盈盈：《南宁市流动儿童孤独感、自我接纳及行为问题的现状及其团体心理辅导效果的评价》，广西医科大学，2010 年，第 14 页。

[③] 杨堂英：《北京市流动儿童安全感及其相关因素研究》，北京林业大学，2008 年，第 14 页。

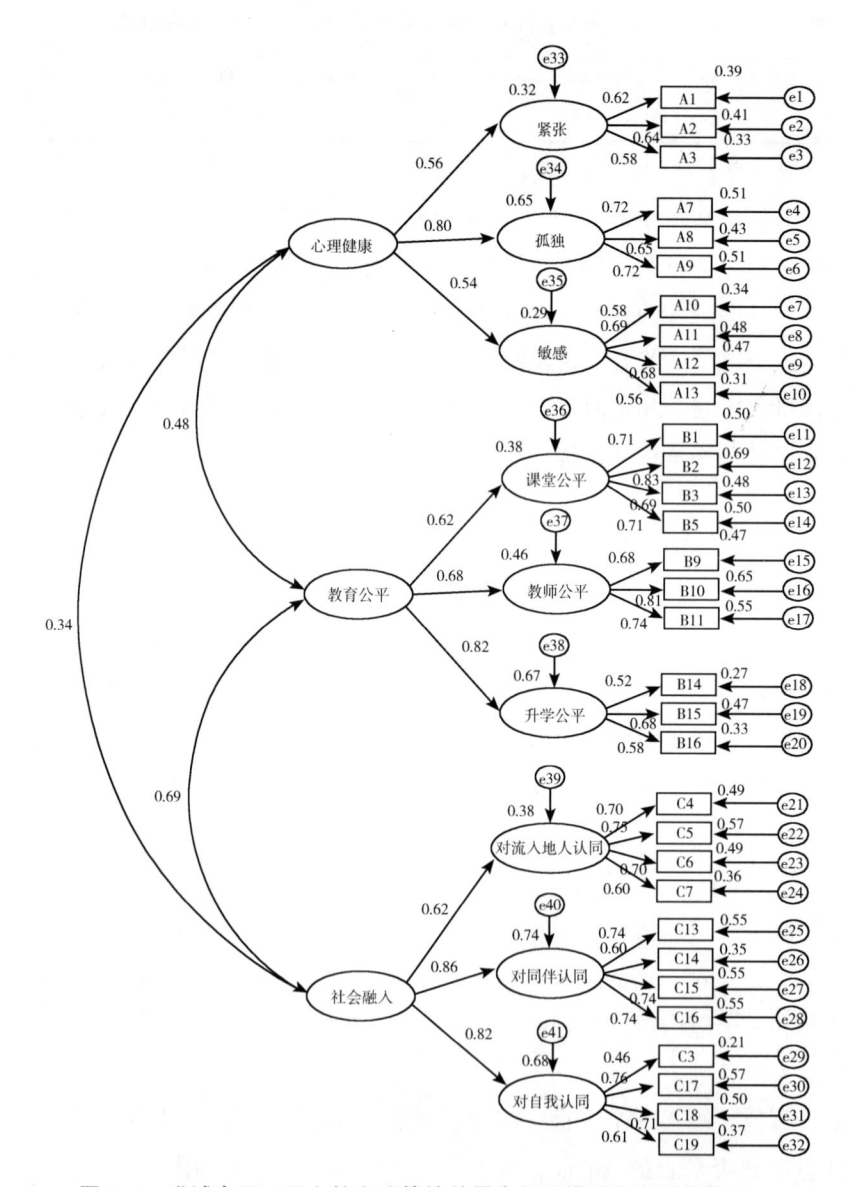

图 3-4 进城农民工子女教育政策绩效量表假设模型完全标准化解

性能稳定。从验证性因素分析可知，心理健康量表主要拟合指标的值均在 0.9 以上，近似平方根误差（RMSEA）在 0.032，近似误差均方根及各项拟合指数都比较理想。

教育公平则是农民工子女研究的重点问题，但研究方法多属理论思辨，量化研究较为稀少，因此构建一个科学合理的量化评估指标体系尤为重要,有学者在此方面做了努力和尝试。谭廷志通过对农民工子女在入学机会、受教育过程和取得学业成功等三个方面的现状分析来测量教育公平的程度;[①] 曾焕平也是从教育起点公平、教育过程公平、教育结果公平三个维度对农民工子女和非农民工子女在城市公办中学教育公平的现状进行了比较实证分析。其中教育起点公平包括家庭基础、入学资格、经济成本、家长的教育期望等四个方面,教育过程公平包括学校教育资源配置、班级教育资源配置、家庭教育资源支持等三个方面,教育结果公平包括学业成绩、综合素质、升学机会等三个方面。[②] 在已有的研究中,大部分是从宏观上对教育公平进行阐述和测量,设计的维度大都是起点公平、教育过程公平和教育结果公平等。我们在借鉴他人的基础上,将研究视野主要限定在学校微观公平层面,包括课堂公平、教师公平、升学公平等,三个公共因子对总变异解释率达到59.988%,教育公平量表的Alpha信度系数达到0.813,量表的内部一致性较高,性能稳定。从验证性因素分析可知,教育公平量表主要拟合指标的值均在0.9以上,近似平方根误差(RMSEA)在0.061,近似误差均方根及各项拟合指数都比较理想。

农民工子女教育问题,不仅是一个教育问题,而且也是社会问题,在流入地各方面的融入情况,都会影响到农民工子女接受教育的权利,有学者已对农民工子女社会融入情况进行了测量。孟艳俊等从对迁入地的融合、对迁入地人的融合、对于同辈群体的融合、对自我的认同及对学校的融合等5个维度来测量农民工子女的社会融入情况;[③] 胡韬等从学习与学校适应、生活与活动适应、社会关系与观念适应3个二阶因素,学习自主、环境满意、活动参与、生活独立、人际协调、人际友好、社会认同、社会活力等8个一阶因素来测量流动少年的社会融入情况;[④] 杨彦平从人际、学习、生活、行为、情绪、环境、预期、动力、资源等维度对中学生

[①] 谭廷志:《农民工子女义务教育机会均等问题研究——基于湛江市城区的调查》,广西师范大学硕士论文,2008年,第42—43页。

[②] 曾焕平:《农民工子女义务教育阶段教育公平的实证研究——以厦门市湖里中学为例》,华中农业大学硕士论文,2010年,第52—56页。

[③] 孟艳俊:《流动儿童社会融合状况的比较研究》,首都经济贸易大学,2008年,第7页。

[④] 胡韬:《流动少年儿童社会适应的发展特点及影响因素研究》,西南大学,2007年,第17页。

的社会适应情况进行测量。[①] 本研究设计的社会融入量表含有对流入地人的认同、对同伴的认同、对自我的认同三个维度,社会融入量表的 Alpha 信度系数达到 0.852,量表的内部一致性较高,性能稳定。从验证性因素分析可知,社会融入量表主要拟合指标的值均在 0.9 以上,近似平方根误差(RMSEA)在 0.049,近似误差均方根及各项拟合指数都比较理想。

  目前专门评价农民工子女教育政策绩效的研究很少,已有的政策绩效评价研究主要是关于其他领域的。程福财通过定性的民族志调查方法,来评价建立与运作已逾十年的流浪儿童救助体系的预期目标是否实现,研究者主要用成员检验的方法来保证调查的可信度。[②] 王伟同将公共服务绩效分为规模绩效、效率绩效及均等化绩效,并运用 DEA 分析法、VAR 分析法以及协整分析等方法分别从地区内部之间、纵向的历史分析、横向的国际比较等角度来评价中国公共服务效率绩效的问题。[③] 杜育红等学者对"西部地区基础教育发展"项目的影响力做了较为详细的评价,其采用准实验设计,通过比较实验组和对照组之间的变化,来评价该项目的产出或结果,而且项目的评价不仅包括对项目本身的投入过程与产出过程,还包括项目产生的直接效果和间接效果。[④] 付晓彬从政策成本、政策产出和政策满意度三个维度对县级政府教育政策绩效指标进行理论构建。[⑤] 本研究在借鉴他人研究的基础上,结合农民工子女教育问题、教育政策的实际情况,从心理健康、教育公平、社会融入等三个维度来对农民工子女教育政策绩效进行测量,让教育政策绩效呈现"可视化"状态。从结构方程模型分析可知,主要拟合指标的值均在 0.9 以上,近似平方根误差(RMSEA)在 0.037,心理健康和教育公平、社会融入之间的相关度分别为 0.48、0.34,教育公平和社会融入之间的相关度为 0.69,近似误差均方根及各

[①] 杨彦平:《中学生社会适应量表的编制》,华东师范大学,2007 年,第 80 页。
[②] 范明林、张钟汝:《当代中国公共政策实证研究》,上海大学出版社第 2010 年版,第 51—53 页。
[③] 王伟同:《公共服务绩效优化与民生改善机制研究——模型构建与经验分析》,东北财经大学出版社第 2011 年版,第 9 页。
[④] 杜育红:《教育政策的监测与评价研究——以"西部地区基础教育发展项目影响力评价为例"》,《人民教育出版社》第 2011 年版,第 6 页。
[⑤] 付晓彬:《县级政府教育政策绩效评价指标体系研究》,山东师范大学硕士论文,2014 年,第 33 页。

项拟合指数都比较理想。因此，可以认为心理健康量表、教育公平量表和社会融入量表是进城农民工子女教育政策绩效量表的三个分量表，这三个量表是相关但各自独立的结构因素，假设得到验证。

第二节 农民工子女教育政策公平绩效研究：基于阶层回归模型

一 问题的提出

由于受到城镇化、工业化及农业现代化的深刻影响，大量的农村剩余劳动力持续地涌入城市。根据2011年国家统计局公布的第六次全国人口普查结果来看，当前的流动人口已经达到2.61亿，比2000年增加了1.17亿人，增长率高达81.03%。[①] 从流动方式和流动时间来看，也从早期的"个体流动，短期流动"向"举家迁移，长期居住"转变，[②] 这便导致城市中农民工随迁子女（以下简称"农民工子女"）数量从2000年的1980万[③]增至2010年的3581万，其中处于义务教育阶段的人数为1472万人，占总体41.1%。[④] 因此，保障如此规模的农民工子女教育权利成为我国普及与落实义务教育政策，实现教育公平的重点和难点。

党和政府高度重视进城农民工子女的教育工作。2003年9月30日，国务院办公厅转发教育部、中央编办、公安部、发改委等六部门《关于进一步做好进城务工就业农民工子女义务教育工作的意见》（以下简称"意见"），明确提出了进城务工就业农民流入地政府（以下简称"流入地政府"）负责进城务工就业农民工子女接受义务教育工作，以全日制公办中小学为主。"两为主"（以"流入地政府为主，以公办学校为

[①] 国家统计局：《2010年第六次全国人口普查主要数据公报（第1号）》，http://www.stats.gov.cn/tjsj/tjgb/rkpcgb/qgrkpcgb/201104/t20110428_30327.html.2014年12月12日。

[②] 段成荣、杨舸等：《改革开放以来我国流动人口变动的九大趋势》，《人口研究》2008年第6期。

[③] 汪明：《聚焦流动人口子女教育》，高等教育出版社第2007年版，第1页。

[④] 中国经济网，全国妇联发布：《我国农村留守儿童、城乡流动儿童状况研究报告》，http://www.ce.cn/xwzx/gnsz/gdxw/201305/10/t20130510_24368366_1.shtml.2014年12月12日。

主")政策的出台为解决农民工子女教育问题提供了强有力的政策保障,但由于"从政策的制定到政策面向直接对象的最终执行,其间存在一定的层级距离,这给政策目标在传递过程中出现信息扭曲和偏差提供了机会,导致政策过程在一系列的层级上容易出现差错",[①] 因此,"两为主"政策绩效的实施状态如何,尤其是对教育公平是否产生了积极的影响,值得政府、社会各界的关注。本书在对浙江、江苏两地农民工子女教育基本状况的调研与分析基础之上,试图探讨农民工子女教育政策对实现教育公平的影响作用,以期为政策的评估和调整提供良好的理论支撑。

二 相关研究和研究假设

我国宪法和法律保护每个适龄儿童的受教育权。农民工子女作为我国的公民,其理应享有公平的受教育权,而且教育具有重要的"工具性作用",可以促进社会阶层之间的流通。因此,保障农民工子女的教育权利成为政府、学校、社会、家庭共同关注的重要问题之一。从现有的文献来看,多偏重于从制度方面来研究区域间、城乡间、群体间的教育公平问题[②][③],而较少涉及微观层面,正如有学者所指出"现有的农民工子女教育研究过多关注宏观结构,缺少对微观心理机制的探讨,学校内部和家庭内部成为不被关注的'黑箱',而正是其中运作的心理动力机制导致教育机会扩张并没有带来教育平等"。[④] 但无论从宏观还是微观层面研究教育公平,一个基本的结论是农民工子女获得公平教育受到多种因素的共同影响:既受教育政策的影响,如"两为主""就近入学"等政策,也受个体因素的影响,如性别、年龄、身体状况等情况;既受家庭状况的影响,如社会资本、经济资本等,也受流动状况的影响,如转学次数、迁移次数等。本书在已有的研究基础上,提出研究假设。

---

① 贺东航、孔繁斌:《公共政策执行的中国经验》,《中国社会科学》2011年第5期。
② 李煜:《制度变迁与教育不平等的产生机制——中国城市子女的教育获得(1966—2003)》,《中国社会科学》2006年第4期。
③ 褚宏启:《教育制度改革与城乡教育一体化——打破城乡教育二元结构的制度瓶颈》,《教育研究》2010年第11期。
④ 高明华:《教育不平等的身心机制及干预策略——以农民工子女为例》,《中国社会科学》第2013年第4期。

(一) 个体因素

作为受教育主体的农民工子女,自身的特征自然会对其教育公平的感受产生重要的影响。第一,不同性别的学生有不一样的教育公平感。研究表明,教育公平存在较大的性别差异,而且女生要好于男生,集中表现在女生学习成绩高与辍学率低上,原因在于教师资源、课程资源等教育资源在男女生群体间分配不均等。① 第二,不同年龄、年级的学生感受到的教育公平也有差异。有学者发现,年龄大、年级高的学生比年龄小、年级低的学生更容易看到升学的制度性瓶颈,这种"天花板效应"的存在,导致农民工子女产生自我放弃心理,从而更加拉大了教育不公。② 而且由于这些学生进入青春期,变得以自我为中心,出现诸多叛逆表现,与教师冲突增加,影响了其教育公平感。③ 第三,身体健康状况与教育公平感存在关系。有学者认为个人儿童期的健康状况通过对学业表现和教育获得的作用来影响其成年后的社会经济地位。④ 基于以上研究,本书提出以下假设:

假设1:女生比男生的教育公平感高;

假设2:年龄越大,其教育公平感越低;

假设3:年级越高,其教育公平感越低;

假设4:身体健康状况越好,其教育公平感越高。

(二) 家庭因素

儿童的学习活动与家庭存在密切的关系,在帮助儿童建立正确的学习态度、督促儿童学习等方面,家庭扮演着不可替代的作用。第一,家庭文化资本影响其子女教育公平感。农民工由于受到有限文化程度的制约,难

---

① 卫倩平:《基于性别差异的教育公平》,《教育理论与实践》2010年第11期。

② 熊易寒、杨肖光:《学校类型对农民工子女价值观与行为模式的影响——基于上海的实证研究》,《青年研究》第2012年第1期。

③ 李晓巍、邹泓等:《北京市公立学校与打工子弟学校流动儿童学校适应的比较研究》,《中国特殊教育》2009年第9期。

④ 高明华:《教育不平等的身心机制及干预策略——以农民工子女为例》,《中国社会科学》2013年第4期。

以承担对其子女知识引导的责任,也容易形成错误的教育方式和教育期望。① 第二,家庭社会资本影响其子女教育公平感。有研究认为缺乏社会关系网络使得农民工工作不稳定,从而影响到其子女的教育。② 第三,家庭经济资本与其子女教育公平感存在关系。周皓③认为家庭社会经济地位往往通过父母的教育期望来影响流动儿童的发展;陈友华等学者发现家庭经济地位与子女初中就读学校的等级之间有很强的正相关性,相关系数达到 0.45,也就是说家庭社会经济地位越高,其子女就读好初中的可能性越大。④ 第四,家庭结构与其子女教育公平存在关系。苑雅玲等认为流动人口独生子女家庭较非独生子女家庭更有可能选择好的学校,享受高质量的教育资源;⑤ 吴霓等人认为带进城的孩子数越少的家长,更有可能将其子女送入公办学校读书。⑥ 基于以上研究,本书提出以下假设:

假设 5:父母文化程度越高,其教育公平感越高;

假设 6:父母社会资本越多,其教育公平感越高;

假设 7:父母工作稳定、经济收入越高,其教育公平感越高;

假设 8:家里只有一个在读学生,其教育公平感高。

(三) 流动因素

农民工子女的流动特征也增加了其受教育的不公平情况。在流入地居住时间越长,越有可能将其子女送入公立学校⑦⑧。转学次数、流动次数越多,农民工子女教育公平感越低。有研究认为,由于各地教育体系、教

---

① 赵娟:《流动儿童少年学习困难的非智力因素分析——多次转学经历的个案研究》,《青年研究》2005 年第 10 期。

② 王毅杰、刘海健:《家庭背景与流动儿童的留城意愿——一项基于家庭教育内容的实证研究》,《南方人口》2008 年第 4 期。

③ 周皓:《家庭社会经济地位、教育期望、亲子交流与儿童发展》,《青年研究》2013 年第 3 期。

④ 陈友华、方长春:《社会分层与教育分流——一项对义务教育阶段"划区就近入学"等制度安排公平性的实证研究》,《江苏社会科学》2007 年第 1 期。

⑤ 苑雅玲、侯佳伟:《家庭对流动儿童择校的影响研究》,《人口研究》2012 年第 2 期。

⑥ 田慧生、吴霓编:《农民工子女教育问题研究——基于 12 城市调研的现状、问题与对策分析》,教育科学出版社 2010 年版,第 207 页。

⑦ 苑雅玲、侯佳伟:《家庭对流动儿童择校的影响研究》,《人口研究》2012 年第 2 期。

⑧ 田慧生、吴霓编:《农民工子女教育问题研究——基于 12 城市调研的现状、问题与对策分析》,教育科学出版社 2010 年版,第 207 页。

材不同和农民工家庭流动性大、经常转学等原因，使得农民工子女在学校的学习成绩不尽人意。[1] 基于以上研究，本书提出以下假设：

假设9：在流入地居住时间越长，其教育公平感越高；

假设10：转学次数、流动次数越少，其教育公平感越高。

（四）政策因素

"两为主"政策强调以流入地公办学校为主来解决农民工子女就学问题，因为较之于民办学校、专门随迁子女学校，公办学校有着更好的硬件和软件资源。吴霓等通过调研发现，公办学校农民工子女在对学习成绩的自我评价、学习态度、参加辅导班等方面都要优于民办学校的农民工子女，而且其想要转学的人数比例要低于民办学校；[2] 李晓巍等人发现公立学校农民工子女的内化情绪问题和外化行为得分显著低于专门随迁子女学校的学生，师生关系和学业方面得分也高于随迁子女学校的学生。[3] 基于以上研究，本书提出以下假设：

假设11：就读于公立学校的农民工子女，其教育公平感较高。

三 数据、测量与统计分析

（一）数据

本研究的数据来自于"进城农民工子女教育政策绩效评价与体制创新研究"课题组（以下简称"课题组"）对就读于江苏省无锡市（3所公办学校、1所民办学校）和浙江省金华市（2所公办学校、2所民办学校）、浙江省温州市（1所公立学校、2所民办学校）共11所义务教育学校的小学六年级和初中七至九年级的随迁子女问卷调查。在调研地点的选择上是出于如下考虑：一是江苏、浙江两省是我国经济比较发达的省份，吸引了大量的进城务工人员，因而具有一定的代表性；二是课题组自2010年就与无锡市、金华市两地保持着密切的联系，便于开展实地调研。

---

[1] 曾燕波：《家庭化流动凸显的教育问题——兼论农民工子女教育的背景及策略》，《当代青年研究》2008年第5期。

[2] 田慧生、吴霓编：《农民工子女教育问题研究——基于12城市调研的现状、问题与对策分析》，教育科学出版社2010年版，第371—373页。

[3] 李晓巍、邹泓等：《北京市公立学校与打工子弟学校流动儿童学校适应的比较研究》，《中国特殊教育》2009年第9期。

而之所以选择六年级及以上的随迁子女,则主要是考虑到问卷调查内容的难度和学生的实际情况。从时间上来看,跨度从 2010 年在浙江金华开始调研开始,直到 2013 年在江苏无锡、浙江温州、广东广州等结束,长达 3 年左右的调研过程。课题组在三地共发放问卷 4100 份,其中有效问卷 3823 份,有效率 93.24%。全部数据在 SPSS18.0 统计学软件上进行数据录入和分析,并采用 AMOS17.0 软件进行验证性分析。

(二)变量的选择

1. 因变量:教育公平的测量及统计分析

(1)教育公平的概念及操作化。本书所谈的教育公平,不是指宏观上的教育起点公平、教育过程公平、教育结果公平,更多的是涉及学校内部层面的教育公平。根据这一定义,本书确定教育公平测量的基本维度:课堂公平、教师公平和升学公平。这三方面构成了教育公平量表的一级指标,每个一级指标下各包含若干二级指标(见表 3-48)。

表 3-48　　　　　　进城农民工子女教育公平测量量表

一级指标	题号	二级指标
课堂公平	B1	在学校你和老师的交流或交谈的次数
	B2	你在学校、班级里面的发言次数
	B3	你上讲台、黑板示范或演示的次数
	B4	你被老师表扬、鼓励的次数
教师公平	B5	你在课堂上有问题请教老师时,他们的态度
	B6	老师对你的关心情况是
	B7	你对现在就读学校的老师满意情况是
升学公平	B8	你认为学习成绩重要吗
	B9	毕业后你希望升入哪一种学校
	B10	毕业后你在当地继续升学就读可能性

(2)教育公平量表的信度、效度分析。通过因子分析条件检验,巴特利特球体检验显著(sig=0.000),KMO 值为 0.860,超过 0.6,适合进行因子分析。本书采用主成分因子分析法,进行正交旋转,成功析出 3 个共同因子,累计解释方差为 59.988%。共同因子名分别为课堂公平、教师公平、升学公平。为了保障量表有一个比较高的信度,我们采用了克隆

巴赫 Alpha 信度系数,对量表进行可靠性分析,结果显示量表总体信度达到 0.813,可见量表信度非常好。之后,我们运用 AMOS17.0 统计软件对量表进行了验证性因素分析,发现其中最为重要的一个指标 RMSEA 在 0.03—0.08 之间(0.061),NFI/NNFI/CFI/IFT/GFI 等几个主要拟合指数的值均在 0.9 以上,说明教育公平量表的效度非常高。

查看其均值发现,教育公平量表总体均值处于一般水平[①](M = 32.64>M=30)之上,标准差为 6.25,说明内部差异较小。我们将得分大于等于 30 的群体划分为教育公平感高的组群,样本量为 2670 人,占总样本的 70%。

2. 自变量的测量及统计分析

本部分主要对自变量进行简要说明。将农民工子女个人情况、家庭情况、流动情况作为控制变量,解释变量为政策因素。

(1) 控制变量。农民工子女个人情况包括其性别、年龄、身体健康等方面。从初步分析结果来看,男生为 2149 人,占总体的 57.7%,女生为 1576 人,占总体的 42.3%;73.2%的农民工子女处于 13—15 岁之间;86.4%的农民工子女就读 7—9 年级;79.5%的农民工子女认为自己身体健康状况良好。

农民工子女家庭情况包括兄弟姐妹个数、家庭住宿、父母文化程度、父母工作及亲戚朋友等方面。从初步分析结果来看,90%的农民工家庭有两个及两个以下的在读学生;85.2%的农民工家庭在郊区或市区租房,有 20.3%的农民工家庭在流入地买房;从父母的文化程度来看,84.6%的母亲、77.8%的父亲只拥有初中及以下的文化程度;64.3%的农民工子女认为在流入地亲戚朋友比较多;57.1%的农民工在流入地打工,其次是在事业单位工作,占总体的 14.9%。

农民工子女流动情况包括流动频率和流动距离两个部分。从初步的分析结果来看,在流入地居住 2 年及以下的农民工子女占总体的 17.9%,3—5 年的占 28.8%,6—9 年的占 29.3%,10—14 年的占 18.9%;有 33.6%的农民工子女近一年来没有换过居住地,有 28.5%的换过 1 个居住

---

① 本量表采取李克特五分法进行计分,就每一题项得分来说,"3 分"为一般水平,量表含 10 题项,因此总分"30 分"为一般水平。

地；有38.8%的农民工子女近三年只在1个学校就读过，有48.7%在2个学校就读过；83.9%的农民工子女乘坐火车、汽车来流入地，40.6%的农民工子女每天步行去学校，32.9%乘坐公交车，65.6%的农民工子女从老家到流入地需要一天及一天以上的时间。

（2）解释变量。影响农民工子女教育公平的政策因素作为解释变量，主要包括农民工子女所在学校性质、所在学校规模、学校所在位置及居住地离学校的距离等4个变量。通过分析发现，31%的农民工子女就读于专门的随迁子女学校，18.7%就读于民办学校，50.3%就读于公办学校；32.4%的农民工子女就读于中等规模（500—1000人）的学校，31.9%就读于很大规模（2000人以上）的学校；47.4%的农民工子女所就读的学校位于城市郊区，36.6%的位于市区；30.8%的农民工子女就读学校与居住地比较近，27.3%的非常近。

四 教育公平的影响因素分析

本书以农民工子女教育公平状况为因变量，以政策因素、个人情况、家庭情况、流动情况为自变量，进行阶层回归分析（见表3-49），其中政策因素为解释变量，其他自变量为控制变量。在选择自变量时，只选择与因变量显著相关的题项，而且由于自变量中多为次序变量或类别变量，所以在进行回归分析之前，先将其转化为虚拟变量。

模型1只包含政策因素变量，其决定系数（R^2）为12.9%，说明政策因素能够解释教育公平的12.9%变异。在政策因素变量中，学校性质、学校位置的回归系数达到显著性差异，这说明专门随迁子女学校和民办学校中的教育公平情况要差于公办学校，假设11得到证实，而且位于城市郊区的学校要比在乡镇上的学校教育公平情况差。

模型2在模型1基础上引入个人情况变量，其决定系数（R^2）为17.7%，说明政策因素、个人情况变量能解释教育公平17.7%的变异，比模型1增加了4.8%的解释力。在个人情况变量中，性别、年级、年龄与身体健康状况的回归系数达到显著差异，即男生感觉到的教育公平比女生低，假设1得到证实；年龄越大、年级越高的学生感觉到的教育公平越低，假设2和假设3得到证实；健康状况越差的学生感觉到的教育公平越低，假设4得到证实。另外，加入个人情况变量后，学校性质影响力有所提升，分别由 0.220 增大到 0.257，由 0.179 增大到 0.215，而学校位置的影响作用由 0.115 降至 0.112。

模型 3 在模型 2 的基础上引入家庭情况变量，其决定系数（R^2）为 19.1%，说明政策因素、个人情况、家庭情况变量能解释教育公平 19.1% 的变异，较模型 2 提升 1.4% 的解释力。在家庭情况变量中，父母的工作情况和父亲的文化程度的回归系数达到显著性，即父母在"事业单位工作"的学生要比父母工作为"其他"的学生教育公平感高，假设 7 得到部分证实；父亲的文化程度越高，子女感觉到的教育公平也越好，假设 5 得到部分证实。另外，加入家庭情况变量后，学校性质的影响作用有所减小，分别由 0.257 降到 0.206，由 0.215 降到 0.198；而学校位置的影响作用有所减小但不显著。

模型 4 在模型 3 的基础上又引入流动情况变量，其决定系数（R^2）为 20%，说明政策因素、个人情况、家庭情况、流动情况变量能解释教育公平的 20% 变异，较模型 3 提升 0.9% 的解释力。在流动情况变量中"最近一年的转学次数"的回归系数达到显著，即最近一年转学次数越多，其感觉到的教育公平越差，假设 10 部分得到证实。加入流动状况变量后，学校性质的影响作用有所减小，分别由 0.206 和 0.198 降到 0.195 和 0.195，但仍然呈现显著。比较而言，对教育公平影响作用最大的变量主要来自政策因素中的变量，如学校性质（Beta = 0.195），大于性别（Beta = 0.125）、健康状况（Beta = 0.115）等变量。

五 结论与讨论

（一）政策因素与教育公平

数据结果显示，农民工子女就读学校性质是影响其教育公平感的显著因素，而且较之于其他因素影响力更大，这说明"两为主"政策在保障教育公平方面是有成效的，应该继续坚持该政策，这与学者明航等[1]在上海的调研结果相同。就读学校规模和居住地与学校距离对教育公平没有显著影响，这可能与我们选取的样本有关系。在调查对象中，就读于中等规

---

[1] 田慧生、吴霓编：《农民工子女教育问题研究——基于 12 城市调研的现状、问题与对策分析》，教育科学出版社 2010 年版，第 238 页。

模以上学校的学生占总体的 84.9%，学校离居住地较近的学生占总体 85%，农民工子女在这两个方面同质性较强（M = 3.70，SD = 1.07；M = 2.33，SD = 1.11）。需要特殊说明的是教育公平在学校所处位置上的差异性。在基础模型和引入个人因素变量后的模型中，就读于城市郊区学校的学生教育公平感要低于就读于乡镇学校的学生。但是引入家庭因素变量后，学校位置的显著性消失，也就是说教育公平在学校位置上的差异性被家庭因素变量所解释，原因可能是由于家庭因素会影响到学生就读学校的选择。如果农民工家庭居住或工作于乡镇，其子女在乡镇就读的可能性极大，由于受到计划生育等多种因素的影响，乡镇中公办学校的就学名额可能较多，因此农民工子女在乡镇公办学校就读可能性较大，从而增加了其教育公平感。如果农民工家庭居住或工作于城市郊区，由于城市优质教育资源大部分都集聚在城区，导致农民工子女就读专门随迁子女学校或民办学校的可能性加大，从而降低了其教育公平感。

（二）个人因素与教育公平

通过分析发现，个人因素变量中性别、年龄、年级是影响教育公平的显著因素，与现有的一些研究结论相似[①][②]，但生病次数的影响不显著。需要给予特殊说明的是教育公平在身体健康方面的差异。在基础模型和引入个人因素变量、家庭因素变量后的模型中，身体健康好的学生的教育公平感相对于差的学生表现出显著优势。但引入流动因素变量后，身体健康的显著性消失，即教育公平在身体健康上的差异性被流动因素所解释，可能是因为身体健康状况受流动频率的影响。边缘、底层与流动的工作处境使农民工忽视对其子女身体健康方面的关注，一些孩子营养不良，胃病多发，甚至遭受家庭暴力，[③]这些因素都会影响到农民工子女的教育公平感。

（三）家庭因素与教育公平

通过数据结果显示，家庭因素变量中父母工作情况、父亲文化程度是影响教育公平的显著因素。有研究发现父亲教育、职业与子女就读学校等

---

① 卫倩平：《基于性别差异的教育公平》，《教育理论与实践》2010 年第 11 期。

② 熊易寒、杨肖光：《学校类型对农民工子女价值观与行为模式的影响——基于上海的实证研究》，《青年研究》2012 年第 1 期。

③ 高明华：《教育不平等的身心机制及干预策略——以农民工子女为例》，《中国社会科学》2013 年第 4 期。

级有密切的关系，来自高职业地位家庭的子女更容易进入质量好的初中就读。[1] 受教育程度高的父母更能获取相关就学信息，对子女教育期望高，从而影响其子女就学性质。[2] 母亲的文化程度对教育公平影响不显著，我们认为这是由两方面原因造成的：第一，从总体抽样的分布来看，84.6%的母亲文化程度都在初中及以下，内部差异不大（M=1.82，SD=0.82）；第二，从现有的家庭权力结构来看，父亲在家里拥有较大的"决定权"，而且社会给予父亲的角色期望要高于母亲，正如费孝通所说"在父权社会里，父亲对于孩子的行为常要担负道德上和法律上的连坐责任"，[3] "子不教，父之过"便是父亲社会责任的真实写照。这使得父亲对孩子教育的影响过大，"挤占"了母亲的影响力。亲戚朋友数量影响并不显著，我们认为这是由于农民工近年来普遍呈现一种"不流动"趋势造成的。从调研的数据来看，农民工在流入地居住2年及以下的仅占总体的17.9%，居住时间内部差异不大（M=6.05，SD=4.03），而且64.3%的农民工子女都认为在流入地有较多的亲朋好友（M=3.00，SD=1.06），而且内部差异也不大，从而对教育公平影响也不显著。

表3-49　　　　　教育政策对教育公平状况的阶层回归分析

阶层变量	阶层内预测变量	模型一 Beta	模型一 t	模型二 Beta	模型二 t	模型三 Beta	模型三 t	模型四 Beta	模型四 t
政策因素	居住地与学校距离	-0.029	-0.1.424	-0.020	-0.996	-0.018	-0.889	-0.008	-0.380
	学校性质								
	随迁子女学校	-0.220	-6.503***	-0.257	-7.667***	-0.206	-5.933***	-0.195	-5.241***
	民办学校	-0.179	-0.4938***	-0.215	-5.940***	-0.198	-5.453***	-0.195	-5.180***
	学校规模								
	中等规模学校	0.028	0.652	0.032	0.746	0.029	0.687	0.006	0.143
	较大的学校	0.062	1.689	0.005	0.146	-0.001	-0.016	-0.020	-0.500
	很大的学校	0.043	0.849	0.038	0.760	0.019	0.383	-0.010	-0.187
	学校位置								

---

[1] 刘精明：《教育不平等与教育扩张、现代化之关系初探》，《浙江学刊》2000年第4期。
[2] 王晓燕：《农民工家长择校影响因素分析》，《当代教育与文化》2009年第5期。
[3] 费孝通：《乡土中国》，上海人民出版社2007年版，第508页。

续表

阶层变量	阶层内预测变量	模型一 Beta	t	模型二 Beta	t	模型三 Beta	t	模型四 Beta	t
政策因素	在城市郊区	-0.115	-2.098*	-0.112	-2.080*	-0.077	-1.381	-0.080	-1.429
	在市区里面	0.049	1.197	-0.017	-0.415	0.012	0.288	0.000	-0.005
个人因素	男生			-0.128	-0.6446***	-0.126	-6.387***	-0.125	-6.314***
	年龄			-0.094	-3.069**	-0.083	-2.637**	-0.077	-2.433*
	年级			-0.077	-2.412*	-0.074	-2.284*	-0.085	-2.615**
	生病次数			0.018	0.834	0.020	0.914	0.021	0.960
	健康状况			-0.124	-5.700***	-0.119	-5.483***	-0.115	-5.307
家庭因素	家庭住宿情况								
	在父母工作地居住					-0.034	-1.436	-0.023	-0.954
	郊区租房					-0.036	-1.160	-0.024	-0.770
	市区租房					-0.024	-0.739	-0.014	-0.431
	流入地买房					-0.037	-1.338	-0.029	-1.033
	父母工作情况								
	打工					0.026	0.660	0.041	1.047
	开店或经商					0.056	1.907	0.055	1.867
	事业单位					0.067	2.027*	0.072	2.181*
	政府部门					0.054	1.717	0.060	1.895
	母亲文化程度					0.027	1.079	0.025	0.983
	父亲文化程度					0.061	2.393*	0.061	2.395*
	亲戚朋友数量					0.018	0.896	0.011	0.562
流动因素	居住时间							0.037	1.632
	近一年流动次数							-0.026	-1.275
	来学校时间							0.031	1.271
	最近一年转学次数							-0.049	-2.426*
	老家与这里距离							-0.044	-1.965
	如何来本市								
	坐火车							-0.011	-0.337
	坐汽车							-0.037	-1.145
	坐船							-0.024	-1.179
	坐飞机							0.005	0.217

续表

阶层变量	阶层内预测变量	模型一 Beta	模型一 t	模型二 Beta	模型二 t	模型三 Beta	模型三 t	模型四 Beta	模型四 t
回归模型	F值	40.132***	35.860***	21.210***	16.238***				
	R^2	0.129	0.177	0.191	0.200				
	ΔR^2	0.129***	0.048***	0.014***	0.009***				

注：1. 性别以"女性"为参照；家庭住宿情况以"其他"为参照；父母工作情况以"其他"为参照；怎么来本市以"自己家里开车来"为参照；学校性质以"普通公办学校"为参照；学校规模以"比较小的学校"为参照；学校位置以"在这边的乡镇上"为参照。

2. * 表示 $p<0.05$；** 表示 $p<0.01$；*** 表示 $p<0.001$。

（四）流动因素与教育公平

本书发现最近一年的转学次数是影响教育公平的显著因素。曾燕波认为，由于各地教育体系、教材不同，使得多次转学的农民工子女在学校的学习成绩不尽人意；[①] 曲克佳等人认为农民工子女来到城市面临"双重适应"，一种是适应整个大的生活环境，另一种是适应新的学习环境和人际环境，如果不能顺利完成适应过程，会影响到教育公平。[②] 居住时间、流动次数等对教育公平影响并不显著，不同于以往的一些研究[③]，这可能与越来越多的农民工在流入地呈现"定居"的趋势有关系。

第三节 农民工子女教育安置方式对其社会融入的影响研究

一 问题的提出

根据2011年第六次全国人口普查的结果，当前流动人口已经达到

[①] 曾燕波：《家庭化流动凸显的教育问题——兼论农民工子女教育的背景及策略》，《当代青年研究》2008年第5期。

[②] 曲克佳、邹泓等：《北京市流动儿童的学校满意度及其与师生关系、学业行为的关系》，《中国特殊教育》2008年第7期。

[③] 田慧生、吴霓编：《农民工子女教育问题研究——基于12城市调研的现状、问题与对策分析》，教育科学出版社2010年版，第238页。

2.61亿,农民工子女的数量也呈扩大之势。中国儿童少年基金会的数据显示,全国14周岁以下的农民工子女已有1833万。[1] 随着我国经济的发展,大量农村人口涌入城市,农民工子女教育问题成为我国普及与落实义务教育的新难点。

从文献来看,尽管学者对社会融合的提法及研究不同(例如社会适应、社会排斥、社会认同等),但研究的内容基本体现在社会融入的理论分析[2][3]、社会融合的现状调查[4][5][6][7]、社会融入的影响因素分析[8]以及解决农民工子女社会融入的方法探讨上,其角度的切入也呈现出多元化的特征。这说明它是"一个综合而有挑战性的概念"[9]。

从20世纪90年代开始,国家对农民工子女的发展提出了很多的政策法规,在教育上逐渐形成了所谓的"两为主"教育政策。虽然该政策对于解决农民工子女的教育发挥了巨大作用,但我们还应注意到这一群体所独有的特点。他们没有经历父辈曾有的从农村到城市的过程,长期的城市生活使他们的价值体系、心理状态与社会角色不同于上一代。[10] 他们面临着城市与乡村不同的文化、生活习俗、语言等方面的挑战。学校作为农民工子女成长的重要外部环境,对于该群体的价值观及城市认同的构建很可

---

[1] 根据2005年全国1%人口抽样调查样本数据,14周岁以下流动儿童占全国进城务工人员的比例为12.44%推算。笔者认为截至2011年人口普查数据,该群体总人数还应更多。

[2] 王毅杰:《流动儿童与城市社会融合:理论与现实》,《南京农业大学学报(社会科学版)》2010第2期。

[3] 吴新慧、刘成斌:《接纳?排斥?——农民工子女融入城市的社会空间》,《中国青年研究》2007年第7期。

[4] 李文君、王锋:《流动儿童的社会适应研究》,《科教文汇》2007年第11期。

[5] 雷有光:《都市"小村民"眼中的大世界——城市流动人口子女社会认知的调查研究》,《教育科学研究》2004年第6期。

[6] 袁晓娇等:《教育安置方式与流动儿童城市适应的关系》,《北京师范大学学报(社会科学版)》2009年第5期。

[7] 李晓巍等:《北京公立学校与打工子弟学校流动儿童学校适应的比较研究》,《中国特殊教育》2009年第9期。

[8] 周皓:《流动儿童社会融合的代际传承》,《中国人口科学》2012年第1期。

[9] 张文宏:《城市新移民社会融合的结构、现状与影响因素分析》,《社会学研究》2008年版第5期。

[10] 李辉、季成叶、宗心南、张亚钦:《中国0—18岁儿童、青少年身高、体重的标准化生长曲线》,《中华儿科杂志》2009年第7期。

能有着重要的联系。因此,在"两为主"政策下,对农民工子女教育安置方式下其社会融入进行探究,将有利于对目前的教育政策的实施效果进行评估,同时为该群体下一阶段的教育政策调整,提供良好的理论支撑。

二 研究方法及思路

(一)样本来源及抽样

本研究的数据全部来自于我们的调查问卷,具体的抽样过程为:本研究的抽样框来自浙江省某市2所专门随迁子女学校及江苏省某市的4所公办学校。在抽样方式上,我们采用随机抽样与方便取样相结合的原则。具体说来,在前期选择调查学校时,采用的是方便取样,而在确定调查学校时,抽样的初级单位班级则是采取的简单随机抽样。按照研究设计,同时考虑到问卷的难度及学校的现实情况,我们随机抽取了每所学校的6年级3个班级和初一、初二、初三4个班级的所有随迁子女作为调查对象。

(二)研究工具

采用自编的《随迁子女教育政策调查问卷——社会融入卷》问卷,根据前人的研究,我们从农民工子女与流入地的融入、与流入地人的融入、与学校的融入、与同龄人的融入以及自我的认同五个方面进行了测试。在大规模施测之前的信效度,我们首先对问卷在小范围内进行了试测,然后进行了项目分析和因素分析,调整和删除了个别选项,都到达了统计学上的要求(修正前 $\alpha=0.845$,修正后 $\alpha=0.882$)。最后在上述两市进行了大范围发放。问卷采用随堂当场调查的原则,每两个班级由我们的一名调研员及各班的班主任老师辅助学生填写,答完题后现场回收,保证了问卷的回收率。因此,从回收率来看,还是很理想的,共发放填写的问卷1447份,回收问卷1363份,回收率为94.2%。在剔除无效样本及填答不完整的问卷后,共计1323份,有效率为98%。然后用SPSS16.0和AMOS 17.0统计软件进行了数据分析。

(三)变量选择

根据以往学者的研究,社会融入是一个综合性指标,不仅包含经济、文化、社会等客观方面,同时还应该有身心健康、身份认同等主观方面的内容。它是对城市未来的主观期望和城市的客观接纳相统一的过程、是本地人口和外来移民相互作用和构建相互关系的过程。①② 因此，文章从以下几个维度构建社会融入这一变量。

第一，对流入地的认同。指农民工子女对当前生活的城市或地区环境的满意程度、社区参与程度等主观认识与感情。

第二，对流入地人的认同。主要是指农民工子女与流入地人群的交往与互动情况，对流入地人的信任程度等。

第三，对教师的认同。主要是指农民工子女与教师之间的互动，对老师教学中的公平性、教学方式的好差的感知程度。之所以将对教师的认同单独测量，是基于以下考虑。由于接受义务教育的农民工子女所处的年龄段，学生们在学校中更多的是与其教师互动，学生对于学校的认同基本上能在对老师们的认同上体现出来。

第四，对同龄人的认同。是指对与农民工子女年龄段相仿、在居住地以及学校中朋友的信任程度。

第五，农民工子女的自我认同。指农民工子女对于当前所在地区或城市中自己所扮演角色的定位。

这样我们就构成了社会融入这一因变量所包含的维度，如图3-5：

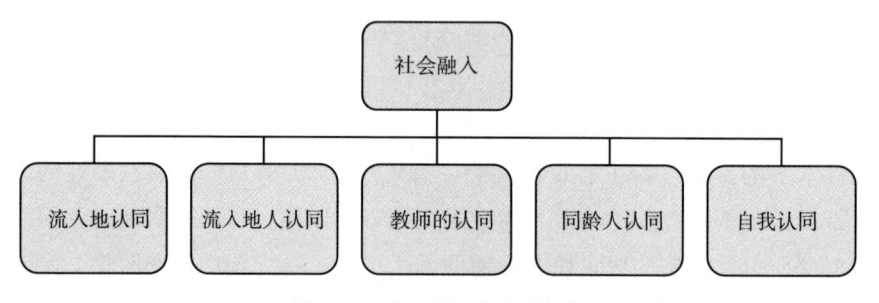

图 3-5 社会融入的维度划分

自变量的选择上，我们除了将上述的教育安置方式③作为其中一个因

---

① 任远：《城市流动人口社会融合的过程、测量及影响因素》，《人口研究》2010年第2期。
② 周皓：《流动儿童社会融合的代际传承》，《中国人口科学》2012年第1期。
③ 根据上述"两为主"教育政策的含义，教育安置方式可以定义为：由于国家的教育政策安排，所造成的农民工子女在进入城市后，所选择的不同性质的学校形式，现阶段主要有两种不同的教育安置方式。第一，以外地生源身份申请就读流入地的公办学校；第二，进入由民间力量所开办（民办公助、公办民助）的专门招收农民工弟的随迁子女学校。

素外，还考虑了家庭资本、流动状况，以及农民工子女个人情况等。

农民工子女的个人情况，主要包括农民工子女的性别、年龄、身体健康情况等。

家庭资本包括三部分内容：一是家庭的经济资本，选取父母的工作性质、家中兄弟姐妹的多少、家庭住宿情况。父母的工作性质根据职业的分类来确定，通过在本地给人打工，自己经商，在事业单位、政府机关工作来进行测量。有研究表示，家中就学的子女越多，则家庭负担越重，经济情况越差。得分越高说明子女越多，经济资本越差。为统计时方向一致，我们统计前进行了反向计分。家庭住宿我们是通过"在打工的厂房里居住""本地租房（郊区和市区）""在本地已经买房"来进行测量。得分越高，家庭的经济资本越好。二是家庭的文化资本，主要通过父母亲的文化程度进行考察，学历越高，文化资本越多。三是家庭的社会资本，主要通过在流入地的亲戚朋友的多少进行考察，通过1—5进行计分，亲戚朋友越多，得分越高。

流动状况包括两个部分：一是流动频率，研究中选取在流入地的居住时间来进行考察。时间越长，说明该群体的流动频率越低，社会融入情况越好，得分越好。由于居住时间是连续变量，我们先对其进行了时间段的划分，即2年以下、3—5年、6—9年、10—14年、15年及以上5个时间段。二是流动距离，主要是指农民工子女的故乡离本市的距离远近。距离越近，则表示流动状况越好，距离越远越差，统计前进行反向计分。

（四）分析结果

1. 关键变量的描述性统计

对自变量与因变量描述以后发现，调查样本中的农民工子女的平均年龄在14岁，处在青少年时期，正值她（他）们的身体及心理发展上升期。数据显示，该阶段的农民工子女平均身高为159CM，平均体重为48KG。通过与北京大学儿童青少年卫生研究所、首都儿科研究所生长发育研究室李辉教授等人2009年发布的《中国0—18岁儿童、青少年身高、体重的标准化生长曲线》比较，发现农民工子女的身高与全国的标准基本吻合（14.5岁的身高为155.3CM）。但是，调查中儿童的体重普遍高于全国的标准（14.5岁体重为39.53KG），体重超标现象普遍存在。虽然，从身高体重等方面来看存在问题，但他们的身体情况还是比较好。

农民工子女的家庭资本基本处在中等偏下水平，反映在题项中是，他们在本城市中以租房为主，兄弟姐妹均是2个，父母亲的文化程度平均是初中水平，在本地有一些亲戚朋友。在儿童的流动状况上，他们在本地居住时间平均超过了6年，流动频率处于中间水平。在流动距离上，基本上离流入地比较近，一天就能到达本市。教育安置方式上，公办学校与随迁子女学生基本持平，但在公办学校就读的农民工子女稍多一些。

表3-50　　　　　　　　各变量的描述性统计

类别	样本数	均值	标准差
因变量			
社会融入	1323	3.1800	0.72100
儿童特征			
年龄	1311	14.4104	1.20534
性别	1285	1.4405	0.49664
班级	1322	7.5673	0.79766
身体情况	1306	2.0429	1.01166
家庭资本			
经济资本	1322	3.3043	0.79271
文化资本	1313	1.9752	0.80274
社会资本	1295	2.9768	1.06993
流动情况			
流动频率	1295	6.0749	3.95250
流动距离	1299	2.9738	1.14412
安置方式	1323	1.5472	0.49795

三　教育安置方式对农民工子女社会融入的回归分析

为了解教育安置方式在诸多因素中对社会融入影响的作用有多大，我们根据前面的研究思路及操作化定义，在以教育安置方式为基点的基础上，逐步将不同的影响因素加入到模型当中，以比较在控制了不同因素的情况下，各方面对农民工子女社会融入的贡献率。

我们利用阶层回归分析的方法，将回归模型共分为四个层次，依次加入教育安置方式、家庭资本、流动状况、儿童特征（详见表3-50），之所以选择这一顺序投入模型，是根据一定的理论假设及前人的文献。社会的融入跟当前国家相关政策有密切的关系，而体现在农民工子女身上就是教育安置方式的政策。因此，这个变量先投入模型；当前农民工子女大多是跟随父母一起进城，由父母进行择校等，他们的社会融入更多地受到家庭资本的影响；流动时间的长短和距离的远近，虽然也很重要，但在该年龄段的农民工子女身上，还是首先受到家庭资本影响的；根据我们的访谈及学者的研究发现，儿童特征也影响了他们的社会融入。[①] 如年龄越大，越难融入当地的社会之中等。

从模型图上可以看出，教育安置方式对于社会融入具有显著性的解释力（$R^2=0.16$，$F=226.195$），该变量能够解释因变量变异的16%。此外，学校性质达到显著性，且为正值，那么学校性质越是公办学校，社会融入情况越好。加入家庭资本以后，模型的解释增量$\Delta R^2=0.0025$，显示加入家庭资本以后能够提升模型的解释力，但是不是很明显。其中，家庭资本中的文化资本对农民工子女的社会融入贡献程度最大（$\beta=0.13$），其次是经济、社会资本，说明家庭教育及亲子交流对儿童的发展至关重要[②]。流动状况以及儿童特征的加入都增加了模型的解释力，整个因变量的解释力达到了$R^2=0.223$，$F=33.902$，具有统计的意义。四个变量需要说明的是身体健康情况之所以是负值，是因为题项设置的问题，即身体健康状况越好，值越小。即身体情况越好，社会融入情况也越好。

从上述数据来看，随着其他变量的逐步加入，教育安置方式这一变量的回归系数不断地减小，模型的解释力也不断增强。说明教育安置方式在控制了个人情况、流动情况、社会资本、家庭资本等情况后，影响力不断减弱。这在一定程度上说明了，尽管教育安置方式对农民工子女的社会融

---

① 周皓：《家庭社会经济地位、教育期望、亲子交流与儿童发展》，《青年研究》2013年第3期。

② 周皓：《流动儿童社会融合的代际传承》，《中国人口科学》2012年第1期。

入存在显著性的作用①，但是它不是唯一的影响因素，社会融入的情况是受到其他社会、个人、家庭等不同方面共同影响的，只不过教育安置方式的影响在农民工子女义务教育阶段会更大一些。

四 教育公平在教育安置方式与社会融入关系中的中介作用

从回归模型中看出，农民工子女的社会融入受到家庭资本、教育安置方式、流动情况的影响。而当前"两为主"教育政策在影响各地政府安置农民工子女以及学生父母选择子女就读的学校上发挥了很大的作用。而学校是否执行"两为主"，则重点体现在教育公平上。安置方式可以通过教育公平影响社会融入，而家庭资本除了自身影响社会融入外，也会因不同的社会（教育）政策，通过教育公平影响农民工子女的社会融入。同时，家庭资本与安置方式、流动状况两两相关。对这几个变量进行整合以后，我们提出路径假设模型图（见图3-6）。

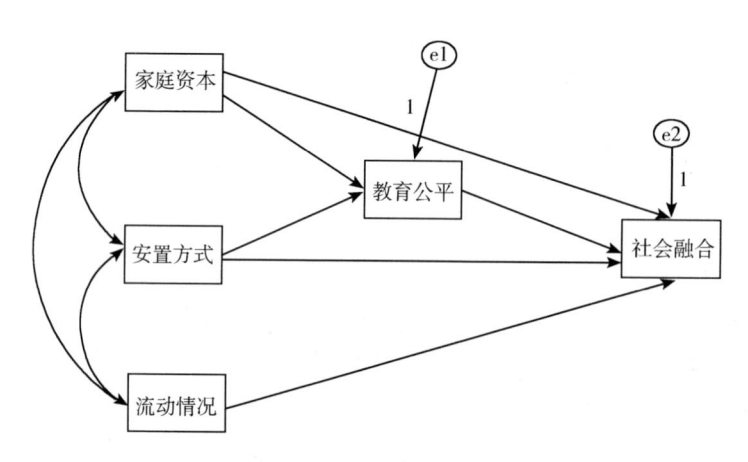

图3-6 假设的路径模型

从模型检验的结果来看，模型的自由度为1，整个模型的卡方值为4.237，显著性概率虽然未达到0.05的显著水平，但已经大于0.01（p=0.04>0.01），且卡方自由度比值为4.237，小于指标值5，其他指标均达了模型的适配标准，如 GFI = 0.999 > 0.90，AGFI = 0.991 > 0.90，NFI =

---

① 袁晓娇、方晓义等：《流动儿童社会认同特点、影响因素及其作用》，《教育研究》2010年第3期。

0.999>0.90，RMSEA=0.035<0.05，这表示因果模型图可以被接受。[①]

从路径图可以看出，不管是家庭资本，还是教育安置方式、流动情况、教育公平，都对社会融入具有直接影响。其中"家庭资本"对"社会融入"的直接效果值为0.03，"流动状况"对"社会融入"的直接效果值为0.104，"安置方式"对"社会融入"的直接效果值为0.05，"教育公平"对"社会融入"的直接效果值为0.57。也就是说，家庭资本对社会融入有3%的直接影响，安置方式对社会融入有5%的直接影响，流动状况对社会融入有10.4%的影响，而教育公平对于社会融入的影响最大，高达57%。

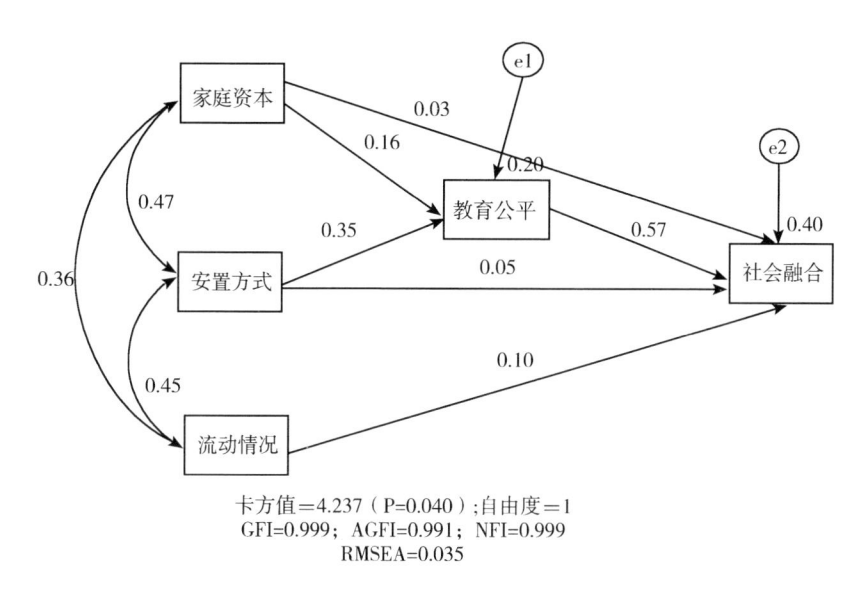

卡方值=4.237（P=0.040）;自由度=1
GFI=0.999; AGFI=0.991; NFI=0.999
RMSEA=0.035

图3-7 农民工子女社会融入路径分析图

除了各因素对社会融入具有直接影响外，家庭资本与教育安置方式还通过教育公平这一中介变量，对社会融入产生间接影响。由图3-7可以看出，家庭资本通过教育公平变量对社会融入产生的间接影响值为0.091，而教育安置方式通过教育公平变量后，对社会融入产生的影响值为0.199。这样各变量对社会融入的因素负荷量就发生了改变。流动状况

---

① 温忠麟、侯杰泰等人文章详细讨论了结构方程模型各指标的要求及应用，提出卡方值大的时候会导致拟合很好的模型被拒绝。因此，建议在当N<1000的时候再使用卡方准则。

对社会融入的影响为10.4%，家庭资本对社会融入的影响为11.6%，教育安置方式对社会融入的影响为25%。详见下表3-51。

此外，家庭资本、安置方式、流动状况之间呈现中度相关（家庭资本↔安置方式：0.47；安置方式↔流动状况：0.45），而家庭资本与流动状况之间呈现低度相关（0.36），说明人们的流动并不全是因为家庭资本的多少造成，还有其他因素驱使人们到其他地区流动。此外，影响社会融入的因素不仅仅是这几个变量，还有其他影响因素（误差e=40%）。因此，解决农民工子女的社会融入还需要多方面考虑，多维度考察，多方面配合。

表3-51　　　　　教育安置方式下社会融入的多元回归分析

阶层变量	阶层内预测变量	模型一 β	模型一 t	模型二 β	模型二 t	模型三 β	模型三 t	模型四 β	模型四 t
教育政策	安置方式	0.400	15.040***	0.306	9.288***	0.260	7.370***	0.239	6.733***
家庭背景	经济			0.075	2.212*	0.053	1.558	0.042	1.247
	文化			0.130	4.394***	0.137	4.640***	0.128	4.333***
	社会			0.065	2.465*	0.060	2.268*	0.046	1.750
流动状况	流动距离					0.099	3.406***	0.090	3.136**
	流动时间					0.038	1.335	0.038	1.335
儿童特征	性别							0.049	1.872
	年龄							0.003	0.101
	年级							-0.075	-2.340*
	身体健康							-0.149	-5.667***
模型摘要	F值	226.195***		67.310***		47.641***		33.902***	
	R^2	0.160		0.185		0.195		0.223	
	ΔF值	226.195***		12.211***		6.950***		10.901***	
	$ΔR^2$	0.159		0.183		0.191		0.217	

*P<0.05　　**P<0.01　　***P<0.001

表3-52　　　　　标准化后各变量对社会融入的总效应

	流动状况	家庭资本	安置方式	教育公平
教育公平	0.000	0.161	0.352	0.000
社会融入	0.104	0.116	0.246	0.567

五 讨论与结论

(一) 讨论

1. 教育安置方式是影响农民工子女社会融入的主要因素

当前针对安置方式的研究主要集中在移民学领域①②,在教育学领域更多的是有关特殊儿童的研究③④。风笑天通过对江苏、浙江 343 户三峡农村移民的安置方式比较后发现,"不同安置方式以及由不同安置方式所带来的地缘关系的变化对移民社会适应的过程具有明显的影响"。同时,社会适应(融入)还受到两地不同的生产、经济等影响,并且越是分散安置越有利于移民的社会适应⑤。这种结论放在本研究中农民工子女的教育安置方式上也同样适用。因为,公办学校大体可对应分散安置,而随迁子女学校则是集中安置,这样两种方式的差别是很显著的。许佳君、余文学⑥等也有相同的结论。在有关特殊儿童的教育方式上,虽然学者也得出了不同安置方式对儿童的社会融入、心理健康有显著影响,但提出单独供养,如独立编班、孤儿院等安置方式更利于他们的社会适应。⑦ 这与我们的结论不是很一致,即在公办学校里面更能使农民工子女融入当前环境中。之所以得出相反结论,可能是由于研究的群体不一致,毕竟特殊儿童的心理特征与正常儿童还是有一定的差别,应该给予更多的关爱。

有关教育安置方式的讨论主要集中在公办学校与随迁子女学校对农民

---

① 施国庆、陈阿江:《水库移民社会保障研究——T 水电站 S 库区移民社会保障的个案分析》,《河海大学学报(哲学社科版)》2001 年第 1 期。
② 郝玉章、风笑天:《三峡外迁移民的社会适应性及其影响因素研究——对江苏 227 户移民的调查》,《市场与人口分析》2005 年第 6 期。
③ 蔺秀云、方晓义:《不同类别和安置方式受艾滋病影响儿童的生理和心理健康状况分析》,《中国临床心理学杂志》2009 年第 6 期。
④ 朱媛媛:《智力障碍儿童教育安置方式研究》,华东师范大学,2012 年。
⑤ 风笑天:《安置方式、人际交往与移民适应——江苏、浙江 343 户三峡农村移民的比较研究》,《社会》2008 年第 2 期。
⑥ 许佳君、余文学:《水库移民与安置区原居民的社会整合——以小浪底水库移民为例》,《学海》2001 年第 2 期。
⑦ 蔺秀云、方晓义:《不同类别和安置方式受艾滋病影响儿童的生理和心理健康状况分析》,《中国临床心理学杂志》2009 年第 6 期。

工子女的心理发展、社会适应的影响等方面,由于学者使用的测量指标不一致,得出的结论也不相同,但是大体都能够得出教育安置方式确实影响了农民工子女的心理健康[1][2]、社会融入[3][4]。袁晓娇[5]也提出,教育安置方式不但可以直接对农民工子女的社会文化适应及心理适应产生影响,而且不同的教育安置方式还通过影响农民工子女的社会认同对适应水平产生间接影响。郝振、崔丽娟[6]等人认为公办学校中的进城务工的农民工子女在经济地位、社会关系抑或是在心理融入上,得分都普遍高于随迁子女学校的学生,另外他们对城市人的印象和评价也显著高于后者。有学者[7]提出,从根本上影响农民工子女的社会融合的是户籍制度,它是决定农民工子女社会融入的最为关键的结构性因素。教育安置方式首先是影响到农民工子女人力资本的积累以及农民工子女的心理健康和文化适应,然后才会影响儿童的城市融入。其实我们的结论与该结论并不矛盾,究其原因是,户籍制度是更加宏观的制度安排,而教育安置方式也应受到该制度的影响,当前有关农民工子女的入学政策在执行时,确实是依据本人的户籍进行安排。

2. 教育安置方式影响农民工子女社会融入的路径:教育公平

本研究的结果表明,教育公平在不同教育安置方式对农民工子女社会融入的影响上起着中介的作用。很多研究者[8][9][10]提出,公办学校和打工子

---

[1] 曾守锤:《公办学校中流动儿童的心理健康问题》,2009年第8期。曾守锤:《流动儿童的心理适应:困境、问题、优势及建议》,《华东理工大学学报(社会科学版)》2010年第5期。

[2] 周皓:《流动儿童的心理状况与发展——基于"流动儿童发展状况跟踪调查"的数据分析》,《人口研究》2010年第2期。

[3] 周皓:《流动儿童社会融合的代际传承》,《中国人口科学》2012年第1期。

[4] 王慧娟:《城市流动儿童的社会融合》,《重庆理工大学学报(社会科学版)》2012年第6期。

[5] 袁晓娇、方晓义等:《流动儿童社会认同特点、影响因素及其作用》,《教育研究》2010年第3期。

[6] 郝振、崔丽娟:《教育安置方式对进城务工人员子女城市融入的影响研究》,《思想理论教育》2011年第6期。

[7] 王慧娟:《城市流动儿童的社会融合》,《重庆理工大学学报(社会科学版)》2012年第6期。

[8] 李晓巍、邹泓:《北京公立学校与打工子弟学校流动儿童学校适应的比较研究》,《中国特殊教育》2009年第9期。

[9] 韩嘉玲:《北京市流动儿童义务教育状况调查报告(续)》,《青年研究》2001年第9期。

[10] 王中会、蔺秀云:《公办学校与打工子弟学校中流动儿童城市适应过程对比研究》,《中国特殊教育》2010年第12期。

弟学校在学校环境方面的差异,以及在两种不同学校里面农民工子女在与老师交流以及对老师的教学方法感知上的差异都十分显著,这里我们也提出了基本相同的结论。但差异的形成,与所在学校在日常管理、课堂教学等方面所形成的教育公平氛围密切相关。袁晓娇等人在对北京市的农民工子女的调查中,却提出了另外一种观点。文章称该群体的社会认同在教育安置方式与城市适应中有着部分中介作用,尤其是在社会文化的适应以及心理适应上。[①] 相异的原因是,本书与袁晓娇一文采取了两种观察视角,本书主要是从外在原因探寻何种因素在教育安置方式影响社会融入时,起到中介作用,而后者主要是从农民工子女这一主体来寻找影响社会融入的中介因素。

数据显示,单纯的教育安置方式对农民工子女的社会融入影响还是很小的,这就体现在学校是否坚持了教育公平的理念。将学校环境和教师纳入绩效考察的范围,因为学校环境、教师的教育公平观念和行为是影响儿童的重要因素。如图3-7所示,教育安置方式对社会融入的因素负荷只有5%,而把教育公平作为中介变量后,教育安置方式提高20%的影响力,这一结论也印证了很多学者提出教育融入的可行性。有学者[②]指出,流动人口社会融入首先体现在其子女教育融入层次上,而教育融入的关键又在流动人口子女在流入地城市的上学上。当前的户籍政策、教育财政体制不但制约了农民工子女的入学公平,在学校里面也由于"外来户"这一身份标签的存在,受到了部分教师、学生的歧视,校内教育的过程公平难以保证。

学校的教育融入就是为了提高全体学生的福利,使每个人都能够平等、全面地参与教育全过程,分享教育资源和教育机会,所有学生都能被接纳和融入,共享教育成果,最终旨在促进社会融入。[③] 如果学校对教育不公平现象采取了有效的干预措施,则他们遇到的排斥就可能会减少或消

[①] 袁晓娇、方晓义等:《流动儿童社会认同特点、影响因素及其作用》,《教育研究》2010年第3期。

[②] 徐振华:《流动人口社会融入路径选择》,《党政干部学刊》2013年第5期。

[③] 徐丽敏:《农民工随迁子女教育融入研究:一个发展主义的研究框架》,南开大学博士毕业论文,2009年。

失,反之则会增加其社会融入的难度。① 以上研究结论也印证了教育安置方式只是改变了农民工子女的就学环境,它须通过从学校内获得相同的教育资源、公平的教学程序、公正的升学机制来实现,这也间接说明教育公平确实是教育安置方式对社会融入影响重要的中介变量。

(二) 结论与启示

1. 尽管教育安置方式对农民工子女的社会融入存在显著性的作用,但社会融入情况还与家庭资本、流动状况以及儿童特征等因素有关。

2. 在控制了性别、年龄、身体健康状况、家庭资本、流动状况后,教育安置方式对社会融入的影响力最高,公办学校的农民工子女在社会融入上优于随迁子女学校儿童。

3. 教育公平是影响农民工子女社会融入的一个中介变量,家庭资本、安置方式通过教育公平这一中介后,对社会融入的影响力升高,并显著高于流动状况。说明与单纯流动造成的社会融入相比,教育政策的影响更大,"两为主"教育政策还是有效的。

上述结论对促进农民工子女的教育以及社会融入具有一定的启发意义。第一,应该继续坚持"两为主"教育政策,强化公办学校吸纳农民工子女入学的能力,同时从政策上给予随迁子女学校支持。第二,构建中国的发展型社会政策,建立基于国家、社会、家庭为一体的全面支持体系。正如张秀兰等人提出要在全社会形成一个支持家庭、投资儿童的社会环境和制度体系②,要提高进城务工农民的整体文化素质及教育水平;国家及社会各界应对农民工家庭进行必要的物质和经济上的支持,如经济适用房、廉租房等适度向部分流动人口发放;发挥社区的社会保障、社会参与、社会化等功能,有效地将外来务工人员纳入社区管理和服务之中。第三,培养农民工子女自身的主动融入意识,同时社会工作者积极介入该群体的心理健康教育,实现农民工子女的心态由"城市过客"到"城市主人"的转变。

---

① 邱兴:《论礼仪教育与城市新移民子女的亚文化跨越》,《教育学报》2007 年第 2 期。
② 张秀兰、徐月宾:《建构中国的发展型家庭政策》,《中国社会科学》2003 年第 6 期。

第四章 进城农民工子女教育管理的个案研究——以无锡、温州和广州为例[①]

第一节 "无锡模式":无锡市农民工子女教育管理的个案研究

一 政策表达:社会环境与农民工子女教育

(一) 无锡的社会环境

无锡,位于江苏省南部,长江三角洲江湖走廊部分。东接苏州,南近太湖,与浙江交界;西北与常州相邻,北临长江,历史上就是"鱼米之乡",在历史上有良好的农业基础。全市总面积4627平方公里,其中市区面积1224.85平方公里(另有太湖水域397.8平方公里),人口354.23万人,下辖7个行政区、7个镇、41个街道。无锡有悠久的人文历史,也是中国近代工业的发源地和重镇之一。面粉、化工、机械、纺织等行业曾经在中国近代工业发展史上有十分重要的地位,并孕育了一批非常有影响力的民族工商企业。除此之外,无锡交通便利,商业发达,历史上非常有名的"丝都""布码头"和"四大米市"都是无锡的光荣历史。改革开放后,因其良好的历史工商业基础,这里成了中国最早发展乡镇企业的地区之一,创造了有名的"苏南模式"。[②]

改革开放三十多年来,无锡在工业和经济发展方面取得了重大成就,

[①] 研究生张蕊蕊和王琳参与了本章的部分撰写。
[②] 吴敬琏等:《无锡经验:中国经济发展转型的个案研究》,上海远东出版社2010版第1—17页。本节以下没注明出处的无锡数据均出自《无锡统计年鉴》、《无锡市国民经济和社会发展统计公报》及此书。

全市国内生产总值（GDP）由 1978 年的 24.93 亿元迅速增长到 2009 年的 4992 亿元，年平均增长率达 16.64%。人均 GDP 由 1978 年的 687 元增长到 2009 年的 80000 元，年平均增长率为 13.11%。从经济总量上看，无锡的经济指标排在全国大中城市的第 9 位，达到工业化后期发展水平。同时，城市科技能力等也排名全国前列，先后荣获"中国内地城市综合竞争力十强（2005）""中国最具经济活力的十大城市（2004）"，且连续多年入选《福布斯》杂志评选的"中国最佳商业城市"前十名。

工商业迅速发展带来的是城市化的显著提高及流动人口的急剧增加。无锡的城市建设已经形成"七区一体、一体两翼"的区域城市化发展格局，2009 年城市化率达 68.5%，每年有 10 万人进入城镇定居生活。除此之外，随着经济的发展和城市化进程的加快，大量外来人员涌入无锡来就业创业，随着流动模式由"个人迁移"变为"举家迁移"，他们也带来一个同样规模庞大的外来务工人员子女群体。据人民网报道，2008 年除无锡登记在册的流动人口平均每年以 30% 左右的速度递增，流动人口已达 220 万人。截至 2011 年底，无锡市外来人口总数超过 290 万人，其中义务教育适龄入学儿童少年 16 万人，占全市义务教育阶段学生总数的 37%。如何解决好农民工子女的教育问题已经成为摆在无锡市政府和教育行政部门面前的一个重要的现实问题。

（二）无锡市农民工子女教育政策历程

2004 年 8 月，无锡市教育局等七部门制订《关于无锡市区进城务工就业流动人口子女接受义务教育的若干意见》，明确坚持"两为主"原则，符合条件的流动儿童，可以进入公办学校，学校收费要和当地学生一视同仁，鼓励机关团体、企业、个人共同努力解决流动儿童教育问题。

2005 年 4 月，无锡市第十三届人大常委会第十六次会议制定《无锡市教育督导条例》，规定教育督导机构负有"调查研究教育改革和发展、教育资源配置、师生身心健康、校区安全、学校周边环境整治、外来务工人员子女就学等重大问题，向本级人民政府报告，并提出意见和建议"的责任。

2006 年 4 月，教育局制订《无锡市"十一五"教育事业发展规划》，规划要求"建立和完善扶困助学长效机制，落实家庭经济困难学生免收书本费和补助寄宿生生活费政策，落实进城务工农民子女接受义务教育的相关政策，并逐步纳入当地扶困助学范围"。

2006年5月，市人口和计划生育委员会制订了《关于全面加强外来流动人口计划生育工作的意见》，规定"要进一步完善各级人口计生部门与公安、卫生、教育等相关部门的信息通报机制，畅通信息渠道，实现信息共享，并定期反馈，确保做到对外来流动人口底数清、情况明"。

2006年8月，无锡市人民政府颁发《关于全市义务教育阶段学生免收学杂费的试行意见》，《意见》规定凡在法定监护人监护下，在本市义务教育阶段公办初中、小学就读满两年的外来务工人员子女，符合相关条件的，经所在学校审核，报学校所在地教育行政部门备案，可以免收学杂费。

2007年1月，无锡市政府颁发《无锡市"十一五"儿童发展规划》，规划要求加大对外来流动人口中儿童卫生保健工作的覆盖面，保障90%左右流动儿童在当地公办学校就读。合理配置教育资源，缩小校际差距，坚持以公办中小学为主，多种形式保障流动人口中适龄儿童少年接受义务教育。

2007年5月，无锡市政府批转了人口和计划生育委员会《无锡市"十一五"人口发展规划》，要求用"公平对待、合理引导、完善管理、优质服务"的原则指导外来人口管理服务工作，明确职责，依法保障外来人口受教育权利，并在组织、资金投入、管理队伍、运行机制及评估方面做了相应要求。

2007年7月，无锡市委、市政府制订《关于进一步提升人口素质的若干意见》，规定要消除对外来人口的歧视，探索构建以居住证为核心的新的人口登记制度，逐步实现常住人口权利义务和公共服务均等化。以电子政务网络平台为依托，建立统一高效的人口综合信息服务网络，开展人口信息的研究和预测分析。

2008年，市委、市政府发布《关于加强人口服务管理工作的决定》，规定建立健全全市人口工作新体制，成立市人口工作领导小组，加强街道对属地人口服务管理的组织落实，充分调动社区（村）的综合服务作用。建立"一证二合同三承诺"的人口服务管理新机制，落实基层人口服务管理工作。

2009年2月，无锡市人民政府第十三次常务会议审议通过《无锡市居住证管理暂行办法》，明确规定已经持有《暂住证》的外来人员在本市可以为其随行子女向公办学校申请接受九年制义务教育；持有《居住证》的外来人员子女可以直接免除学、杂费并在所属学区就近入学。

2011年2月，无锡市第十四届人民代表大会第四次会议审议通过《无锡市国民经济和社会发展第十二个五年规划纲要》，《纲要》规定要"加强特殊人群帮教管理和服务工作，加强流动人口服务管理，鼓励外来务工人员向新市民转化，逐步实现常住人口同城待遇"，这为外来务工人员子女接受平等的义务教育提供了新的契机。

2011年4月，无锡市计生委等部门出台《关于建立健全全市统一的人口综合信息服务管理网络的实施意见》，按照"横向到边、纵向到底、共同开发、共建共享"的要求，提升人口信息化建设和管理水平，为解决进城务工人员子女教育问题提供强有力的技术支持。

2011年9月，无锡市委、市政府印发《无锡市教育改革和发展规划纲要（2010—2020年）》，明确提出要进一步完善外来务工人员随迁子女受教育的保障机制，确保外来务工人员随迁子女平等接受义务教育。

2011年10月，无锡市政府转发了市人口计生委、市发改委《无锡市"十二五"人口发展规划》，要求以居住证为核心的流动人口基本公共服务政策体系进一步健全，为外来流动人口提供"自愿决策、自由选择、自主流动、自我发展"的制度保障，将其基本公共服务纳入各地民生建设的重要内容，列入公共财政支出的预算范围。保障外来流动人口子女平等接受义务教育的权益。加大流动人口法制宣传和法律援助工作力度，完善人口发展动态监测体系，以常住人口为基数统筹配置公共服务资源。

2011年11月，无锡市人民政府办公室发布了《无锡市"十二五"儿童发展规划》，提出切实保障流动儿童平等接受义务教育，使适龄流动儿童入学率、巩固率达到99.5%以上，均衡配置教育资源，缩小城乡差距、区域差距、校际差距。坚持"两为主"原则，允许随迁子女在流入地参加中考。建立16周岁以下流动儿童登记管理制度，有效保障流动儿童的各项权益，依法查处使用童工的违法行为。建立流动儿童受性侵害问题的预防、报告、反应、紧急救助和治疗辅导工作机制。

2012年7月，无锡市人民政府办公室印发了《关于进一步做好无锡市区外来务工就业人员子女义务教育工作的意见》，《意见》将外来务工就业人员子女义务教育工作摆上重要战略位置，坚持"流入地政府负责，以全日制公办中小学接纳为主"的原则，实行属地管理。各区人民政府要将外来务工就业人员子女接受义务教育列入教育经费预算，以常住人口为基准合理规划学校布局，加大教育资源统筹力度。

2012年9月，无锡市教育局出台《妇女儿童"十二五"发展规划实施方案》，要求切实保障流动儿童平等接受义务教育，进一步完善外来务工人员随迁子女受教育的保障机制，确保外来务工人员随迁子女平等接受义务教育，完善扶困助学长效机制，确保没有一个学生因家庭经济困难而失学。

2012年12月，无锡市人民政府出台《关于加快完善终身教育体系的实施意见》，《意见》规定"坚持政府统筹，进一步完善外来务工就业人员子女接受义务教育的保障机制，健全扶困助学体系，确保每一名孩子都能享有平等接受良好义务教育的权利"。

2012年12月31日，无锡市第十五届人民代表大会常务委员会第五次会议制订《无锡市人口服务管理条例》，《条例》规定教育部门应当建立健全基本公共教育服务体系，促进教育公平，保障所有适龄儿童、少年平等接受义务教育的权利，明确指出依照本条例取得居住证件的来锡人员其随行子女可以享受九年制义务教育，并免除学杂费。

2013年12月，无锡市第十五届人民代表大会常务委员会第十三次会议制订《无锡市义务教育均衡发展条例》，规定县级市、区人民政府应当保障来锡人员随行子女平等接受义务教育的权利，符合条件的随行子女在居住地接受义务教育，由其父母或者其他监护人按照规定向居住地县级市、区教育行政部门申请就读，县级市、区教育行政部门应当统筹安排，以公办学校为主接收入学。

2014年5月，无锡市教育局出台《关于贯彻实施国家和省中小学学籍管理规定的通知》，要求将规范学籍管理放上重要位置，加快提升学籍管理信息化水平，严格落实"一人一籍，籍随人走"，规范学生学籍变动管理，健全完善学籍管理的各项保障，营造规范学籍管理的良好环境，为外来务工人员子女的动态监测提供了坚实的技术支持。

2014年5月,无锡市教育局出台《关于做好2014年无锡市区小学招生工作的意见》,要求认真做好外来人员子女义务教育工作,强化入学招生统筹,建立完善入学预报名制度,规范入学申请程序,积极扶持符合规定的民办和外来人员子女学校。

二 政策效果:无锡农民工子女教育的成就与问题

无锡市地处长江三角洲中部,地理位置优越,交通便利,经济发展水平高,2012年在全国相对富裕地区排行榜中,无锡位列全国第五。无锡的繁荣离不开农民工,无锡也以反哺精神回馈农民工。2004年和2007年,无锡连续两届被评为"农民工最满意的城市"。无锡尤其在农民工子女教育上取得了显著成效,解决了农民工在无锡务工的后顾之忧。

(一)教育成就——无锡市农民工子女享"同城待遇"

无锡位于长三角地带,以轻工业为主,是"苏南模式"的典型代表。近年来,当地经济呈跳跃式发展,开放型经济优势明显。无锡先后荣获过"农民工满意城市""2012年最具幸福感城市""全国义务教育均衡发展工作先进地区"。在无锡的农民工子女,可以申请进入义务教育阶段学校。当地要求,监护人取得无锡居住证或暂居证半年以上、签订1年及以上劳动合同或取得工商营业执照、有社会保险证明和计划生育证明的,公办学校必须接受其子女入学。通过我们的调研发现,吸纳农民工子女的公办学校或公助民办学校多采取混合分班,实现了当地学生与农民工子女"同学习、同生活"。教师注重对农民工子女礼仪、习惯、安全、理想等方面的教育。有学校还针对农民工子女孤独、焦虑、抑郁等心理健康问题,专门成立了心理辅导室。农民工子女进一步发展、升学无忧。只要在无锡具有完整3年高中经历,其监护人在无锡有合法稳定居所(包括租房)、职业,无任何社保要求,就可与江苏籍考生一样参加高考。农民工子女在无锡就读的学校主要有公立学校、"民营公助"学校及私立农民工子女学校3类,其中以公办学校为主。无锡将学校质量作为学校管理的核心,对私立学校进行考核与评估。对不合格者,教育管理部门将派有经验的校长参与管理;整改后仍未达标者,将予以兼并或取缔。针对"民营公助"学校,由教育管理部门提供教育基地和基础教育设施,邀请退休的公立学校校长担任管理者。[①]

(二) 教育展望——无锡农民工子女教育不足

无锡作为全国农民工子女教育问题解决得比较好的城市，其政策举措、学校服务与社会关怀的确值得称赞，也获得了诸如"农民工最满意的城市"等很多的荣誉称号，但这并不意味着就没有不够完善的地方。有很多的问题是全局性的，一个城市难以全面解决；有些问题是体制性的，一个措施难以全部解决到位。课题组在考察和讨论后，发现无锡农民工子女教育仍然有这样一些问题，这样的问题在其他城市也不同程度地出现：

首先，教育供给难以兼顾今天的不足与明天的过剩。无锡农民工子女在2006年12万，2012年秋季就16万，无锡市政策为其承担很多的财政压力。随着农民工子女越来越多，学校也建设得越来越多，教师招聘得也更多。但农民工的教育需求并不稳定，这源自于流动的特性，有时一个行业、一个规划都导致农民工子女出现忽多忽少的现象。一位资深校长就这样说过："……我们学校大多数学生是苏北的，现在苏北的盐产业比较好，内地也在开发，开发得比较快，如果一年、两年，最多三年、五年，开发到一定程度，一些打工者就要回家了，回家生源就要走掉了，我一个学校一建就要几千万，现在江区街道设一个学校就要一个多亿，所以政府对这个考虑，今年生源可能多，明年生源可能还多，两年三年五年过去了，生源没有了，这个学校浪费了，老师怎么退呀……"

其次，政府处于多方利益主体夹击的困境与矛盾中。自从国家关于农民工子女的教育是"两为主"政策出台以来，流入地政府一直是农民工子女教育问题解决的主要责任者。但是，在农民工子女教育主体利益多元化的情况下，政府工作总处于困境和矛盾之中。对于公立学校来说，政府要面对公立学校保持高质量与招收外来民工子弟影响学校教育质量的矛盾；对于私立学校（包括民工子弟学校）来说，办学者（多为私人老板）追求经济利益与国家公益之间的矛盾冲突；对于当地无锡人来说，政府要面对当地孩子与外来民工孩子融合的矛盾；对于教育部门来说，政府还要

[①] 周国华、吴海江：《随迁子女异地就学的N种方式——从无锡、温州、广州的差别谈起》，《中国教育报》2016年5月31日。

面对民工子女教育办得越好，导致更多的民工子女涌入，政府财政投入扩大化的压力。

再次，农民工家庭原因给学校教学和管理带来困难。访谈中有农民工子女的学校反映，外来民工子女家庭教育不力导致了学校教学的重负。这些农民工或是因为经济条件较差，孩子缺乏一个良好的家庭学习环境；或是住宿较远导致孩子上学难；或是农民工工作时间较长缺乏足够的时间与孩子沟通；或是由于文化程度较低，农民工难以给孩子学习方面的辅导等。另外，很多外来民工对学校配合不足导致学校对农民工子女管理上的困难。一些家长把学校当作一个托管所，总以为孩子学习教育全是学校和教师的事。加上农民工工作"流动性大，流走之后不打招呼，给学校工作增加麻烦"，这主要表现为学籍管理上的困难。

最后，公助民营学校教师队伍建设仍然是个问题。对于无锡创新性的农民工子女教育举措的公助民营学校来说，最大的困难是教师队伍的不稳定和教师教学水平参差不齐。公助民营学校因其介于公办学校和民办学校之间，教师工资待遇没有公办学校好，教师交完"三金"之后拿到手的工资又没有民工学校高，教师的付出和教师的收入严重悬殊，所以教师具有不稳定性。无锡是我国经济发达地区，教师工资远远低于当地的物价水平和经济发展水平，这个工资水平在无锡，教师连基本的生活都很难维持，因此，学校难于留住老师。另一个问题是教师教学水平良莠不齐，公助民营学校的教师成分比较复杂，包括政府派遣的部分骨干教师，学校招聘的民办教师，学校兼并过来的民工学校的教师。其中，学校最苦恼的就是民办教师，他们的普遍问题是教师水平低，再加上兼并过来的老师加剧了学校教师教学水平的参差不齐性。

三　模式解读："五个亮点""四大统筹"与"一个效应"

无锡农民工子女教育管理的成效和影响在全国都是有名的，多次被评为"农民工最满意的城市"，不管是来自官方的数据还是对农民工子女及家庭的访谈，都证实了无锡农民工子女的教育基本上是名副其实的，这主要表现在农民工子女教育上的很多的"亮点"，在社会统筹上有四个方面做得出色。同时，在农民工子女教育环境日益变好的今天来说，无锡农民工子女的教育成就仍然有其典型意义，它对于农民工子女教育上的一些难题和悖论都有启发性意义。

(一) "无锡模式"：农民工子女教育的"五个亮点"

无锡农民工子女的教育之所以在全国都名列前茅，主要表现在五个方面。相对全国其他城市或地区来说，无锡是一个农民工子女感觉到教育比较公平和优质的城市，也是一个农民工子女在生活上感到比较温暖和幸福的城市，可能更是一个农民工子女比较适合发展的城市。

一个农民工子女教育比较公平的城市 教育公平既是国家教育政策的基本取向，也是社会和谐发展的根本要求。教育公平的内涵虽然还有各种不同看法，但基本上有较为一致的观点，从普惠公平来讲，那就是能保证所有的孩子都能平等地接受义务教育；从形式公平的层面上来讲，那就是教育配置设置的均等要求；从实质公平上来说，那就是差异均衡，对弱者实行补偿。无锡历届政府都重视农民工子女的教育，早在 2004 年，无锡市教育局在《关于无锡市区进城务工流动人口子女接受义务教育的若干意见》就规定"公立中小学在条件具备的情况下，不得拒收在当地合法居住的流动人口子女入学就读"；2006 年，就对符合条件的农民工子女免收借读费；2008 年，无锡市"十二五"教育发展规划就提出了确保"没有一个学生因家庭经济困难而失学"，南长区教育局则在规划中提出确保"新市民子女 100%接受义务教育"，同年无锡农民工子女 90%以上在公立学校就读，10%在民办学校就读；到 2013 年，民工子女学校基本消失，或是得到改造成为质量得以保证的"民办公助"学校，从普惠公平来说，无锡是全国做得最早最好的。从形式公平来说，无锡的农民工子女教育仍然全国名列前茅。早在 2004 年，无锡市农民工子女学校条件就得到政府重视，并按教育现代化工程标准，为民工子女较多的东亭小学等这样的学校添置电脑、新桌椅、电视机等，并扩建了食堂；2005 年无锡市就对农民工子女一视同仁，与本地学生同样混合编班；2006 年无锡市锡山区出台《外来务工人员子女在锡就读实施意见》，区政府每年出资 300 多万元实施包括农民工子女在内的学生接送车服务和管理。从实质公平上看，无锡市教育管理部门不仅注重资源配置均等，更注重"有差异的公平"，对于农民工子女给予特别的补偿。2009 年 11 月 17 日《中国教育报》第 1 版登出《百尺竿头再跨越——江苏无锡创建义务教育高位均衡发展示范区纪实》一文，介绍了无锡的农民工子女教育公平情况，对于不合格的农民工子女学校进行改革、撤并和支持,使其达到优质教育的要求,对农民工子女教育实施"两免一补"。① 在经济上实行补助,在社会上动员对农民工子女进行帮扶和资助等活动。在 2010 年 6 月 20 日,江阴市教育局出台新政策,对新市民(农民工)子女中考实行政策倾斜,录取上降低门槛。

一个农民工子女教育比较优质的城市 无锡市农民工子女的教育不仅表现在公平上,还表现在拥有比较优质的教育上。具体来说,表现在对农民工子女的教育有针对性。在课堂教育上,无锡市蠡园中学开展了一种"可选择的教育",让包括民工子女在内的每个学生都学会选择自己适合的、需要的教育,并取得了较好的成效。② 在 2011 年 12 月 6 日的无锡教育网上刊登了无锡市芦庄小学这一所农民工子女较多的学校的报道,以校长邹明生为首的学校管理者对农民工子女教育重视,树立了"教育这一代、影响上一代、改变下一代"的教育理念,针对农民工子女在普通话、英语等学科上的学习困难实施专门教育计划,为每一个农民工子女建立档案,做到有的放矢,对农民工子女付出爱心,让学生积极投入到学校教育之中。在家庭教育上,注重感恩教育,如 2010 年 6 月 17 日,无锡夹城里小学开展了"献给爸爸的爱"活动,不少学生更加理解父母工作的艰辛,从而促进他们学习的动力;无锡市峰影小学针对农民工子女感恩教育的"送温暖、献爱心"活动,从生活上、学习上、思想上帮助农民工孩子。在个体教育上,针对农民工子女生活习惯、适应问题,2011 年 8 月 22 日,无锡硕放中学开展军训,加强纪律教育,帮助这些外来的孩子及早地融入学校的生活环境;无锡市南湖中学、梅园小学都开展了农民工子女卫生、礼仪教育活动;上文提出的芦庄小学更是在针对农民工子女的习惯、礼仪、心理和家庭等问题的教育上,因材施教。除此之外,无锡市在 2005 年 4 月 27 日第十三届人民代表大会常务委员会第十六次会议制定了《无锡市教育督导条例》,规定了对外来务工人员子女教育就学等重大问题进行督导,并向本级人民政府报告。这些针对农民工子女的特殊情况进

---

① 陈瑞昌、张策华:《百尺竿头再跨越——江苏无锡创建义务教育高位均衡发展示范区纪实》,《中国教育报》2009 年 11 月 17 日。

② 任国平:《给学生可选择的教育——江苏省无锡市蠡园中学育人纪实》,《人民教育》2009 年第 19 期。

行的专门性教育和管理制度，保障了这些农民工子女教育的优质。

一个农民工子女感到比较温暖的城市　在对无锡市农民工子女教育调研的过程当中，最让调研组成员感到特别印象深刻的就是：这是一个农民工子女能感觉到温暖的城市。在学校，他们能感受到老师的关心；在校外，他们能感觉到政府关怀和社会关爱。如2005年时任副省长后任教育部副部长的王湛看望农民工子女，关心其教育状况；2006年无锡市政法委书记看望学生；2007年无锡市关心下一代工作委员会领导看望学生；2008年联合国儿童基金会来无锡调研流动儿童教育情况；2010年无锡新区管委会领导视察学校农民工子女教育；2011年全国妇联来无锡调研农民工子女教育情况；2012年联合国儿童基金会再次前来……，这些都是比较重要的，还有那些平时的官员级别小的关爱就不一一列举了。课题组成员粗略地统计了一下，从关爱的主体来看，各级领导从教育局、区、市、省、部到国家及联合国，各种级别关爱活动都有，另外还有来自社区的关爱、来自学校教师的关爱活动等；从关注的内容看，特别关注了农民工子女的学校教育、社会融合、教育资源公平、保护身心健康等；从关注的对象来看，既有公立、私立学校的农民工子女，也有农民工家庭。

一个农民工子女生活比较幸福的城市　仅仅有温暖是不够的，幸福才是人类永恒的追求。无锡市农民工子女在这个城市不仅感受到了温暖，还有幸福感。早在2007年5月27日，无锡市教育局就举办过无锡市首届儿童创意游戏节，活动宗旨就是"呼吁社会特别关注外来人口子女的成长，关心他们的生活和学习，使他们尽快地适应和融入城市生活，共同打造和谐社会"。[①] 正是因为在这个城市农民工子女的社会融合较好，他们才感觉到满意和幸福。早在2005年，无锡市在建设全国一流教育强市时就提出了"人人享有良好教育"的目标，全面推进教育现代化、优质化、均衡化、信息化和国际化建设；2009年11月，无锡市荣获"全国义务教育均衡发展工作先进地区"；2009年12月20日，由中国教育报、中国教育新闻网主办，深圳雅图数字视频技术有限公司协办的"首届全国教育改

[①] 关于无锡农民工子女的教育成就资料，主要来源于无锡教育局官网报道、无锡教育局给我们提供的一些材料。以下均如此，不一一赘述。

革创新奖"评选中,无锡就因为"推动义务教育高位均衡发展"获得"首届全国教育改革创新特别奖"。2004年和2007年,无锡连续两届被中央电视台评为"农民工满意城市",2008年在"最具幸福感城市"评比中,无锡作为江苏省唯一入选的城市名列第三。到2012年7月13日,无锡市政府召开的第2次常务会议通过了《关于进一步做好无锡市区外来务工人员子女义务教育工作的意见》,在政策文件中明确了打造"幸福无锡"的目标。

一个农民工子女比较适合发展的城市 无锡调研带给课题组成员最后一个重要感受是:这是一个农民工子女比较适合发展的城市。除了前文中已经提到过的农民工子女能上学甚至是上优质的学以外,还有在升学、就业方面农民工子女在这个城市觉得不受歧视,并有一个自己喜欢的身份和声名。2002年,无锡市教育行政部门的中招政策中,就取消了对外地户口学生的所有限考规定,愿意在无锡就读的外地学生与本地学生享受同等待遇,并执行同一收费标准。到2013年,江苏出台了异地高考政策,"凡具有江苏省普通高中学籍并有完整的普通高中学习经历,其监护人在江苏有合法稳定职业、合法稳定住所(含租房)的农民工子女,均可在江苏省报名参加普通高考和本科、专科层次录取",表明农民工子女在无锡就读升学都不存在任何问题。从生活上来说,无锡农民工子女没有被歧视,还有相对可接受的身份和声名。前文中也提到,无锡市教育局规定对农民工子女"不得拒收、不得歧视、不得单独编班",有较好的教育公平,甚至是关爱和温暖。2011年4月全国妇联在无锡锡山区调研流动儿童教育时就发现,无锡淡化"流动儿童"这一概念,并早在2004年就提出"新无锡人"的概念。2009年,无锡实施"四位一体"助农民工乐业安居,就是"无障碍的就业服务帮助农民工工作早着落、无界限的社会保障为农民工撑起保护伞、无差别的工资待遇保障农民工权益、无收费的管理服务让农民工享有均等待遇",农民工子女获得新的身份是"新市民子女",标志着在无锡市的城市融合。无锡市对农民工及子女的关怀和保障政策,为无锡市赢得了良好的声誉,先后荣获过"农民工满意城市""2008年最具幸福感城市""全国义务教育均衡发展工作先进地区""首届全国教育改革创新特别奖"等诸多荣誉称号,这些荣誉反过来也佐证了无锡是一个农民工及子女比较适合发展的城市。

（二）基于"四个统筹"思想的农民工子女教育的"无锡模式"

无锡农民工子女教育之所以在全国都有比较好的影响，除了以上五大亮点之外，就是在统筹城乡、公立私立、现在与未来、学校与社会等方面有较好的成效。这种统筹的经验，也值得在全国推广和借鉴。

城市和乡村农民工子女教育统筹　无锡市农民工子女教育的良好成效得益于政府教育的城乡统筹思想。前文讲到早在2004年，无锡市就对农村薄弱学校及农民工子女学校条件改善非常重视，按教育现代化工程标准为这样的学校添置电脑、新桌椅、电视机等，并扩建了食堂，努力做到城市乡村所有的孩子享受一样的教育硬件，让更多的农民工子女不出家乡就有设施较好的学校。此外，无锡市教育局抓住义务教育系统实施绩效工资的契机，积极思考如何把城市和乡村教育综合管理。实施城市教师到农村支教和轮岗，鼓励教师合理地流动，有效地做好教师资源的公平配置，使得农村和薄弱学校的孩子（其中很多的农民工子女）不必来到城市就能享受较为优质的教育，这是其一；其二，因为农民工子女大多数在农村，外省来的农民工子女也在郊区学校或比较薄弱的学校，无锡市教育部门就实施了校长轮岗制度，优秀校长到农村学校和民工子女学校挂职，促进了城乡教育资源的均衡配置。[1]总之，无锡市在教育城乡统筹方面做出了较好成绩，使得很多的本地的农民工孩子不必从农村来到城市学校就读就能享受较好的教育。

公立学校与民工子女学校教育统筹　无锡市对公立学校和农民工子女学校实行教育统筹管理，一方面清除不合格的民办民工子女学校，另一方面努力提高民工子女学校的教育质量和办学水平。在教育设施方面，教育部门对民工子女学校大力支持，很多农民工子女学校的教育设施得以完善，建立起标准化操场、图书馆、实验室和食堂等；在师资方面，实施民工子女学校与公立学校教师培训一体化，并让公立学校教师到民工子女学校进行交流；在管理方面，一些经验丰富的优秀退居二线或退休的校长来

---

[1] 陈瑞昌、张策华：《百尺竿头再跨越——江苏无锡创建义务教育高位均衡发展示范区纪实》，《中国教育报》2009年11月17日。

到民工子女学校担任校长,有力地提升了民工子女学校的办学水准。

农民工子女教育与工业化、城镇化的统筹　无锡市教育部门特别重视把农民工子女的教育与城镇化和工业化联系起来,保证了工业化的持续发展和城镇化的顺利实施,没有出现明显的"用工荒"等问题。对农民工子女实施"四证入学",即暂住证、用工证(或营业执照)、户口簿及社保证明,这"四证"保证了农民工子女的父母在无锡具有相对较为稳定的住所、收入和就业,客观上保障了无锡市工业化所需要的劳动力,让农民工子女教育与工业化统筹发展。另外,无锡市还对农民工实施新市民化政策,各种入户条件不断降低。如原来外地人入户无锡要购买 100 平方米以上的房子,2008 年则规定只要购买过房子,无论大小均可入户,成为无锡的新市民。①农民子女获得新的身份是"新市民子女",标志着在无锡市的城市融合,那些希望孩子在无锡市就读的父母就这样逐渐成为无锡的新市民,让无锡的城镇化得到稳步和谐的发展。

农民工子女教育与社会化的统筹　无锡农民工子女教育不是"头痛医头"式的孤立行为,而是与社会管理统筹起来。据 2007 年 1 月 5 日无锡教育网的报道,从 2006 年开始,无锡市健全了"政府主导、学校联动、社会参与"的帮困助学工作机制,全年合计筹措各方资金共计 118 万元,奖、助学 1200 多人次,组织发放补助金 98.75 万元,资助了很多的农民工子女。除此之外,无锡市还把农民工子女的教育与社会发展联系起来,制定一些有惠于农民工的"社保户"政策,如规定凡在无锡就业、参加社会保险且缴费满 10 年的、有固定合法住所,允许其本人、配偶及 18 周岁以下未成年子女来无锡落户。在此政策下,很多农民工子女在接受课题组成员访谈时都提出,愿意在无锡这个城市"一直待下来"。

(三)"洼地效应":无锡期待破解农民工子女教育的体制性问题

无锡市在农民工子女教育方面有较多的亮点,在这里的农民工子女能享受到比较公平、优质、温暖和幸福的教育;政府在农民工子女教育方面整体统筹,让城乡、本地外地、现在未来的农民工子女教育都协调发展。但是,不管是无锡还是全国其他地方,农民工子女教育都面临一个悖论,

---

① 《新市民子女上学有新政策》,《江南晚报》2008 年 9 月 2 日。

即"洼地效应"。

"洼地效应" 所谓"洼地效应",本是指水总是往低处流动,在此指当一个地方农民工子女教育工作做得越好,就会吸引越多的农民工子女前来就读,从而也更加增加了农民工子女教育的工作压力,无锡模式就呈现"洼地效应"。政府及其教育部门的主导力强、人性化管理使无锡成为实施"两为主"教育政策最成功的城市之一。但政策越好,吸引的农民工子女就越多,教育部门不得不多建学校,多招教师,教育经费投入剧增。受产业结构和城市经济发展影响,农民工流动具有不稳定性,不同年份、每个地区流动人口总量不同,也经常出现"人走空校、人来挤爆"循环圈,导致当地教育难题不断。[①] 但此问题并没有得到最好的解决,就课题组在无锡调研所看到的是,当地政府普遍不愿意把农民工子女教育解决得更好,因为害怕吸引更多的农民工子女前来就读,增加政府的经济和教育压力。无锡农民工子女教育如何彻底破解这一效应仍是一个挑战性的问题。

如果无锡农民工子女教育在以上体制性的问题上获得突破,作为一种农民工子女教育的"无锡模式",可能就是真正的名副其实。

第二节 "温州模式":温州市农民工子女教育管理的个案研究

一 一座城的故事:在权衡中前进的农民工子女教育

(一) 温州印象

温州位于浙江省东南部,东临大海,瓯江如一条绿色绸带流淌在城市之中。偏僻的地理位置与山水的阻隔,让温州面临发展困境,这也促使温州人培养出向外开拓的冒险精神。在未到温州之前,我就早已听说过关于这座城市的各种传闻。作为民营经济的先发地区和改革开放的前沿阵地,这座城市创造了无数奇迹:温州率先在全国突破土地制度限制,把土地使

[①] 周国华、吴海江:《随迁子女异地就学的 N 种方式——从无锡、温州、广州的差别谈起》,《中国教育报》2016 年 5 月 31 日。

用权当作商品来经营；新中国第一家私营钱庄在温州诞生；在充满"姓资姓社"争议的年代，温州率先推行股份合作制……在改革开放初期，温州这些"敢为人先"的壮举推动着全国市场经济化浪潮。温州以"温州模式"而家喻户晓。缔造这座城市的温州人也令人印象深刻，他们身上具备的除旧务新、吃苦耐劳、重视经商、自立改革的精神让人既爱又恨。因为有经商的头脑，温州人被称为"中国的犹太人"。在这群"可怕的温州人"的影响下，温州展现出非凡的活力，是一个民生力量和改革勇气突涌的地方。虽然非省会城市，温州市似乎一直活跃在人们的视野中，为人熟悉。温州不再单属于温州，不再单属于浙江，而是属于全国。不管有没有去过温州，人们都能说出对温州的印象和了解：发达的民营经济、高不可攀的房价、制造业之城、移民城市、勤劳与狡黠的温商……而温州到底是一座什么样的城市？金辉和杨莉在《可怕的温州人》一书中对温州做了一个概括："温州，一个出经验的地方，一个出争议的地方，一个出老板的地方，一个出财富的地方。"[①]

  在这些传闻中，温州的形象在我脑海里变得鲜明、具体。温州是否真是如此？作为课题组成员的我们抱着极大的好奇心踏上了温州之旅。在开往温州的列车上是来自各地的打工者，拖着沉重的行李，携着年幼的孩子，带着家乡乡土文化留下的印记，他们将在一个陌生的城市重新建筑生活。温州制造业发达，占据了鞋袜、打火机、纽扣等大部分市场。这些制造业需要大量的廉价劳动力以确保在市场中的优势地位。因而，在制造业发展的过程中，进入温州务工的外来者数量不断增加。至2012年，温州的外来务工人员数量已达427.2万人之多。在制造业兴旺发达的背后，却是无数农民离乡背井的苦楚。经过四个小时的车程，列车终于到达温州。在这座移民城市，温州火车站总处在忙碌中，大量外来人口来到这里寻找工作机会，也有无数具有冒险精神的温州人去往各地寻找商机。从人头攒动的车站、步履匆忙的旅客中能感受到温州是一座充满流动性和活力的城市。

  跟随着人流，我们走出了火车站，立马感受到的是一种杂乱的热闹：车水马龙的公路、街边叫嚷的小贩、在讨价还价的打车者。在火车站的广

---

① 金辉、杨莉：《可怕的温州人》，光明日报出版社2006年版。

场上，有人旁若无人地躺在花坛上睡觉，有人蹲在路边嗑着瓜子，随手就将瓜壳扔到地上。他们的衣着和神情透露了他们的身份：进城务工农民。这群来自乡土社会的农民，虽然转换了工作，却难以改变他们的思想与行为习惯。城市需要他们的劳力，却无法接受他们的乡土习惯，认为他们是市容市貌的破坏者。我们来到温州，第一眼看到的不是高楼大厦，不是工业厂房，而是这群在异地谋生的外地人。这些进城务工者一直出现在我们此次的温州之旅中，他们是出租车司机、是建筑工地上的工人、是街道上的小摊贩……他们已经成为这座城市中不容忽视的一部分。柏拉图说："任何一座城市都是两座城市：即富人的城市和穷人的城市。"在温州，这句话可以改成"当地人的城市和外来者的城市"。在温州调研期间，我们总能看到这两座城市，他们似乎融为一体，然而却界限分明。公车上是用温州话报站，公车上的乘客操着外地口音；市中心林立现代感十足的高楼大厦，民工聚集的市郊里到处是低矮、拥挤的楼房；街道上随处可见银行和价值百万的汽车，也随处可见穿着土气的务工者。因而温州给我的印象是：一座繁华大气的城市，一座忙碌拥挤的城市，一座盛产老板的城市，同时也是一座聚集民工的城市。

(二) 进城务工人员与温州城市发展

"温州的高楼大厦是新温州人建起来的，温州大街也是新温州人清扫，出租车也是他们在开。这个城市是靠打工者帮忙发展起来的"。当鞋厂、电器制造厂、礼品制造厂等工厂如雨后春笋一般在温州大地上涌现时，外来务工人员也犹如潮水一般涌向温州。温州是浙江省进城务工人员最多的地区之一。据第六次全国人口普查数据显示，温州流动人口人数占全市总人口的31.6%，所占比居浙江省首位。到2012年，温州市共有登记在册外来人口427.2万人。[①]走在温州的大街小巷中，都能看到外来务工者的身影，他们已经成为城市里不可忽视的一部分。这些外来务工者在这里抛洒汗水，为温州制造业兴旺发达和经济持续发展提供了丰富且廉价的劳动力。同时，他们也是温州市的建设者，温州的高楼大厦与街道桥梁需要靠他们建设起来。进城务工人员与这座城市有着密切且复杂的关系。

---

① 潘忠强等：《2013年温州经济社会形势分析与预测》，社会科学出版社2013年版，第189页。

他们实实在在地存在于这座城市，是这座城市的建设者和经济的贡献者，但是他们似乎又不属于这座城市。温州进城务工者虽然生活在这座城市，但是与当地居民有着明显的不同。温州的进城务工人多数来自省外，没有当地的户籍，无法享有与当地居民同等的社会福利。进城务工人员文化程度相对较低，以初中及以下水平居多。因文化水平不高，进城务工人员就业面相对狭窄，多从事收入较低、劳动强度较大的工作。2012 年温州进城务工人员务工人数占总人数的 85.89%，从事服务业的人数占 0.82%。从居住方式看，温州流动人口多聚居在城郊村或城中村，以租赁房屋为主，居住在单位内部宿舍次之。[①]进城务工人员身上具备的这些特点与当前温州的发展并不适应。

改革开放 30 多年来，温州大多数民企已完成了"量的积累"，开始步入"质的提高"。温州也提出产业结构转型升级，以突破经济发展瓶颈。当前温州加快产业结构转型升级，需要的是"高学历型人才、专业技术型人才、创业管理型人才和业务能手型人才"，低文化水平的进城务工者们已经无法满足温州经济发展的需要。为改善城市面貌，2013 年，省委、省政府决定在全省深入开展旧住宅区、旧厂区、城中村改造和拆除违法建筑（简称"三改一拆"）三年行动。而"三改一拆"的对象便是多数进城务工者的居住场所。温州每平两万多的高房价让低收入的进城务工者们望洋兴叹，他们只能租住在租金较便宜的城中村或违章建筑内。进城务工人员聚居的城中村和城郊村因其环境差，往往是本地居民不愿意居住的，也是城市管理者眼中"华服上破烂的补丁"。在城市建设中，这些影响城市形象的地方面临着改造和拆除的命运。当前温州正进行的产业转型升级与大规模的"三改一拆"行动，使得近期进城务工人员总量有所下降，也让进城务工人员在温州生存更为困难。带着乡土气息的进城务工者们对于这座忙于迈向大都市的城市而言，是群赶不上时代的人，自然而然会被排挤在城市发展之外。

然而，进城务工人员已经成为温州市一个庞大的群体，为温州经济发展做出了贡献，城市需要重视这些外来者。温州较早面临进城务工人员管

---

① 潘忠强等：《2013 年温州经济社会形势分析与预测》，社会科学出版社 2013 年版，第 189—190 页。

理问题，因而在进城务工人员管理工作创新上走在浙江省前列。为促进进城务工人员融入本地的建设和生活，温州市积极探索加强进城务工人员服务管理的有效途径。温州市进城务工人员服务管理工作主要依托"温州市新居民服务管理局"，在县（市、区）、镇（街道）、村居（企业）三级分别设立新居民服务管理局、所、站三级机构。"温州市新居民服务管理局"是于2011年由市流动人口服务管理办公室更名而来。同时，在之后有关流动人口的各种公文、讲话、宣传等正式文件、媒体报道及口头称呼中，都统一使用"新居民"称谓。称谓的变化也代表着城市对进城务工者态度的改变。与"流动人口"相比，"新居民"体现出的是这座城市对进城务工者的接纳，将进城务工人员视为城市的新居民而非暂居者。

近年来，温州在不断探索和改进进城务工人员的服务和管理工作，在制度创新和工作方式上出现了新的变化。2012年，温州市委办公室及市政府办公室发布《关于实施新居民积分制管理的意见》，在全市范围内推行新居民积分制管理。新居民积分制管理是在温持有《浙江省居住证》，且符合相关要求的新居民自愿申请按其所得积分高低进行分类排名，根据积分情况享受相应的服务和管理待遇，利用高积分换取高待遇的行政行为。这个意见特别指出"积分累计达到一定分值的新居民，且符合相应条件的，可按规定程序申请迁入居住地户籍；其子女在义务教育阶段可优先享受居住地公办学校就近入学待遇"。积分制管理显示出城市对稳定的、高素质流动人口的特有偏爱。但积分制管理也突破户籍制对流动人口的制约，让流动人口能在住房、子女入学等社会福利上享受到"同城待遇"。对城市来说这种渐进主义的政策是处理流动人口问题的最合理选择，为流动人口融入城市打开了一条通道。但过高的门槛使享受同等社会福利对处在社会低阶层的大部分流动人口来说变得可望而不可即。

2013年初，温州出台《关于加强新居民服务管理促进人口结构优化的实施意见》"1+7"文件，提出"以证管人、以房管人、以业引人"等一系列创新举措。"以证管人、以房管人、以业引人"成为温州管理进城务工人员的主要方式。"以证管人"是从源头入手，加大对新居民落脚点的管理。根据外来人口的工作岗位、工种的不同，实行分类管理，充分发挥居住证的"过滤网"功能。"以房管人"是指严格执行出租房屋登记备案制度，落实房屋出租人对承租人违法行为的责任和监督报告制度，进一步建立完善出租房屋信息采集、分级分类、日常巡查、信息上报、治安防范等管理机制。"以业引人"的内容主要包括引导产业向高端、高效、高辐射力的方向发展,提供高质量的就业岗位,吸引具有较高人力资本和创新能力的人才向温州集聚,对技术性高、专业性强并与温州产业结构相适应的职业和行业逐步实施职业资格证书制度等。相比《关于实施新居民积分制管理的意见》促进流动人口融入的政策目标,《关于加强新居民服务管理促进人口结构优化的实施意见》更突显的是对流动人口加强控制与引导,以维护城市社会稳定和促进城市经济发展。面对流动人口给城市社会环境、社会管理及服务带来的巨大压力,对流动人口加强控制、促进流动人口结构优化是城市做出的一个理性选择。

从城市管理者对进城务工人员管理中可以看出城市对进城务工者抱着一种复杂的态度。出于城市发展的需要,管理者提出优化人口结构,精简新居民人员。城市倾向于接收能为城市带来较大经济效益的"新居民"。推行新居民积分制管理和出台《温州市新居民人才库建设通知》等政策都体现出城市对高素质外来人口的偏好。符合城市偏好的外来人口可以享受到各种优惠政策,在入住人才公寓、安心公寓或廉租房及子女就近入读公办学校上都享有优先权。这部分外来人口基本可以享受到与当地居民同等的公共服务。然而在温州的大部分进城务工人员都没有达到政策要求的条件,因而通过积分或者人才引进政策转为市民对他们而言是难以实现的。对大部分进城务工者,城市对他们是管理为主、服务为辅。对外来务工人员采取"以证管人、以房管人、以业引人"的管理方式,更多体现出来的是出于维护社会稳定而对外来务工者实行的监管,少了一份出于促进外来务工者社会融入的热情。

(三) 温州的进城农民工子女的教育

因民营经济发达,吸引无数进温务工的人,温州是浙江省外来务工人员数量最多的地区之一,与此相伴随的是农民工子女数量的增加。近年来,进城务工人员农民工子女更是以每年 2 万人的规模增长。至 2012 年,进城务工人员农民工子女人数达 47 万人。[①]面对不断涌入的农民工子女,

---

① 潘忠强等:《2013 年温州经济社会形势分析与预测》,社会科学出版社 2013 年版,第 190 页。

温州市政府积极制定教育管理政策协调教育资源分配以满足农民工子女教育需求。通过不断创新政策和完善管理，温州市已基本形成"以全日制公办学校随班就读为主渠道、以单独举办民工子弟学校为次渠道、全社会关心民工子女教育"的格局。

1. 开省内先河，推行"同城待遇"

瑞安自2003年开始就向务工子女发放"教育助学凭证"，每个学生得到200—500元，足够解决一学年的代管费。2005年发放规模又进一步扩大到1000人，确保了务工子女不因贫困而失学[①]。2006年，瓯海区出台了《温州市瓯海区义务教育中小学生免除学杂费实施办法》，凡是符合省教育厅规定的在户籍所在地无监护条件、其父母双方或其他法定监护人在瓯海区取得暂住证并暂住一年以上和依法缴纳社会保险或用人单位签订劳动合同（或取得工商执照）等三个条件的外来务工人员子女均可免费就近安排入学，与本地学生享受同等待遇。根据2010年1月20日浙江在线网教育频道报道（通讯员陈若珍），2006—2007年底，共为33735人次符合条件的外来务工人员子女免除学杂费364.71万元，全部由财政埋单。2008学年共为38565名外来务工人员子女免除学杂费、课本费。为了保障符合条件的民工子女在温接受义务教育的合法权利，瓯海区采取了能收尽收、能管尽管、能保尽保的工作措施，在广泛接纳外来务工人员子女入学的同时予以同城待遇。自2003年以来先后创办新桥汇昌学校、梧田新瓯学校、潘桥阳光学校等民工子弟学校，并将校舍闲置的潘桥镇丁岙小学等3所学校创办成专门民工子弟学校，大大缓解了外来务工人员子女的入学压力。到2007止，全区已接纳外来务工人员子女35788人入读，占全区总在校生的52.02%。另外，针对民工子女来源广、流动性强的特点，该区在实行动态学籍管理的同时，明确要求学校要对这些学生一视同仁，确保其在接受教育、参加团队活动、评优评先、参与文体及实行奖惩等方面与本区学生享有同等待遇。同时，针对外来务工人员子女家庭经济条件普遍较差的情况，瓯海区还在严格执行"一费制"的基础上，实行灵活的收费方式，对经济特别困难的学生实行减免或补助，以确保流动人口子

---

① 陈桂芬：《外来务工子女教育管理的策略》，《温州商报》2006年12月30日。

女不因贫困而失学。①

2. 制定专门政策，规范农民工子女教育管理

2008 年，温州市为使进城农民工子女依法接受义务教育，市教育局制定《温州市义务教育阶段外来务工人员子女就学管理试行办法》（以下简称《办法》），对农民工子女在温州接受教育的相关工作做了明确规定。

首先，《办法》明确了政策对象，为非本县（市、区）户籍的外来务工人员子女，年龄在 6 周岁至 15 周岁，处于义务教育阶段，并随父母或其他法定监护人来我市居住的有学习能力的儿童少年。《办法》的第三条和第四条规定了进城农民工子女在温州接受义务教育需满足的条件：户籍所在地没有监护条件，且其父母或法定监护人在我市已取得居（暂）住证并居住 1 年（含）以上，同时取得工商执照或与用人单位签订一年以上经劳动保障部门认可的劳动合同，有相对固定居所。农民工子女入学需要提供相应的材料，其中包括：在户籍所在地没有监护条件的证明、居（暂）住证、经商或务工证明、房产证或房屋租赁合同或相关居住证明、儿童预防接种证。

针对入学渠道，《办法》第七条指出，农民工子女就学以公办学校接纳为主，独立设置民工子女学校为辅。在外来务工人员较集中的地区，鼓励社会力量设置民工子女学校，或挖掘教育潜力，盘活教育资源举办接收外来务工子女的学校。温州市通过发挥社会力量和挖掘教育潜力，缓解进城务工人员农民工子女对公办学校的接收压力。在公办资源有限的情况下，这种做法对解决农民工子女入学问题切实可行。

其次，教育经费是农民工子女享受公平教育的经济保障，《办法》规定"各县（市、区）应建立农民工子女就学的经费保障机制，奖励或补助接受农民工子女较多的公、民办学校，要加大对民办民工子女学校的扶持力度，在校舍建设、教学仪器设备配备上予以适当补助"。这一举措有利于促进进城农民工子女学校的发展，改善教学条件。同时政府积极鼓励机关团体、企事业单位和公民个人向学校捐款捐物，扩充进城务工人员子

---

① 本节没有注明来源的关于温州市农民工子女教育的数据和事实相关资料，主要通过温州市政府、温州教育局以及下属区教育局两级官网及相关访谈机构、学校等提供获得，以下不一一赘述。

女学校的物资来源。对贫困的外来务工人员子女，政府资助入学。为促进教育公平，《办法》中明确规定对符合入学条件的农民工子女免收借读费、课本费、作业本费。但是，进城农民工子女教育经费主要由县级政府负担，这不免会给财政实力较弱的县级政府巨大的压力。

再次，民办民工子女学校作为接收农民工子女的后备军，对其进行管理是农民工子女教育管理的一项重要内容。温州市在民办教育改革领域的创新与突破走在全国前列，全市民办学校占全市教育资源总量的近三分之一。温州市民办教育的蓬勃发展，使得民办民工子女学校在温州农民工子女教育中占据重要位置。相比其他地区，温州对民办子女学校的监管规定也更为具体详细。《办法》要求各县（市、区）教育行政部门和教育督导部门应根据有关规定，对独立设置的民工子女学校加强管理和监督，至少每学期对学校办学情况进行一次检查和指导，进一步规范其办学行为，提高教育质量。2010年市教育局指定全市示范中小学对口支援60所民工子女学校，在教育管理、教学教研、师资培养等方面进行"传、帮、带"①。

为加强民工子女学校师资队伍建设，《办法》规定各地要严格民办学校校长和教师准入资格，把好教师入口关；民办学校的教师要纳入当地教育行政部门统一管理，在师资培训、教研等方面享有与公办学校教师的同等待遇；教育行政部门要加强对民办学校教师的培养与培训，加强教育教学督导工作；对在民工子女学校长期安心从教、成绩优秀的教师，要予以表彰；在开展教学研究、教师培训等活动时，要向民办民工子女学校倾斜，要依法保障民办学校教师待遇；各级教育行政部门要督促举办者努力改善教师的工作、学习、生活条件，切实解决教师后顾之忧，维护民办民工子女学校教师的合法权益；对专门招收外来务工人员子女入学的学校教师，在评优评先、职务晋升等方面予以一定的政策倾斜。

最后，为保障农民工子女在教育过程中享受公平，《办法》规定在升学录取条件上一视同仁；在入队、入团、评优、奖励上一视同仁；在参加各种活动上一视同仁；在接受困难资助上一视同仁。甚至还规定所有接受农民工子女的公办学校在对待农民工子女教育上采取五优先：即上课发言优先、安排座位优先、批改作业优先、课外辅导优先、困难减免优先。这

---

① 周人正：《温州破解流动人口子女教育难题》，《温州商报》2007年9月2日。

四个"一视同仁"、五个"优先"代表着这座城市对农民工子女的接纳与关心照顾。考虑到进城农民工子女这一群体的特殊性,政策规定各地各学校应给予农民工子女特别的人文关怀,在生活上予以关心,在行为习惯上予以指导,在心理上予以疏导,在学习上给予辅导,使他们更好地与当地学生融合。从规定可见,政策制定者对教育公平的含义有了更深的理解。让进城务工人员农民工子女在流入地入学只是享受教育公平的第一步,保障农民工子女在教育过程公平、促进社会融入也是教育公平的范畴,而这些问题的解决更是任重道远。

3. 实行"积分管理",创新教育管理

面对外来务工人员数量不断增多,温州市探索外来务工人员管理新办法。2010年,新居民积分管理在瓯海试点。瓯海区于2010年出台《瓯海区流动人口积分制管理暂行规定(试行)》,对外来务工人员实行分层次分类管理服务。在当地连续居住满3年,有固定住所、稳定工作,已参加基本养老保险,且无违法违纪行为的外来务工人员;或注册资金在50万元以上进瓯海投资创业的业主、以人才引进方式进入瓯海的人员,可申领《浙江省居住证》,并可申请纳入该区流动人口积分制管理范围,根据积分情况享受相应的服务和管理待遇。计分项目涵盖居住年限、年龄、特殊身份、学历水平、技能水平、社会保险、劳动合同等方面,积分分数以新居民持有的各类有效证件、证书、证明等进行累加。高积分外来务工人员子女在义务教育阶段可优先享受入读辖区指定公办学校待遇。[①]"积分入学"管理在瓯海试点成功后,2012年温州市委市政府出台《关于实施新居民积分制管理的意见》,在全市范围内实施新居民积分制管理。按照"高积分换取高待遇"的原则,高积分进城务工人员农民工子女在义务教育阶段可优先享受居住地公办学校就近入学的待遇。《意见》发布后,全市11个县(市、区)均根据当地实际,制定出台了新居民"积分制"的实施细则,面向新居民的多项政策优惠也在各地纷纷"落地"。2013年上半年,全市共接到新居民积分申请1601份,其中积分入学申请数量最多,达1209份。相比较积分入学申请,入学名额显得稀有。2013年上半年在

---

① 缪小霞、周乐光:《瓯海率先实行流动人口积分制管理》,http://www.wenzhou.gov.cn/art/2010/9/18/art_3907_145224.html,2010年9月18日。

1209份入学申请中，仅264人实现了"积分入学"。"积分入学"管理带有明显的渐进主义特点，对400多万新居民和40余万新居民子女而言，积分入学名额显然供不应求。但针对本地外来务工人员数量多、公共资源有限的状况，"积分入学"是温州市根据本地实际做出的教育管理创新举措。它第一次打破了户籍对农民工子女教育的约束，为农民工子女进入公办学校提供另一条途径。

4. 出台升学政策，教育保障延伸至义务教育后

进城务工农民工子女义务教育阶段入学问题得到基本解决后，农民工子女升学成为社会关注点。2012年，国务院办公厅转发教育部等部门《关于做好进城务工人员农民工子女接受义务教育后在当地参加升学考试工作的意见》，督促各省在规定期限内根据本省实际情况制定进城务工人员农民工子女升学政策。2013年1月份，浙江省出台《关于做好外省籍进城务工人员农民工子女接受义务教育后在我省参加升学考试工作的实施意见》，对各市、县的升学政策制定做了总体要求和指导。2013年，温州市政府出台《关于做好非温州籍进城务工人员农民工子女接受义务教育后在我市参加中考工作的实施方案》，对农民工子女教育的保障由义务阶段延伸至义务教育后。

方案规定，凡在温州市参加中考的考生，均可参加职业高中录取；参加普通高中录取的考生，需同时具备三大条件：①在温州市参加中考，并具有初中学籍（以浙江省中小学生电子学籍管理系统注册为准）和相关学习经历。其中，参加2013年普通高中录取的，至少具备九年级一年完整的学习经历；参加2014年普通高中录取的，至少具备八、九年级连续两年完整的学习经历；自2015年起参加普通高中录取的，需具备初中三年连续完整的学习经历。②学生父母其中一方或法定监护人在温州市范围内已取得《浙江省居住证》或《浙江省临时居住证》一年及以上；并在温州市范围内取得工商执照或与用人单位签订一年及以上劳动合同。③参加2013年普通高中录取的，学生父母其中一方或法定监护人需在温州市范围内已缴纳养老保险费，且有相对固定居所。但在这一政策中，仅涉及异地中考，并未对农民工子女异地高考做出规定。如果高考"大门"未敞开，农民工子女不得不提前回原籍接受高中教育，以适应当地的教学，为高考做准备，那么异地中考效果将大打折扣。虽然市级层面未对异地高

考做有关规定，但龙湾区在《温州市龙湾区人民政府办公室关于做好外省籍进城务工人员农民工子女接受义务教育后在龙湾区参加升学考试工作的实施意见》中规定，满足条件的农民工子女可在龙湾区参加初中升高中考试及高考，农民工子女参加高校招生录取与浙江省户籍学生享受同等政策。农民工子女教育保障由义务教育阶段延伸至义务教育后是必然发展趋势，如何因地制宜地推进教育制度改革是各级政府需要考虑的问题。温州市坚持"以人为本，促进公平""系统设计，有序推进""统筹兼顾，稳步实施"的原则制定政策，在充分考虑本市人口、资源、环境和各项公共服务承载能力后，稳妥推进农民工子女升学考试工作。在全市范围内实现农民工子女异地高考将指日可待。

二 解读：基于制度框架的温州农民工子女教育政策分析

教育政策制定与变化并非是按照预先计划机械进行，而是受各种内部和外部因素的影响。因而全国各个地方的农民工子女教育政策各不相同，形成各具特色的地方模式。从"同城待遇"到"积分入学"，温州农民工子女教育政策经历了一个渐进微调的动态过程。在温州农民工子女教育政策的演变过程中，是何种力量促使农民工子女教育政策出台与调整？究竟什么因素影响了温州农民工子女教育政策的制定？我们可以借助埃莉诺·奥斯特罗姆的政策分析与发展框架解释这个问题。

（一）温州农民工子女教育政策分析——制度分析与发展框架

制度分析与发展框架（Institutional Analysis and Development framework，简称为 IAD framework）是由埃莉诺·奥斯特罗姆提出的、用以分析政策过程的理论。制度分析与发展框架是一个包含多重概念的政策分析示意图，可用于解释制度安排中的主要类型结构变量如何影响公共池塘资源治理的政策结果，并用于评估、改善现行的制度安排。埃莉诺·奥斯特罗姆认为人们可以依靠信任关系建立新的规则，解决公共资源管理困难问题。制度分析与发展框架可以提供一套能够增强信任与合作的制度设计方案及标准。发展至今，制度分析与发展框架已被广泛运用于各种政策分析或公共行动分析上。

根据制度分析与发展框架，政策过程和结果在某种程度上受以下四种类型的变量所影响：（1）物理世界的属性；（2）嵌入行动者的社群的属性；（3）创造诱因和限制特定行动的规则；（4）与其他个体的互动。将这四种变量进一步细化，完整的制度分析与发展框架包括7个主要变量：自然/物质条件、共同体属性、应用规则、行动情景、行动者、相互作用模式及评估准则。对一个制度进行分析时，我们既可以从行动者的操作层面入手，也可以从应用规则等外部变量入手。然而无论从何入手，分析问题的第一步是确认行动舞台。行动舞台是"个体间相互作用、交换商品和服务、解决问题、相互支配或斗争的社会空间"。[①]行动舞台包括行动情景和该情景下的行动者。在理解了行动舞台的结构后，必须深入挖掘影响行动舞台结构的因素。也就是说，行动舞台既是一个自变量，又是一个因变量。奥斯特罗姆认为影响行动舞台结构的因素包括三组变量：（1）参与者用以规范他们关系的规则；（2）对这些舞台起作用的世界的状态结构；（3）任一特定的舞台所处的更普遍的共同体结构。[②] 运用制度分析与发展框架的关键就是搞清楚行动舞台（行动情景和行动者）在外生变量影响下的相互作用及其产生的结果，以及这种结果对两者的反作用。

根据制度分析与发展的政策分析框架，以及温州市农民工子女教育政策的各参与者和行动者，温州市的政治经济环境等，我们确定了以下这一温州市农民工子女教育政策分析框架：

（二）温州农民工子女教育政策静态分析

1. 政策行动舞台分析

温州农民工子女教育政策行动舞台事实上就是一个政策利益相关者的博弈空间，在这个空间里，众多的行动者就是农民工子女教育政策的利益相关者，而他们的利益博弈活动形成复杂的行动链。在教育政策行动舞台上，各个行动者利用自己拥有的信息、资源、能力和价值判断采取不同行动，努力使政策朝有利于自己的方向发展。当公共资源有限时，行动者之间产生博弈，出台的政策便是各个行动者讨价还价的结果。温州农民工子女教育政策的行动者主要包括以下几类：

一是政府，分为中央政府和地方政府。中央政府拥有最高的权威，对

[①] Paul A. Sabatier：《政策过程理论》，彭宗超、钟开斌译，三联书店2004年版，第56页。
[②] Paul A. Sabatier：《政策过程理论》，彭宗超、钟开斌译，三联书店2004年版，第57页。

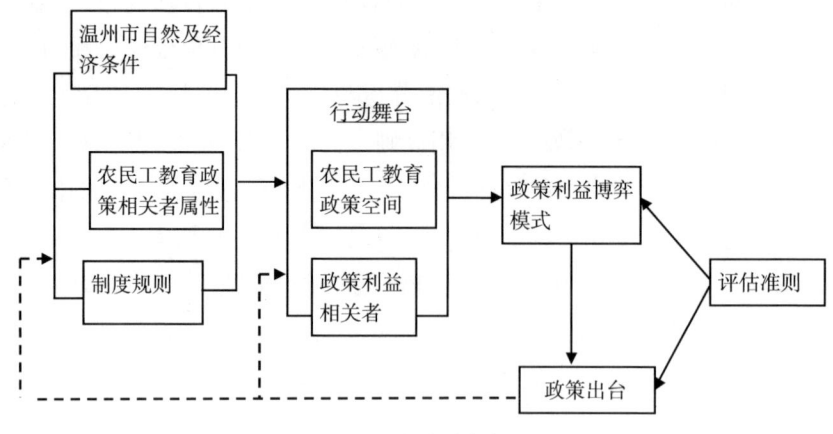

图 4-1 制度分析框架

政策走向有决定性影响力。中央政府在决策时不仅仅是基于进城务工人员农民工子女教育现状，而且着眼于整个经济社会发展背景，需要统筹考虑多方面因素。地方政府受制于中央政府，因而地方政府行动会受中央政府影响。然而地方政府与中央政府并不总是保持一致，地方政府主要着眼于地方经济社会发展，代表地方利益，在某些时候会与中央政府的政策意图相冲突。

二是学校，分为公办学校和民工子弟学校。公办学校和民工子弟学校经营方式不同，在办学条件和教学质量上也存在较大差异。公办学校的开支由地方政府承担，拥有较好的办学条件和师资队伍，教学质量也优于民工子弟学校。因而公办学校更受农民工子女的青睐。然而，公办学校资源有限，入读公办学校的农民工子女增加必然造成公办学校资源紧张。在农民工子女数量众多的温州，民工子弟学校在解决农民工子女入学上起着重要作用。由于是民办性质，民工子弟学校的营利性与农民工子女教育的公益性存在矛盾。这一矛盾需要政府通过加强对民工子弟学校的管理和扶持进行调节。民工子弟学校的办学者会采取一定行动促使政府提供更多的帮助以发展学校。

三是温州本地居民。教育资源具有一定竞争性和局部排他性，这意味着农民工子女将影响本地居民子女的受教育情况。因担心农民工子女教育政策将减少本地居民子女的教育获得，温州本地居民更希望设置较高的入学门槛。温州本地居民会对政府施加一定压力，政府也很难忽视这些城市常住居民的利益。

四是进城务工人员及其子女。在温州,进城务工人员是一个庞大的群体,但在行动舞台上他们掌握的话语权却极少。进城务工人员将子女转学至城市,是希望子女能够获得更好的教育。随着进城务工人员在城市居住时间的延长,这种教育需求更为强烈和迫切。但进城务工人员难以参与政策制定,他们的这一诉求只能依赖于媒体和学者传达。在教育政策制定过程中,进城务工人员缺少对政策制定的控制力,较多的是被动地接受其他行动者的协商结果。

2. 政策外生变量分析

奥斯特罗姆认为行动舞台也应被视为一个依赖于其他因素的因变量。她指出行动舞台受自然和物质世界属性、共同体属性及应用规则这三个外生变量的影响。制度、世界状态和社会属性一起共同影响个体能够采取的行动类型、行动及其应发后果的收益与成本和可能获得的成果。将制度分析与发展框架应用于温州农民工子女教育政策上,可将外生变量理解为:农民工子女教育的属性、温州市经济和社会发展方向、政策利益相关者的异质性、制度规则。

(1) 农民工子女教育的属性 物品属性的不同,相应的供给制度安排也会不同或者应有所不同,且不同的制度安排最终将影响乃至决定物品供给效率和需求满足情况。作为农民工子女的基础教育具有公共物品的属性,它是供社会成员共同使用的产品。基础教育的这一属性也决定了教育的供给方式主要依靠政府提供。因教育主要由地方政府按属地原则提供,这就让农民工子女教育供给变得复杂。户籍地与求学地不一致的农民工子女,他们的教育应该由哪一级政府(中央或地方)或哪个地方政府(流入地或户籍地)予以保障?这是农民工子女教育问题的一个争论点。

同时,教育并非是纯公共物品,而是具有有限的竞争性和局部的排他性的准公共物品,这意味着超过一定的临界点,非竞争性和非排他性就会消失,拥挤就会出现。农民工子女的增加将会给流入地教育供给带来巨大压力,造成教育供求关系紧张,甚至会影响当地学生的教育质量。因而当地居民会将农民工子女视为资源的竞争者,而对他们持有戒备和排斥之感。因教育是准公共物品属性,这允许教育的供给方式可以多样化,不局限于政府提供。在农民工子女教育问题上,民工子弟学校等更多类型的学校产生便是依靠市场提供服务,以满足农民工子女的教育需求。如果市场和政府这两种方式提供的服务质量相同,那么不会产生问题。温州市也积极鼓励社会力量设置农民工子女学校,并提出要加强对民工子弟学校的支持力度以改善民工子弟学校教育状况。而事实上温州民工子弟学校依然面临发展困难,办学条件和教育质量都不及公办学校。因为民工子弟学校与公办学校依然存在较大差距,农民工子女及其家长对于民工子弟学校的满意度也较低。林凡对自己曾经就读的民办农民工子女中学颇为不满,在她眼中那所学校条件差、纪律乱、学风差、教师不负责任。在这样的民工子弟学校中,农民工子女得到的只能是边缘化的教育。当政府与市场提供的教育服务存在差异时,依靠市场这种供给方式也无法解决供需不平衡的状态,反而产生新的教育不公平现象。

(2) 温州市经济和社会发展方向　影响行动舞台的一个重要原因是外部环境的变革。外部环境的改变往往是政策发生改变的触发机制,可能改变行动者的行动方案或为其提供机会。外部环境包括经济变革、社会发展、政治联盟改变、其他子系统的政策产生和公众舆论等。中国城镇化进程的进一步推进和温州市经济发展方式对温州农民工子女教育政策的产生与变迁产生推动作用。

城镇化是扩大内需的最大潜力,被期待为下一轮中国经济的驱动力。很多经济学家认为城镇化能够扭转中国长久以来的投资消费失衡,因为农民转化为市民之后,能够自然而然地释放出巨大的消费潜力。城镇化对于中国发展而言无疑是一个重要战略部署,不仅关系到经济社会发展,而且也关系到社会管理和民生改善。中国城镇化的挑战之一是如何帮助规模庞大的农民工群体从"融不进城市"和"回不去农村"的困境中解脱出来,使他们真正成为城市资源享有者和发展红利获益者。这需要保证进城务工人员享有与城市居民同等的公共服务。在这些公共服务中,进城务工人员农民工子女教育是进城务工人员转化为市民过程中亟待解决的问题。城镇化成为进城务工人员农民工子女教育政策出台的一个巨大推动力。

一个地区的政策制定不仅受全国的经济社会发展背景影响,而且与当地经济社会发展情况密切相关。温州是以民营经济为主体发展起来的,传统产业和劳动密集型产业如服装业、皮鞋产业、打火机产业等,占温州经济的主要组成部分。温州劳动密集型产业需要大量廉价劳动力,因而温州吸引了大量外来人口。温州是浙江省外省人口流入量最多的地区,到2013年已有400多万外来人口。这些外来人口弥补了温州经济发展中的劳动力缺口,为温州经济的飞速发展做出了重大贡献。中国加入WTO后,来自国际的竞争给温州传统的劳动密集型产业带来一定影响。2008年金融危机更是给温州带来巨大冲击,促使温州采取措施推进产业结构升级转型以突破经济发展瓶颈。2008年以来,温州发布了《关于深入贯彻科学发展观,加快转变经济发展方式,推进经济转型升级的实施意见》、《关于温州市百龙企业培育的实施意见》、《关于推进我市工业企业分离发展服务业工作的实施意见》、《中共温州市委关于深入贯彻科学发展观加快转变经济发展方式推进经济转型升级的实施意见》、《关于实施工业转型升级321行动加快转变经济发展方式的意见》等文件,提出要加快推进温州工业转型升级。温州工业转型升级的目标是:发展动力以创新驱动为主,产业结构以先进制造业和高新技术产业为主,产业链重心向研发设计和市场营销两端延伸,产业组织形态以现代产业集群为主,企业经营方式以集约经营为主,产品层次以高技术含量和高附加值为主。[①]温州产业转型升级,必然涉及人力资源结构的调整,更倾向于高学历或高技能的高级人才。温州经济发展对人才的要求与目前进城务工人员的技能结构很不相符。目前大部分进城务工者文化水平较低,多从事低技术的工作。考虑到往日进城务工人员对温州经济发展的贡献和现在进城务工人员文化与技能与城市经济发展不相符的矛盾,使温州对进城务工人员持着复杂的情感,这对温州进城务工人员农民工子女教育政策制定产生一定影响。

(3)政策利益相关者的异质性 政策利益相关者也称为政策利益共同体,共同体属性是指行动舞台中行动者的特性及其共享的价值观念及行为规范。共同体属性会影响行动舞台的结构。如果某一行动舞台中的行动者共享一组相同的价值观念时,他们发展恰当的资源管理规则和规范有较大可能性。相反,如果行动舞台中的行动者来自许多不同的共同体并相互不信任时,设计和维护有效规则就会困难得多。

温州农民工子女教育政策这一行动舞台中的共同体主要有当地居民和进城务工人员两个群体组成。而这两个群体存在较大差异性,两个群体间

---

① 张岀炎:《温州模式的华丽转身》,《浙江经济》2009第12期。

并未建立一种相互信任的关系。温州本地居民有一种很强的"圈子"意识。"圈子"内极具凝聚力,而对于"圈子"外的人则难以融入其中,这从温州大量家族企业便知一二。在外省经商的温州人相互之间也能互帮互助,建立起深厚的同乡情感。进城务工者并不属于温州人划定的圈子内。虽然温州人的"衣、食、住、行"都离不开外来务工人员,但温州人对外来务工人员还是持有警惕的态度,因外来人口一定程度上占用了一部分公用资源,也带来治安问题。另一方面,外来务工人员对于温州这座城市也没有深厚的感情。大多数外来务工人员只是将温州视为赚钱的地方,而非安居乐业的地方。即使是在温州工作二十年的进城务工人员也不敢想定居在温州,如林凡父母。出于温州的高房价、户口限制和对故土的感情,他们选择回归故里。李明父母对温州的评价是环境无法与老家相比,温州人素质不高,可见,进城务工人员对温州认同感不高。进城务工人员的交际圈也是建立在地缘基础上,较少与温州本地人交往。温州本地居民与进城务工人员这两个群体存在隔阂,在价值观念上有很大不同,这给制定合理的资源管理政策带来困难。

(4) 制度规则　在制度分析与发展的框架中,应用规则其实就是一种制度规则,在这里主要是指户籍制度和外来人口管理制度。户籍制度和温州市外来人口管理制度是影响温州农民工子女教育政策舞台的主要应用规则。这两个应用规则规定了教育资源的获取者如何界定。户籍制确立了以户籍为依据的资源分配规则。农业户口和非农业户口在就业、住房、教育、社会福利上享受的是不同的待遇。进城务工人员虽然生活在城市,但由于持着农村户籍,因而他们被排斥在城市社会保障系统之外。温州市外来人口管理制度对外来务工人员在温州能够获得何种公共服务或资源及如何获得做出了规定。2012 年,温州市委市政府出台《关于实施新居民积分制管理的意见》,对进城务工人员实施积分制管理。进城务工人员可根据积分情况享受相应的服务和管理待遇。积分制管理打破了户籍制对资源分配的原有规定,使得符合条件的进城务工人员也能获得城市的社会保障。但是积分制管理的改革力度较小,对温州 400 多万进城务工人员而言,通过积分实现农民到本地新居民的转变是非常困难的。总体而言,户籍制依然是决定进城务工人员资源获得的主要规则。

(三) 温州农民工子女教育政策发展分析

2003 年,国务院办公厅转发教育部、中央编办、公安部、发展改革委、财政部、劳动保障部《关于进一步做好进城务工就业农民工子女义务教育工作的意见》。《意见》提出了"以流入地政府负责,公办中小学为主"解决农民工子女教育问题的方案,并要求各省、自治区、直辖市人民政府,国务院各部委、各直属机构认真贯彻执行。由此开启了地方政府关于进城务工人员、农民工子女教育政策的制定。相关的各个群体、组织也相继出现在地方农民工子女教育政策舞台上,直接或间接参与政策制定。各个行动者在行动舞台上展开行动,影响着政策的进程和走向。

温州流动儿童教育政策的制定与调整是在中央政府、地方政府、学校、当地居民和进城务工人员的共同作用下进行的。中央政府在政策舞台上处于优势地位,它极大地影响着政策安排。农民工子女教育问题关系到城镇化进程,关系到经济社会发展。农民工子女教育问题得到解决将有利于我国经济社会发展。农民工子女教育问题得到解决,中央政府将受益最多。每个行动者都希望制度安排是以最少的投入获得最大的收益。因而,一方面中央政府高度重视农民工子女教育,出台政策推进农民工子女教育工作,另一方面中央政府没有明确其应承担的相应义务。在中央政府制定的农民工子女教育政策中,中央政府并没有给出明确的农民工子女教育经费分担方式,而将农民工子女教育经费负担下推至地方政府。但在农民工子女教育政策制定中,地方政府也会着眼于自身利益。进城务工人员市民化的成果并非由县级政府独享,而县级政府却要承担农民工子女教育的经费,加之县级政府本身财政能力较弱,因而县级政府缺乏动力解决农民工子女教育问题。除此之外,温州政府在农民工子女教育政策中还将考虑本地区经济发展情况。温州经济面临产业结构优化升级,需要高学历或高技术人员,而目前温州大部分进城务工人员不在这之列。地方政府考虑到解决农民工子女教育问题的受益与投入不成比例,会消极制定农民工子女教育政策。中央政府于2003年出台《意见》,而温州于2008年才制定《温州市义务教育阶段外来务工人员子女就学管理试行办法》。在经费负担上,温州市政府为保障自身利益,同样将责任下推。《试行办法》规定由县级政府保障农民工子女就学经费。

农民工子女最终由学校接收,因而学校也是政策舞台的重要行动者。温州农民工子女数量每年都在增长,但公办学校难以依据市场需求灵活地做出调整。如果安排农民工子女都入读公办学校,将对公办学校造成巨大压力。温州农民工子女数量众多,供需更为紧张。公办学校为避免学校过于拥挤,偏好对农民工子女入读公办学校设置一定门槛。公办学校这一政策偏好体现在《试行办法》中,政策对农民工子女入读公办学校作了严格规定。农民工子女需要满足四个条件、提供五项证明才可入读公办学校。无法入读公办学校的农民工子女,其教育依赖民工子弟学校。农民工子女教育是一项公共资源,传统观点认为应由政府提供,民工子弟学校相当于为政府分担了一部分任务。因而,民工子弟学校认为政府应当出台民工子弟学校扶持政策。民工子弟学校会争取让政府加大对民办农民工子女学校的扶持力度。如校长会通过各种方式获得政府的支持。

　　温州当地居民与进城务工人员尚未建立相互信任的关系,这会增加政策制定的难度。在政策制定过程中,两个共同体会单方面考虑各自的利益,忽视对方的利益诉求。温州当地居民尽可能让政策不致损害自身利益,较少考虑进城务工人员利益是否得到保障。由于担心进城务工人员农民工子女会抢占一部分教育资源,因而他们对农民工子女入读公办学校持排斥心理。温州当地居民维护自身利益的行为,会增加温州农民工子女教育政策的阻力。相反,进城务工人员希望子女在城市获得平等的教育机会。随着进城务工人员在温居住时间的延长,这种教育需求也越发强烈。近年来农民工子女数量的快速增加也大大增加了农民工子女教育需求量。农民工子女的教育问题及教育需求通过媒体报道和学术报告呈现出来。近年来关于农民工子女教育状况的报道不断见于温州报纸上,增加了民众对农民工子女教育的关注。2011年初,温州团市委联合温州大学马克思主义学院的专家教授,开展了专项调研。调研历时四个多月,发放了6800多份调查问卷。问卷涉及的问题达到上百个,调研重点围绕学校、家庭及社会三个层次的情况。团市委在2011年6月发布了调研报告——《在温农民工子女生存状况分析与对策建议》。调研报告中指出农民工子女教育面临的困难,并提出改进建议。农民工子女的教育诉求给温州农民工子女教育政策出台带来外界压力,迫使政府制定政策回应这一教育需求。

　　综合分析,中央政府的政策文件给温州带来出台农民工子女教育政策的政治压力,迫使地方政府必须承担农民工子女教育责任。进城务工人员要求享受平等社会福利的强烈愿望也推动了温州农民工子女教育政策制定。学校与当地居民出于各自利益考虑,也影响着农民工子女教育政策走向。温州农民工子女教育政策产生于行动者的相互作用中。各个行动者的权力结构、力量对比、他们之间的沟通程度等决定了农民工子女教育政策供给。在温州农民工子女教育政策中各个行动者的利益都需要得到一定照顾，但各个行动者的利益并不是一致的，行动者突破原有应用规则重新达成协议需要一个较长的过程，因而温州农民工子女教育政策带着渐进主义色彩。

（四）"巴士效应"：温州农民工子女教育面临的重大挑战

所谓"巴士效应"是指先挤上公共汽车的人占有了资源，不希望别人再进来，急切地关上门。在此指当地居民（老温州人）在享受温州优质的教育资源时，不希望新来的"新温州人"共同分享的问题。从课题成员的调研来看，温州的农民工子女教育仍存在这样一些问题：如何让农民工子女像当地学生一样就近上学，更为公平地享受教育资源？如何让农民工子女在中考和高考时像当地孩子一样参加，而不是被认为是挤占了他们孩子的机会？如何让温州当地老居民在心理上彻底接纳这些新市民子女并和谐相处？

进城务工人员农民工子女教育问题是我国实现城镇化必须要解决的问题。城镇化加速，这一问题的解决也刻不容缓。因农民工子女数量众多，农民工子女教育问题在温州更为突出。中央政府下发的文件和农民工子女教育需求增长给温州农民工子女教育政策制定提供动力。为协调中央与地方、本地居民与外来人口、公办学校与民办学校在农民工子女教育问题上的利益冲突，温州政府不断调整农民工子女教育政策。温州农民工子女教育政策由局部的"同城待遇"到向农民工子女提供入读公办学校的机会，再到通过"积分入学"给予农民工子女市民待遇。从温州农民工子女教育政策这一变化中可见，温州农民工子女教育政策是有计划地稳步递进，从关注入学到重视教育过程和教育结果；从提供入学机会到"市民待遇"；从保障义务阶段的教育延伸至义务教育后，温州市农民工子女教育逐步趋向更深层次的公平。

然而，温州政府在制定农民工子女教育政策时，也会考虑到地方利益。在农民工子女教育问题上，地方政府投入大而受益较小，导致温州对保障农民工子女教育采取谨慎态度。从民工子弟学校办学者的故事和农民工子女的教育经历中可看到这种态度给农民工子女教育带来的影响。虽然在政策文件中提出要加强对民工子弟学校的扶持力度，但是温州民工子弟学校依然面临发展困境。在资源有限的情况下，民工子弟学校的发展严重依赖办学者的办学策略。在办学条件和学校管理都较差的民工子弟学校中学习，农民工子女教育质量难提高，农民工子女也易产生落差感和反学校文化。温州农民工子女入学得到一定保障，但农民工子女升学和毕业后的发展依然面临困难。受户籍限制，农民工子女难以享受到优质的教育资源；农民工子女父母文化水平较低导致农民工子女家庭教育存在不少问题；因居住地边缘化和社交网络的封闭化影响农民工子女社会融入。这些问题的最终结果是农民工子女在毕业后极容易重复父辈的道路，成为"二代进城务工人员"。如果农民工子女教育政策只能许农民工子女一个现在而无法给他们一个未来，政策的最终意义将大打折扣。农民工子女教育政策应该立足于农民工子女的教育需求，朝向更公平的方向发展。只有当农民工子女能够在温州获得与当地学生同等的教育及发展机会时，农民工子女教育政策才算完成其使命。

尽管温州在农民工子女教育方面做出了不少努力，也取得了较大的成绩，但如何化解"巴士效应"这种体制性的问题，仍然有相当长的一段路要走。

第三节 "广州模式"：广州市农民工子女教育管理的个案研究

作为中国改革开放最早的地方，珠江三角洲外来加工模式的工业发展，需要大量的劳动力。不断涌入的劳动力也伴随着另一个问题的产生，那就是农民工子女的教育。广东的农民工子女总量规模一直是全国最大的，最高峰时期2004年至2005年，外来人口子女就读达129万人，占全广东省义务教育在读学生总数的84.9%。[①]面对这一挑战，广州市作为流动人口子女较多的地方，市政府部门努力面对农民工子女的教育问题，基本上解决了农民工子女"上学难"的问题。2006年国家修改《教育法》，

---

① 姚迈新、赖吉和：《广东省流动人口子女教育的存在问题及其对策》，《探求》2006年第4期。

把教育公平作为社会发展的一个重要目标。2011年11月,《广州市中长期教育改革和发展规划纲要(2010—2020年)》提出"到2020年,在广州率先实现教育现代化,率先形成学习型城市"。面对庞大数量的农民工子女教育问题,广州市政府通过把它纳入广州市教育未来发展规划,以期更好地实现社会稳定和谐和社会公平。

一 问题背景:广州市农民工人员子女教育情况

(一) 广州市概况

广州地处中国的南部,是中国华南的中心城市,是广佛都市圈、粤港澳都市圈、珠三角都市圈的核心城市。历史上广州就是一个外向性城市,近代的对外贸易中广州是一个重要港口,改革开放也从广东发源,是中国"珠江模式"的发源城市之一。这个城市华侨众多,为广东以来料加工为特色的"珠江模式"形成作出了贡献。

广州作为广东省的省会城市,是广东政治、经济、文化中心。现辖越秀区、海珠区、荔湾区等10个区和从化市、增城市2个县级市。是京广、广深等众多铁路的交汇点和华南民用航空交通中心,素有中国"南大门"之称。土地总面积为7434.40平方公里。近年来广州市经济发展迅速,2013年广州市地区生产总值(GDP)为15420.14亿元,比上年增长11.6%。2013年,广州市工业增加值4754.85亿元,比上年增长9.9%。2012年末,广州市户籍总人口为822.30万人。作为中国最早改革开放的中心城市之一,广州市一直是人口流动最为频繁的城市。[①]

(二) 广州市农民工人员子女教育现状

伴随着城市化进程的推进,广州市外来务工人员数量也不断增长并呈现举家迁徙的趋势。据2011年一季度统计,广州市共有外来人员700多万。[②] 一方面,他们为广州的经济发展做出了重大贡献,而另一方面,相应的社会问题也随之产生。其中,外来务工人员子女的教育问题越来越成为广州城市化进程中所急需解决好的一大问题。

---

① 广州市概况数据均来自于广州市政府官网网站及政府公报。
② 黄红球等:《城市化进程中农民工子女教育存在的问题及解决途径——以广州市为例》,《农业经济》2012年第12期。

自 2005 年以来，广州外来人口子女增长规模以每年 8.47%的速度增长，2010 年广州市外来务工人员子女总数突破 50 万。[①] 广州市外来务工人员子女人数以及外来民工子女在公立学校就读的人数一直处于增加之势（如图 4-2 所示），到 2013 年外来农民工总数达 62.94 万人，但就读公立学校的农民工子女人数一直偏低，从来就没有达到过国家规定的"以公立学校为主"50%以上的要求。

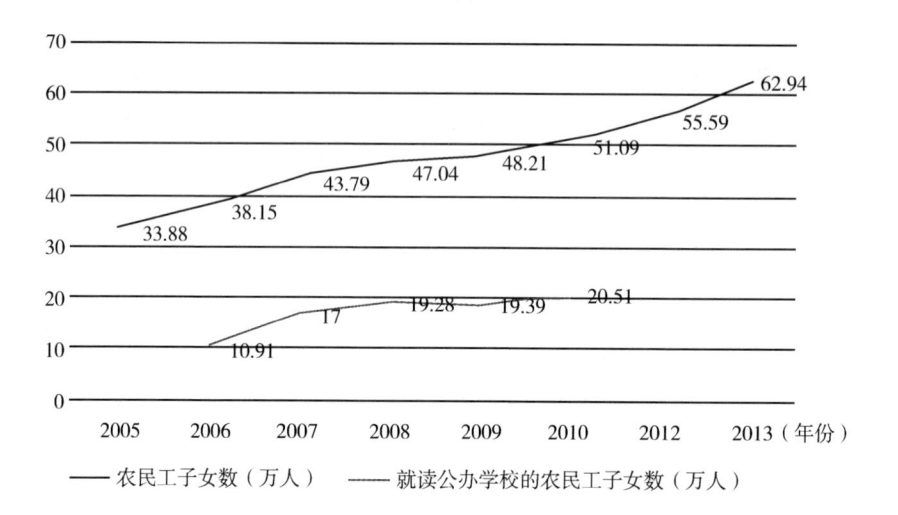

图 4-2 广州市 2005 年至 2010 年外来务工人员子女变化趋势

数据说明：

以上图表根据广州市政府、市教育局政务网公布的数据及相关作者提供的数据整理而成，相关作者及文献是：1. 崔世全、赵格红、张丽坤：《广州市进城务工人员农民工子女义务教育政策变迁分析》，《教育导刊》2012 年第 2 期；2. 袁连生、王红、丁延庆等：《流动儿童义务教育及财政问题研究》，北京师范大学出版社 2013 年版，第 46 页；3. 吴霓：《农民工子女教育问题研究：基于 12 城市调研的现状、问题与对策分析》，教育科学出版社 2010 年版。其中 2011 年数据缺失。

由于教育资源分配不均等原因，广州市中小学学位吃紧。面对这一问题，广州市政府感到压力巨大。但是，广州市政府还是在农民工子女就学问题上取得了一些成绩：

[①] 黄红球等：《城市化进程中农民工子女教育存在的问题及解决途径——以广州市为例》，《农业经济》2012 年第 12 期。

首先，农民工子女"有学上"问题得到基本解决。在公办学校扩容挖潜的前提下，广州市大力发展民办教育，使其逐步成为消化吸收农民工子女入学的主渠道。2011年广州市有就学的农民工子女近50万人，其中仅有13万在公办学校就读，①剩下的37万人左右都在民办学校上学。农民工子女如果不选择学校的话，都能得到就学安排。

其次，农民工子女"上好学"仍然是一个问题。广州市农民工子女入学主要以"民办为主"，广州市农民工子女就读学校类型以民办学校为主，比例高达72.15%②。但是，当前绝大多数民工子女学校都存在师资队伍素质不高、学生流动性较大、班数人数过多、办学资金不足以及教学设施不完善等问题，其教学质量与公办学校仍然有很大的差距。③

再次，农民工子女异地升学方案还有待完善。2014年3月，广州市通过了《关于做好来穗人员农民工子女参加高中阶段学校招生考试工作的实施方案（试行）》，提出2017年起，广州市公办普通高中将会给出8%的指标来招收符合条件的农民工子女升学，这也是广州市在异地升学政策上的一次转折。但是，由于广州市公办高中教育资源紧张，只有8%的指标能用来招收农民工子女，远远不能解决数量庞大的农民工子女升学问题。对于高考问题，广州市制订了从2013年起"三步走"的方案，但大家仍然质疑，8%指标下的初中升学到高考，相对于人数巨大的农民工子女，无异于杯水车薪，异地高考仍然是一个梦想。

最后，由于区域发展不平衡，农民工子女教育问题解决存在较大差异。如番禺区是广州市外来务工人员最集中的一个区，据统计，番禺区2011年义务教育阶段学生总数为18.7万人，其中农民工子女达8.9万人，接近总数的一半④。因此，在解决农民工子女就学问题上，广州市各

---

① 马晖：《"流动儿童"生根政策》，《21世纪经济报道》2009年12月14日。
② 谢建社、牛喜霞、谢宇：《流动农民工随迁子女教育问题研究——以珠江三角城镇地区为例》，《中国人口社会科学》2011年第1期。
③ 黄红球等：《城市化进程中农民工子女教育存在的问题及解决途径——以广州市为例》，《农业经济》2012年第12期。
④ 李博、番禺：《民办学校为打工子弟入学撑起半边天》，《中国经济导报》2013年5月14日。

区之间难易程度不一致,导致有的区解决得稍好,有的则较差。

二 故事呈现:一个农民工子女在广州就学故事

广州农民工子女就学的故事中,有不少的对象,但最后我们课题组只选了一位同学的故事在此进行介绍,是因为这位同学的故事很有代表性。他父亲来自四川,母亲来自江西,他的户籍也在江西。他父母就是在广东打工相识、相爱结婚,他是从小在广州长大的。他的就学经历也非常具有代表性,幼儿园在广州私人学校读,小学在广州公办学校读,初中在广州民办学校就读,但高中又回到江西就读。他个人的故事就是当前广州农民工子女的一个缩影。

(一) 孩子和他的家庭

2011年第一次见到这个孩子陈家豪(化名),还是他12岁的时候,在广州市郊区的一个公办小学读书。孩子长相清秀、漂亮,白皙的皮肤、明亮的大眼睛,发育良好,身体健壮,两个眼睛中透着机灵。因为孩子的母亲是我一个远亲,所以我来广州很容易找到他家。他父亲来自四川西部一个小县城,长相帅气,身体健康,性格良好,工作努力,是一个很好的青年。可是父亲的家庭却很不幸,他父亲5岁时父母亲因车祸丧生,跟着比他父亲大不了几岁的哥哥姐姐一起生活,困难可想而知。父亲初中还没有毕业的情况下,就和哥哥姐姐一起南下打工,做过车间工人、维修工,后考了个叉车驾照,在一个工厂做司机,工资一般。再后来和姐姐工厂的一个姐妹认识相爱结婚。

孩子的母亲来自江西一个普通的农村家庭,姐妹众多,生活处于温饱状态。艰难的家庭让孩子早熟,于是孩子母亲在很小的年龄16岁不到就来到广州打工。因为在家乡学了一年缝纫,于是就找了个服装厂上班。孩子母亲是一个勤奋努力的人,所以很快成为工厂里面的熟手,工厂实行的是计件工资,每个月的收入相对其他同事来讲还不错。

这样两个普通的打工者在广州这样的地方成一个家,艰难可想而知。我到他们家的时候,他们租住在一个"城中村",一个小二室一厅,每月租金还不低。家中除了家豪外,还有一个妹妹刚出生不久。家豪母亲生孩子后,就只有孩子父亲一个人工作,要养活一家4口,还要付房租水电,挺不容易。于是,不久前孩子父亲自己买了个小货车,开始自己接业务,主要跟广州到深圳及附近的小额货运，收入较以前有较大的提升。但因为家庭负担较重，生活处于不好不坏的状态（用孩子母亲的话来说）。在广州，像他们一家这样的普通打工家庭非常之多，处境也比较相似，他们大多数租住的都是这种治安等较差的"城中村"，可能因为节省的原因，彼此间来往不是很多（不像没结婚的年轻人，挣到钱就用，自嘲为"月光族"）。

因为是熟悉的人，所以也用不着客套，我们就孩子读书的情况进行了交流。

(二) 幼儿园的学习生活

家豪很小的时候就被送去幼儿园，那时他还不到3岁，父母亲因为工作忙，就把他送到离家不远的一个私人开的幼儿园照看。孩子的母亲说："那时候，我们的工作可忙了，没有办法啊！谁叫我们是打工仔啊！"在说到幼儿园的情况时，家豪母亲说："那个幼儿园不太好，是我们这边一个打工者的老婆办的，开始是她自己有两个孩子要照看，又帮同事看两个，于是有人建议她开个幼儿园，一边可以照看自己的孩子，还一边可以挣点钱，多好呀！""于是，幼儿园在我们这个城中村的一个小房子的一层开张了，这个房子本来就破旧，主人都没有住在那里，光线阴暗，地面还潮湿，承租的人简单地打扫一下，找了几个二手市场的旧桌椅，招了20多个小朋友，就算是一个幼儿园了。"

那天下午，我在她家吃饭，饭后我提议让她带我到孩子学习过的幼儿园和小学中学看看。于是，在孩子妈妈的带领下，我们在离孩子家不远的一条小巷里找到了这个幼儿园，现在这个幼儿园已经没有了，但墙上的一些字迹依稀还可看清楚，说明这里曾经存在过一个幼儿园。在谈及孩子在幼儿园的生活学习情况时，孩子妈妈有一种说不出的感觉，既辛酸，又无奈。她说："因为幼儿园也不正式，所以我们对它也不抱多大希望。那时还不贵，一个月交几百元，中午吃一餐。中午孩子也没有睡觉的地方，就是让孩子自己玩，也好像没看到有多少教学，老师们就是教育孩子识几个字，唱几首歌，玩几个游戏，大多数时间就是让孩子们自己在地上玩。老师们就是看住不让孩子打架，不跑出去玩就是了，没有多大的教育作用。"

家豪在这个幼儿园读了两年多，后来转到一个比较正规的幼儿园去了，但只读了半年不到就上小学了。

（三）就读在公办小学

家豪幼儿园读完以后，得到幼儿园的一张类似于毕业派遣证的东西，上面告诉孩子升小学后在哪个学校读书。家豪被分配到离家稍有点远的芳草地小学（化名），我们也去看了那个小学，现在依然还在，据孩子妈妈说比以前似乎好看一点，原来是有两三栋房子，一个小操场，条件比较简陋。学校有教师几十个，有几百学生，是个不大的小学。对于在学校读书的感觉，我问了孩子，家豪说："学校老师对我们还行，就是有些老师好像不喜欢我们这种外地来的学生，说我们乱，但老师对我还不错。"家豪从外貌上看比城里的孩子还要白净，穿什么样的衣服都好看，所以老师还没有说他乱。从孩子的话来分析，老师所说的乱，可能有多层意思，一种可能是顽皮淘气爱打架，我们觉得这种可能是最大的；还有一种可能就是衣服穿得不整齐不漂亮不干净，有的孩子因为家庭经济等原因没有好看的衣服，有的孩子因为帮父母干活如卖菜、油漆什么的，衣服到学校总不干净。如果说还有一层意思就是不喜欢外来的孩子。对于上课举手发言作业检查辅导等，家豪说没有什么差别，基本上与当地的孩子是一视同仁的。也没有专门针对外地的孩子来一个民工子女班什么的。

不过，家豪补充说，他还是有时感觉到"低人一等"，他说了一件事："有一次我们班上两个孩子打架，是一个外地的孩子和一个广州市本地的孩子，打架后，那个当地孩子的妈妈来了，很凶很凶的样子，当着我们班的学生面说，不喜欢我们这些外来的孩子与她儿子一个班。"孩子能感觉到当地人其实对班中有民工子女是不太喜欢的。家豪还说到有时老师也会说这些外地来的孩子就是什么什么的，语气中明显有不愉悦的感觉。有没有好的方面呢，家豪说，偶尔也有一些什么给外来的孩子发一些教育用品之类的活动，但比较少，能得到的都是一些成绩好的外来孩子，家豪成绩一直不太好，虽然长得漂亮，也没有得到老师的喜欢，不被老师讨厌就不错了。家豪补充说道："有一次活动还是蛮难忘的，就是学校组织过一次中秋文艺晚会，很多家长和外来的人也来看了，有几个孩子表演小品《在城里的妈妈》，很感人，我们有些同学都哭了！"

家豪的妈妈记起一件事，说学校基本上没有收什么费用，但她还是交过一些费用，奇怪的是这个费用不是交给学校，而是交给学校所在的一个村委会，还没有开发票。六年里，她给孩子交了三四次，每次500到

1000多元不等,记不太清楚了,后来两年没有交,她说是不是这个事别人告了,村委会不敢收了,不得而知。

对于小学,家豪就只记得这样一些感觉了,家豪就这样度过了6年的小学生涯,他的语气是平和的,似乎没有多大的爱也没有恨,他的生活感受让我感觉到他不像这样年龄的一个孩子。

(四) 难忘的民工学校

家豪读完小学上初中的事就有点曲折了。按照当时的规定,外来农民工子女上公立学校,需要准备几大证件,主要是用工证、暂住证、户口本、计划生育证明、营业执照、社会保险证什么的,家豪妈妈说:"反正是这样七七八八的一些证,也不是全部都要,有的学校要三四个证,有的学校只要一二个证,各个公立学校情况不完全一样。我们找了附近的一个公办初中,到学校问了一下,说行,于是我们就带了身边的几个证去了。当时我们只有暂住证、用工证,学校说孩子要考一下,结果发现家豪成绩比较差,学校就有点不想要他了,于是这个学校就提出还要交自愿教育赞助费2万元,当时我们身边这个钱还是有的,但那时特别想存点钱买个房子什么的,也就不舍得了,最后这个学校也没有去成了!"孩子妈妈说起这个事,仍然有些自责、无奈,以及几分辛酸!

家豪妈妈因为孩子没有去一个公立初中而内疚。最后家豪是去了一个私立学校,这个学校在我们到达广州的第二天上午去看了一下,处于广州郊区的城乡接合部,周围是一些当地的民房。不过家豪妈妈说,现在的房子都是四五层高,学校是当地一家村办企业厂址改造而成的,里面操场非常狭小,但现在竟然也有塑胶跑道了,家豪妈妈说当时是没有的。从学校外面看过去,里面有几丈高的房子,现在已经改造成了一个个教室。因为已经是放暑假,没有学生,只有一些什么补习班的学生在里面,究竟是补习什么我们问了门卫,门卫也说不知道。征得门卫同意,我们进去看了看,房子里面和外面相差还挺大的,外面墙壁虽然有灰,至少还不脏,而里面墙壁、课桌、椅子上都被学生画得乱七八糟,特别是在男厕所的墙上,上面写着"XXX老师,你是个王八蛋"之类的骂人话。可以遥想当年家豪在这里读书的情景是什么样的。

被公办初中拒绝后,家豪妈妈就在第二天带他来了这个学校(爸爸因为工作忙,没有什么时间陪孩子),这个学校手续几乎没有,就是交学杂费什么的，也不是很高，家豪妈妈回忆说，每个学期也要几千元，具体的数字家豪妈妈也记不清楚。因为家豪在这个学校读书，于是在开学前的半个月，家豪一家也搬到这里来住了，住的条件比原来的条件稍好一些，算是一个简易的小二室一厅，这时家豪的小妹妹也已经出生了，所以需要一个更大一点的房子。他们一家在这里一直住到家豪初中毕业为止。

在问及家豪对初中几年学校生活的回忆时，家豪只用了一个字来表达："吵"。家豪说："那个民工学校可垃圾了，每天都吵得人要死！上课时吵，总是不断有人讲小话，老师开始还管一管，但那些学生根本就不怕老师，依旧在下面讲话、睡觉、做小动作什么的；下了课就更吵了，下课铃声一响，学生就跟疯了似的，飞一般地跑出教室，在走廊里、操场上、楼梯转角处打打闹闹，经常能听到那些家伙鬼叫鬼叫的！"家豪在叙述这些情景时，脸上几乎没有什么表情，好像这些事情跟他没有多大关系似的。这种表情让我难受，毕竟这孩子跟我还有点远亲关系。我再问到教师方面的事情，他说："我们的老师好差好差，大多是一些年纪很大好像农村来的老老师，或是那种刚毕业的大学生，不过我看这些大学生真的不行的，书不会教，骂人倒是挺厉害的！要么就是一些马屁精老师，就是会告状，向学校校长告我们的状，向家长告状，自己没吊钱用！再有就是这些老师都换得特别快，有时一个学期后老师就换了一小半，中途老师不教就走了，有的老师连招呼不打就走了的都有！"听到这些情况，与我们在其他地方的情形还比较相似，只是这里更加糟糕而已。

家豪在这种地方上三年学造成的结果就是孩子越来越不喜欢上学了。本身成绩就差，来这里后老师也从来不把学生的成绩当回事，只要学生不出事就行了，据家豪说这是一个老师对他们说的话。家豪在这里读书的三年中，学会了玩电子游戏，也学会了去网吧上网，学会了逃学，用孩子妈妈的话来说，家豪在这里上学就是混了三年。还好，这孩子本性还可以，不太和父母顶撞（特别害怕父亲，父亲发火了会揍他），只是成绩总是很差很差，但还是能做到按时回家，在家也能帮妈妈做一点力所能及的家务事。

（五）回到家乡读高中

再次见到家豪的时候他已经回到他的家乡读书。要说明的是这个家乡还真不好轻易定义。我们在前文中说了家豪父亲是四川人，因家豪祖父母出车祸而同时丧生，于是家豪父亲很早的时候就跟哥哥、姐姐来广东打工谋生。从这个意义上说，家豪的家乡应当是四川，但是，家豪父亲因很早时候（初中没毕业）就离开四川了，老家十多年没有联系，就连结婚证都是在家豪妈妈老家江西办的，母亲也没有迁走户籍，打工后与家庭一直有联系，这样孩子出生后落户自然就选了孩子母亲户籍所在地江西。一个结果是另一个结果的原因，家豪的户籍落在江西，在初中毕业后，对孩子的学习生活就产生了影响。

家豪初中混了三年后（用孩子母亲的话来说），面临一个升学还是就业的问题。按照家豪父亲的话，孩子已经不愿读书了，读也是混，浪费钱，不如早点学一门手艺早点挣钱还好一点。但孩子母亲觉得现在的孩子不读个高中毕业不行了，说现在没读大学都算是文盲了，高中不读怎么行呢。就这个问题，家豪妈妈还给我打了一次电话（因为我们也是亲戚吧，加上我又在大学里面工作，算是读书人，家豪妈妈有时在孩子教育上，会来电话听听我的意见！），我自然是觉得高中是要读的，但我还是委婉地建议家豪父母找个好时间问问家豪自己对于未来有什么样的想法。家豪虽然不是太愿意读书，但他也不喜欢去工作，因为他父亲后来买了个小型货车，请不起卸货人，就自己一家几口人自己卸（最小的孩子就关在驾驶室里），这样可以多挣一点。家豪多次做这种体力劳动，但他毕竟还是个孩子，也知道累和痛。最后他还是选择了读高中。

选择读高中后又面临一个新的问题：到哪里读高中？当时（也就是去年）在广州读高中也不是不行，因为高中不是义务教育，似乎有更多的选择，但其实对于家豪来说，其实只有一种选择，那就是继续读一个打工子弟学校的高中，而这个选择让家豪父母接受不了（上公立高中要考试，要有好成绩，而这是家豪所不具备的！）。自从孩子读了民工学校的初中后，孩子变得更加不爱学习而爱上网玩游戏等，家豪父母为此事夫妻之间已经多次发生过争吵，甚至有一次还打了电话给我，让我说说。家豪母亲因为孩子上这样的学校还是很内疚，觉得因为自己舍不得钱而让孩子在这样一个学校读坏了，也非常后悔，她为此很自责觉得就是因为自己把钱看重才耽误了孩子的一生。如果再读这样一个高中，还不如不读算了，而孩子妈妈又不愿意孩子初中毕业就不读书，于是就为孩子如何选择一个好高中，夫妻之间又争论了多次。这个时候，因为家豪父亲的生意还不错,准备到广州郊区或是回家乡买个房子,让孩子有一个真正属于自己的家、一个稳定的家。我们都能理解长期在外漂泊、租住房子的人对于有一个自己稳定的房子是多么渴望!孩子母亲还在电话中咨询了我的意见,我觉得广州对于家豪父母来说,已经有20多年的经历,那里的生活环境都非常熟悉和适应,再加上家豪父母的货车生意客户也是在这里,而且两个孩子都是广州出生的。因此,广州对于他们一家来说,是一个真正的第二故乡,在这里买房子是最好不过的了。然而,广州的房价之高是中国当代人都知道的,作为"北上广"之一的广州,房价是高得非普通打工仔可以想象的,即便是郊区的房子也近万元。家豪父母虽然省吃俭用十来年,但这些年孩子出生、上学、租房等,加上双方家庭也没有什么援助,总共的积蓄在广州郊区连个小房子的首付都付不起。在此背景下,他们最后回到家豪妈妈家乡所在地买了个房子,也把孩子的户籍落在这里,于是家豪就这样回到老家读的高中。

家豪的转学事倒不是一件难事。他家房子买好后,装修了不久就住进来了,因为回江西老家过年,还邀请我到他家里去玩了一次。房子虽然不是很大,但布置得还蛮温馨的。家豪就在他家附近的一个高中读书,是一个不错的重点高中,高中因为不是义务教育,有相当大的自主权,又因为是家乡,找了点关系,所以入学几乎没有遇到什么大困难,就是回到原来的学校和教育部门开了个以前学习的证明,再到孩子新户籍所在地的教育局盖了个章,就正式入学了。家豪的妹妹也进了家附近的一个幼儿园,我去他们家时,也看了家豪的高中和他妹妹的幼儿园,里面设施是相当不错的,我也真为他们兄妹有一个好一点的学习环境而高兴。

孩子回到家乡读书的问题得到一个较为妥善的解决,但新的问题又出现了:第一,因为家豪父亲的生意主要在广州,所以孩子父亲就不能待在江西,想找一点新事做,也不容易。这样,家豪父亲和家豪母亲、妹妹和他又相隔遥远,新的两地分居会给这个家庭带来什么样的影响呢?第二,家豪以前学习的都是广东的教材,其内容和江西的教材有很大的不同,他在老家这边的学习问题似乎也出来了,他依旧成绩较差,虽然他似乎更懂事了一些,生活条件、学习环境也更好了一点,但学习的连贯性对于这些流动的孩子来说,仍然是一个较大的问题。第三,家豪有一次和我说,长大了还是要回广州去,我问他为什么,他说那里有他的好多的同学朋友,他经常还梦到他们呢，这种生活方式的突然中断会带给孩子什么样的影响呢？这是一个值得我们研究者研究的问题。

（六）故事解读："回不去的一代"与农民工子女的未来

我们用了长长的文字来描述家豪这一个案，是因为这一个案非常具有代表性。家豪经历了在广州从幼儿园到初中毕业义务教育的整个过程，也经历了民办幼儿园、公办学校、民工学校等不同性质的教育机构，这两种完整的教育体验让家豪这一个个案具有很好的代表性。同时，作为社会不公平的受害者，在他身上出现了不少的心理健康、社会融合等问题，这就让这一个案更有代表意义。

教育不公平是社会最大的不公平。这是因为其他不公平可能从机会上只有一次或几次而已，而教育的不公平却是整个起点的不公平，很多的机会就会因为缺乏良好的教育而丧失。对于家豪来说，第一个问题就是因为这种教育的不公平导致的心理问题。据孩子的妈妈说，家豪自从上了民工子弟学校后，不但成绩更差了，更是恋上网络，有时周日在网吧看别人玩游戏都能看上一整天。因为当时年龄还小，也没有钱出去玩，所以他总是站在网吧里面看，后来大一点后，家里对他的零花钱仍然控制得很紧，甚至上公交车都办卡了，但他总在吃饭的钱里省出一点，一有时间就到外面网吧去玩，父母去找过他多次，每次找回来都被父母严厉地批评。他在一次次的批评中，并没有减少对网络的爱好，反而更有一种网络成瘾的趋势，这是家豪父母特别痛心的。也许因为网络的原因，家豪变得不太爱和人说话，总是一个人发呆或玩，后来父母亲因为怕孩子在外面玩危险，就买了个电脑，让他在家里玩，并尽可能控制好游戏的时间，情况似乎好了一点，但相比于小时候，性格似乎有较大的变化，变得更加敏感、孤独、不爱与人打交道。在我们的调查中，家豪这样的农民工孩子实在是太多了，所以非常有代表性。

家豪在民工子弟学校的就读经历带给家豪最大的学习问题是，他丧失了学习的兴趣和信心。小学的时候虽然成绩不太好，但也能做到按时做作业，也能在偶尔成绩考得好一点的时候给妈妈看，说明在他心里依然觉得读书是一件光荣的事。但就读民工子弟学校的经历给家豪的打击是致命的，使他彻底地丧失对学习的信心。根据他的述说，学校也不太在意他们的成绩，他们自己也就乐于自由自在，加上一群经历类似的农民工孩子在一起，他们于是就学会了成群结队去"混"社会，逃课去网吧，组成小帮派打架，甚至有的孩子去偷去抢的事都有。虽然家豪没有发展到那个地步，但是在他幼小的心灵里，他觉得读书似乎是一件听起来很"美"的事，但社会需要的是一群敢于"闯荡"的人，他也在不知不觉的过程中，渐渐被感染了一些不良的习气。在他还是初中一年级的时候，有一次和他聊天，就听到过他深深的叹息，这似乎不是一个少年应有的感觉，我为之难受良久。糟糕的教育经历造成了孩子很低的教育抱负，这种低下的教育抱负又让他们这一代的进城农民工子女仍然成为像他们父辈一样文化低、技能差的一代人，这也就是社会学中的"社会复制"，是社会的一种悲哀！

最让我感到担心的是孩子心中的社会印象问题。家豪多次和我说过，这个社会有很多的人瞧不起他们这样的农民工孩子，比如说本地同学的父母、学校中的有些老师，还有社区管理人员等，这让他很不喜欢他的城里的一些同学、学校的部分老师及社区工作人员，甚至可以说他不太喜欢这个他生活的社会。他们这样的孩子用自己的方式表达对这个社会的不满意，比如打架、偷东西、抽烟等。值得我们思考的是，在上文中也提到过，家豪并不喜欢他现在就读的户籍所在地江西这个小县城，虽然在这里他家买了房子，也没有什么人说他是农民工的孩子，但他说他还是愿意回到广州去读书生活。虽然他不满意广州这个城市，但他在那里出生、成长，城市的方方面面都印在他的血液里。他已经离不开那里，尽管那个城市并不接纳他，甚至是排斥的。这种现象已经有专家称之为"无根的一代"。他们出生在城市或在城市长大，城市不接纳他，他们的老家虽然可以接纳他们，但他们却不喜欢那个对他们来说陌生的乡村，他们是"回不去的一代"，这是当前进城农民工子女最大的乡愁！

从家豪这一个案中我们发现，农民工子女的问题是一个严峻的社会问题，而且这个数目是巨大的，这些新生代的农民工子女，是"无根的一代"，是"回不去的一代"，他们长大后会继续待在城市里面。如果城市仍然不去努力接纳他们，他们自己融入不了这个城市，那么他们就会成为城市里"漂浮的一代"，成为这个城市不稳定的因素，这是当前中国社会最需要关注的社会问题！

三 模式解读:"四大特色"能解决"一个效应"?

广州农民工子女教育问题有其特殊性,它的产生历史最久、解决的人数最多、分布面积最广,这些特点增加了问题解决的难度和复杂性。但是,从前文看到,广州农民工子女教育问题的解决有其特别值得肯定和推广的地方,或者在一定程度上可以称之为"广州模式",这为我国进城农民工子女教育问题解决积累了丰富的经验。

(一) 设定门槛

广州作为一个农民工子女较多的城市,其问题解决有其特殊性和复杂性。广东省的农民工子女占全国的六成,且每四年翻一番。有人算了一笔账,"按目前每增加 1 个学位约需投资 1.75 万元测算,全省每年要投入 66 亿元。按近年来每年新增 5 万非户籍学生计算,每年需新建 1000 人规模学校 50 所。按建设标准每校占地 30 亩计算,全市每年需提供建校土地 1500 亩"[①],可见农民工子女教育问题解决难度之大。更加为难的是"洼地效应",就是说解决得越好,越可能导致大量农民工子女越多的涌入。因此广州市的基本政策就是为农民工子女设定门槛,有基本入学门槛,也有公立学校门槛,甚至还有优质学校门槛。入学有门槛,升学也有门槛。因为民办学校有较大的招生自主权,所以设定门槛主要是指公立学校,如据 2012 年 5 月 10 日新华网报道(记者胡良光,刘静),广州的增城市规定公立学校的入学门槛是"具有四证(即《户口簿》、在本市的固定住址证明或《居住证》等有效居住证明、《广东省就业失业手册》或合法经营证明并参加社会保险的证明、计生证明)的外来工,可为其子女申请在增城市公办中小学接受九年免费义务教育,在公办学校就读或符合条件但因学位限制由市统筹安排在民办学校就读的,增城市将按要求补助借读费,让其接受义务教育"。

除了入学设有门槛外,升学也有门槛,如 2014 年出台的异地升学政策规定,农民工子女要在当地升学,需要"其父母某一方需在穗拥有合法稳定职业满 3 年、合法稳定住所居住满 3 年,并在穗参加社会保险缴

---

① 黄蓉芳等:《发放"教育券"解决外来工子女入学》,《广州日报》2008 年 8 月 29 日。

费累计满 3 年，同时农民工子女需具有在穗初中阶段 3 年完整学籍"。①调研中发现，有时不同的区因为学位资源等各不一样，设定的门槛也有差异，有的条件稍高，有的条件略低，如 2012 年 5 月 21 日小精灵儿童网报告，广州白云区的公立学校门槛条件就更宽更低一些，"获得广州市政府授予优秀外来工称号，获得白云区政府授予优秀外来工称号，白云区内企业纳税大户，以及按照积分获得入读公办学校条件者，均可为其子女申请公办学校学位"。

设定门槛这种方法或许是不得已而为之，也存在教育公平的诸多问题，但在实践中的确为广州控制农民工子女人数起到了一定的作用，缓解由于资源紧张造成的本地人与外来人、现在需要与未来增量的矛盾。

（二）积累公平

广州农民工子女教育问题解决的第二个特色是积累式公平。公平问题从来就是一个非常复杂的问题，正如设立门槛也是一种公平一样，如果不设门槛，谁都可以来，那些希望来城市享受更好教育资源的学生将会把城市公立学校挤爆，那些真正的农民工子女教育问题就更难得到解决。因此，需要有一个相对公平的就学准入制度，这是公平的第一步。

然而，仅仅只要是农民工子女的身份就作为入学基础，这对于广州的教育资源来说是没法解决的。因此，广州市设定门槛，积累入学所要的资历，我们称之为积累式公平。纵观广州市农民工入学条件，主要的积累是根据其为城市所做出的贡献，如表现成绩、贡献程度和纳税等来进行积分管理。有的是为广州社会进步做出特别贡献，如 2010 年 2 月 23 日广州出台《关于进一步做好优秀外来工入户和农民工子女义务教育工作的意见》，首次提出获得广州市及各区（县级市）政府授予优秀称号的外来工子女可以享受免费义务教育；2013 年广州黄埔区明确 "在本区工作并做出突出贡献的" 是那些获得见义勇为奖或平民英雄称号的，获得政府部门认可的发明创造、技术创新等专项奖励人员，或工作成绩突出获得广州市人民政府授予优秀称号的外来务工人员。②

---

① 张西陆等：《外来工子女在穗中考有三年过渡期》，《南方日报》2014 年 3 月 25 日。
② 林圳等：《广州：外来工子女同时满足 5 大条件可申读公办学校》，《羊城晚报》2013 月 1 月 28 日。

相对来说，大多数都是普通的农民工，做着最为平凡的服务劳动工作，他们日积月累为城市的发展作出贡献，这样同样可以累积分数，如《意见》中规定的那些"在广州市居住半年以上，有固定住址、固定工作和收入来源的来穗务工就业农民工子女"。另外，积累式公平还表现在对那些两夫妻都在广州的农民工家庭的优先中，如《意见》还强调"对来穗务工就业农民比较集中的区（县级市），将优先解决夫妻同在广州、在广州就业时间较长并纳入就业管理、符合计划生育政策的来穗务工就业农民的农民工子女享受公办义务教育"。

总之，积累式的公平虽然也是不得已之策，但相对来说，或许是更为公平的政策。

（三）渐进改革

广州农民工子女教育问题解决的第三个特色就是渐进改革，虽然其他城市也如此，但对于广州这个农民工子女数量众多、需要经费巨大的城市来说，就显得更加明显。广州市对于农民工子女教育问题是一个渐进式的改革。早在1996年，广州教育行政管理部门就对流动人口子女教育问题进行过调研，其中天河、海珠两区被国家教委确定为"流动人口子女入学政策实施项目实验区"；1999年，广州市对《关于深化教育改革全面推进素质教育的决定》政策做了微调，规定在保证适龄儿童、少年均能就近入学前提下，可允许设立少数民办小学和初中，为包括农民子女在内的学生提供择校或入学机会；2005年，广州市教育局出台《关于进一步做好来穗务工就业农民子女义务教育工作的意见》，对农民工子女招生、学籍、费用、考核等方面以及接受流动人口子女入学的公办学校和民办学校的责权利、经费划拨、财政资助及各部门的职责等作出规定，这是一个较大的进步。

2008年广州市有流动儿童近47万人，其中仅有19万在公办学校就读，剩下的29万人都在民办学校上学。[①]为改变过多"依靠民办学校"的现状，2010年广州下发《关于进一步做好优秀外来工入户和农民工子女义务教育工作的意见》，规定在广州居住半年以上，有固定住址、固定工作和收入来源的来穗务工就业农民，可为其6—15周岁的同住子女申请接

---

① 马晖：《"流动儿童"生根策》，《21世纪经济报道》2009年12月14日。

受义务教育,并要求各区(县级市)把之纳入当地教育发展的总体规划当中。2011年2月21日,广州教育部门规定优秀外来工的子女可以享受和本地户籍孩子相同的入学待遇。同时广州市教育局正式发布的《2011年广州市中小学招生考试工作意见》规定,优秀外来工子女可以根据"免试就近入学"原则安排到公办学校就读。① 2011年底广州市人社局根据广东省相关文件的部署,进一步简化申报的程序、流程,扩大积分入户名额,提出今后的积分入户政策,或将不再做入户名额方面的限定。② 2014年3月24日广州市政府常务会议通过了《广州市关于做好来穗人员农民工子女在我市参加高中阶段学校招生考试工作的实施方案(试行)》,决定自2017年起,广州市公办普通高中可以招收符合条件的农民工子女,但不超过学校所在批次招生计划的8%。③

从广州市解决农民工子女教育问题的历程中可以看出,从开始关注到有所作为、从基本入民办学校到有条件进入公办学校、从政府安排到就近入学、从小学入学到中学升学、异地高考,每一个脚印都是一个政策的渐进过程。

(四)统筹发展

广州对待农民工子女教育问题,不仅把它看作一个负担,也把它看成是一个机遇,一个促进地方经济持续发展的机遇。2011年企业出现"招工难",广州市对农民工子女就读出台优惠政策,规定"优秀外来工子女可以作为义务教育阶段政策性照顾借读生,享受和本地户籍学生相同的义务教育待遇"。对于夫妻均在本地工作且在广州就业时间较长的外来农民工子女优先解决其教育问题,以便外来农民工在广州能更加安心地工作。

广州市不仅把农民工子女教育问题与经济发展统筹起来,而且把其与社会和谐发展进步统一起来。2010年广州市发改委在《关于进一步做好优秀外来工入户和农民工子女义务教育工作意见的通知》文件中规定,那些无犯罪记录者、获得区市以上优秀务工人员称号者、职业技能优秀

---

① 雷雨等:《"高中指标到校"今年不会施行》,《南方日报》2011年2月22日。
② 郭晓琼等:《广州外来工积分入户竞争降温》,《工人日报》2012年11月15日。
③ 张西陆等:《外来工子女在穗中考有三年过渡期》,《南方日报》2014年3月25日。

者、专利技术拥有者、职业资格合格者等外来人员子女教育问题优先解决,让教育与社会稳定进步统筹起来。提出"根据广州经济社会发展总体需要和综合承受能力,统筹规划优秀外来工入户工作和外来农民工子女义务教育工作"。

除此之外,政府还把本地人与外来人员子女教育资源的矛盾和利益统筹起来解决,提出"对政府而言,既要考虑教育公平,让对广东经济社会发展作出贡献者的子女享受同等的教育机会,又要考虑农民工子女所需要的教育资源。对本地生而言,在改革中要保护他们享受国家平等的高考资源;对农民工子女而言,要争取享受随父母的教育权和高考权"。[①]

总之,广州市把农民工子女教育问题与经济发展、利益均衡、社会稳定等统筹起来,有利于广州市的社会和谐发展。

(五)"玻璃门效应":广州农民工子女教育模式的反思

所谓的"玻璃门效应"主要指一些政策看起来很好,但由于受到政府职能、思想观念及其他规定的限制,很难真正实施,使得政策最终"看得见、够不着"。

在广州农民工子女教育问题的解决中可以看到,政府为此也做出了巨大的努力,形势也在逐步变得越来越好,很多的农民工子女因为一些政策而获得了同等入学升学的机会,甚至是就近上学的机会,这说明政策的作用还是较大的。但是,在访谈很多的专家学者和农民工家庭后,调研组发现他们对于广州农民工子女的教育政策不太看好。拿中考升学来说,总共只有8%的指标,而广州市每年都有几十万的农民工子女,这无异于杯水车薪,难以解决实质性问题,顶多只是"万绿丛中一点红"而已;至于"积分入学"政策,看起来很美,但一个农民工要把这些手续办好,何其容易,更别说存在一些客观的困难等。很多区域如果按"积分入学"的政策排队,一年解决的人数不到百分之一,以此推算,要等问题解决岂不在百年之后。所以,广州农民工子女教育制度虽然也在逐渐地进步,但对于广大农民工子女来说,始终存在一个无形的"玻璃天花板",虽然能看到美好未来,如同等待遇、就近上学、异地高考,但仔细看看,却发现对于绝大多数的农民工子女来说,永远是一个实现不了的目标,这是制度最

---

① 雷雨等:《广东异地高考政策即将出台》,《南方日报》2012年12月26日。

大的问题所在。一个真正有效的目标一定要能解决"天花板效应",才能成为真正造福于民的政策。

第四节 探索进城农民工子女教育治理的新模式:从"无锡模式"到"广州模式"

一 三种模式的比较:从入学门槛到管理制度

(一)"无锡模式"

无锡位于江苏省南部,长江三角洲江湖走廊部分。历史上就是鱼米之乡,面粉、纺织等行业曾经在中国近代工业发展史上占有十分重要的地位,而且也是近代工业的发源地之一。改革开放后,作为"苏南模式"的代表城市之一,无锡的工业发展特别迅速,全市国内生产总值(GDP)由 1978 年的 24.93 亿元迅速增长到 2009 年的 4992 亿元。从经济总量上看,无锡的经济指标排在全国大中城市的第 9 位,达到工业化后期发展水平。[①]随着经济的发展和城市化进程的加快,大量外来人员涌入无锡就业创业,随着流动模式由"个人迁移"变为"举家迁移",他们也带来一个同样规模庞大的外来务工人员子女群体。如何解决好农民工子女的教育问题已经成为摆在无锡市政府和教育行政部门面前的一个十分迫切的现实问题。面对这一挑战,无锡市委市政府调研农民工子女教育问题,出台了一系列政策,入学难的问题得到全面解决,民工子女学校质量问题得到重大改善,并正在逐渐消失,外来农民工子女在无锡融入顺利,政府几乎全面承担起了农民工子女教育的责任。主要措施有:

在入学准入上,无锡实施的是"材料准入模式",只要农民工子女提供完备的材料,公办学校就得接收其入学。主要材料有暂住证、用工证、社会保险证明、符合计划生育证明等,以及来无锡半年以上的证明。对于材料不全者则可以选择进入民办学校或农民工子女学校,民办学校基本上

[①] 吴敬琏等:《无锡经验:中国经济发展转型的个案研究》,上海远东出版社 2010 年版,第 1—17 页。本节以下没注明出处的无锡数据均出自《无锡统计年鉴》《无锡市国民经济和社会发展统计公报》及此书。

没有准入要求。

在升学问题上，无锡市的做法是，不管是小升初，还是初升高，持有《居住证》的外来人员子女，可就近入公办学校；持《暂住证》的外来人员子女，可以向公办学校申请，由各地和相关学校视情况安排。而对于高考则要求具有在无锡完整三年高中经历，监护人（主要是父母）在无锡有合法稳定的职业、住所，满足条件者都可以直接在无锡参加高考，和江苏籍考生一样。

在经费方面，进入公办学校的农民工子女享受当地学生一样的待遇，公立学校每招收一个农民工子女，获得同当地学生一样的公办经费和生均费用。而且还针对性地给予一些困难的学生补助或减免。从2006年起符合条件的外来农民工子女可以免除农民工子女借读费，2011年起连教材和作业本费也免收，基本实现了真正的免费教育。在实际操作中对招收农民工子女较多的学校在经费上还有所倾斜。对待民办学校（含打工子女专门学校），早期基本上没有经费投入，后来对招收民工子女的民办学校在经费上以专项不定期的方式发放，或是以场地划拨、资料设备投入等方式支持民办学校。

在办学制度上，2004年无锡市教育局等7部门联合颁发的《关于无锡市区进城务工就业流动人口子女接受义务教育的若干意见》中规定，流动人口子女入学实行分级办学的原则，以市、区、乡三级公立学校为主。除了鼓励公立学校承担起农民工子女的教育责任外，还积极支持民办学校或民工子女学校的发展，对符合义务教育办学条件的学校进行审批后颁发办学许可证，并在教育行政部门备案。后来，由于民办学校在教育质量上存在问题并难以提高，政府逐渐变支持为限制，并建立起民办公助式的学校，来保证农民工子女教育的质量水准。总之，无锡市的农民工子女就读学校主要有三类：公立学校、打工子女学校及"民营公助"学校。

在管理制度上，主要体现在三个方面：在质量上监控、在业务上指导、在问题处理上协商。教育行政管理部门对质量不合格的民办学校通过派驻校长和教师等方式进行质量监控，以保证农民工子女的教育质量，对达不到要求的学校要求整改后还未达标，将予以取缔；在业务上通过划片及与公办学校联合等行动，进行教学交流、科研等业务上的指导，制订出更合适的农民工子女教学管理制度；在问题处理上，教育行政部门在市政府组织下,通过与公安、发改委、财政、编制、劳动保障、社区等部门协调,共同治理好农民工子女的教育问题。另外,还组织各种专门活动来关爱流动儿童的成长。

(二)"温州模式"

温州是浙江省三大中心城市之一,有着2000余年的悠久历史,是中国民营经济发展的先发地区与改革开放的前沿阵地,也是"温州模式"的发源城市和代表城市。温州市制造业发达,2013年生产总值4003.86亿元,鞋袜、打火机、纽扣等占据了国际的大部分市场,这些制造业需要大量的廉价劳动力以确保其在市场中的优势地位。因而,在制造业发展的过程中,进入温州务工的外来者数量不断增加。到2012年,温州市共有登记在册外来人口427.2万人。[①]近年来,温州经济面临着转型,从制造业转向金融、服务等新的行业,农民工数量呈现逐渐下降的趋势。但农民工子女仍然数量巨大,政府在解决农民工子女教育问题上出台不少政策,并基本上解决了入学难问题,具体的措施是:

在入学准入上,温州市主要采用的是层次入学方式,一种是"材料准入模式",需要具备在老家没有监护条件、居住证、用工证或营业执照、社会保险证(以上三个均要求一年以上)、计划生育证等6个条件,方可申请进入公办学校,而材料不全者则进入民办学校或民工子女学校。另一种是"积分准入模式",根据个人素质、技能水平、工作情况等近20个因素进行积分,成为温州市新居民,其子女可因为高积分选择进入更好的公立学校。

在升学问题上,温州市的做法是,对于升入温州高中的学生要求取得居住证或暂住证、有温州初中学籍两条件;对于参加本地高考则要求有温州高中阶段完整的学习经历和学籍,就可申请在温州参加高考。

在经费问题上,温州市主要通过三种方式实施:对就读在公立学校的农民工子女,按正常的教育经费划拨方式,下发公用经费和生均经费,其待遇与当地学生一样;对于农民工子女学校主要是运用奖励和补助的方式,体现在校舍建设、仪器设备等方面,并鼓励社会捐款捐物;对符合条

[①] 潘忠强等:《2013年温州经济社会形势分析与预测》,社会科学出版社2013年版,第189页。

件的民工子女的借读费、课本费和作业本费进行减免。各级财政部门把流动人口子女教育经费列入财政统筹规划，并争取来自上级及省外的农民工教育专项资金，用于补助接纳民工子女较多的公办民办学校。

在办学制度上，农民工子女就读主要有三种模式：公立学校、公益学校和民办学校。公立学校是符合条件的均可就读，积分高的可进优质学校；公益学校是那种地理位置较偏、生源较差的公立学校改编而来的，学校、教师都是公办性质，但学生几乎都是外来农民工子女，在待遇和管理上与公办学校一样；民办学校（含民工子女学校）主要是由私人举办，管理方式主要是市场式，教师来自社会聘用，学生入学需要交取学杂费用。教育行政部门和督导部门对民办学校加以管理和监督，每学期至少进行一次检查和指导，以提高其教学质量。

在管理制度上，教育行政职能部门对于公立学校和公益学校民工子女学习进行业务上的管理，对民工子女教学进行教师的培训、经验交流与考核；对于民办学校，教育行政管理部门对校长和教师资格进行把关，在师资培训、教学教研等方面与公立学校一样纳入管理计划当中，对在民办学校教学优秀者进行表彰，并在教学、培训、职称、评优等方面向民办学校予以政策倾斜。

（三）"广州模式"

广东是中国改革开放最早的地方，珠江三角洲外来加工模式的工业发展，形成了中国改革开放的"珠江模式"，这种来料加工式的劳动密集型企业需要大量的劳动力，因此，广东也成为中国进城农民工最多的一个省份，高峰时其数量占据中国的三分之一。作为广东省的省会以及"珠江模式"的代表性城市之一，可以想象广州市农民工子女教育问题解决的难度之大。尽管如此，广州市委市政府还是努力致力于农民工子女教育问题的公平解决，虽然速度较慢、步子较缓，但基本解决了农民工子女入学难问题，就近上学和升学高考等同等待遇也在部分逐渐地实现了。主要措施有：

在入学准入上，主要有两种方式，一是采用积分制的方式，让那些在此地有固定工作、固定居所且在半年以上没有违反计划生育的家庭获得积分，从而让农民工子女获得进入公办学校的机会；另一种方式就是优惠材料模式，如果农民工子女父母系城市发展需要人才且对城市有过较大的贡献，如荣获过区级以上的奖励，农民工子女也可以进入公办学校。没能积分的农民工子女则进入民办学校就读。

在升学问题上，主要包括中考和高考两种，广州市的做法是，对于参加中考（升高中或职高）的农民工子女，除要求其具有在广州三年初中完整的学籍证明，其他条件与入学要求相似（主要是稳定工作证明、居住证明、社保证明和计生证明等）；对于参加高考的农民工子女，主要是就地参加高考和借考两种方式，就地升学方式从 2013 年开始分"三步走"的制度，除积分达到要求、技能人才的子女享受"零门槛"待遇外，其他的上述各方面均要求是 3 年以上。[①]

在经费问题上，广州市的措施是从 2009 年 1 月 1 日起，取消义务教育阶段借读费和借读生杂费，2010 年建立起广州务工就业农民子女接受义务教育的经费保障机制。对于来广州务工就业农民子女予以经费补助，其中，对符合各区（县级市）规定在公办中小学就读的，按市本级生均预算内公用经费标准按比例补助；对符合各区（县级市）规定在公办中小学就读，但因学位限制由区（县级市）统筹安排在民办学校就读的，按借读费标准分比例进行补助。各层次分担比例从 20%到 80%不等，对民工子女学校（或民办学校）加强经费补助和保障，采取设立民办教育发展专项资金等措施，加大对民办学校的扶持，引导民办学校改善教育教学设施，优化办学条件。

在办学制度上，农民工子女主要有通过积分制进入公立学校和未达到要求的进入民办学校两种方式。对于公办学校，政府是鼓励有学位的情况下尽可能接纳更多的农民工子女；对于民办学校，政府的措施是特别重视和扶持社会力量办学，以求能更好更快地解决广州农民工子女的教育问题，同时加大管理、扶助、规范和教学指导，让其更好地达到义务教育的办学标准。目前针对农民工子女的办学方式主要有两种：公立学校，民办学校（含民工子女学校）。

在管理制度方面，广州的主要做法是指导和协调制度。在指导方面，教育管理部门对公私立学校的教学育人都起到指导性的作用，要求在农民工子女教育方面进行一些相应的教育措施，以便于保证农民工子女的学习

---

① 雷雨：《354 名外来工子女获粤高考"入场券"》，《南方日报》2014 年 2 月 22 日。

质量和学习安全，且对学校设施配备、招生考试等管理和教学业务均有指导性的要求；在协调方面，广州市对于进城农民工子女的教育问题的解决，要求多部门协调合作，如公安局（户籍）、发改委（规划）、教育局（管理）、学校（教学）、财政局（经费）、编制办（师资）、人力资源与社会保障办（保险就业）等，对于各个部门均有较全面的要求。

二 绩效的比较：差异之源与共同经验

（一）差异之源：治理结构、动力机制与实现方式

三个地方的农民工子女教育问题的解决方式、策略有相似的一面，也有不同之处，从政策绩效之差中可见一斑。无锡多次被评为"农民工最满意的城市"，很多农民工就因为城市的教育好而来此地打工，很多农民工都慢慢在这个城市买房定居下来，成为无锡的"新市民"。很多农民工子女都表示高中毕业或大学毕业后会在这个城市待下来，因为在这个城市他们感觉到没有什么歧视，更多的是感受到了温暖和公平，甚至是幸福。这个城市也几乎没有"民工荒"；而温州虽然基本的民工子女教育制度相似，但绩效相差甚远。在温州这个城市，农民工已感觉到城市经济结构的转型，城市需要的是高技能人才。倾向于接收能为城市带来较大经济效益的"新居民"，采取"以证管人、以房管人、以业引人"的管理方式。而在广州，应当说广州市政府也的确为解决农民工子女的教育问题积极努力，然而，房价的高昂、指标的限制、积分的复杂，对于绝大多数的农民工来说，要想在这个城市生存发展，安居乐业，更多的是一个梦想。这些绩效差异的背后，是城市治理的制度结构、动力机制和实现方式的差异。

无锡是集体经济的发源地和代表，党的领导在国有或集体所有企业管理方面发挥着重要的作用，因而政策的执行力度更大，对公办民办学校都有很强的管理力度。在党的有力领导、行政主导下，多方面的治理主体配合得更有效率和力度，所以无锡成为当前中国执行"双为主"农民工子女教育最有成效的城市之一；在动力机制上，由于中央政策相对于农民工子女教育没有相应的经费下拨，因此动力在地方政府是一个挑战性问题。无锡是一个轻工业为主的劳动密集型城市，需要大量的劳动力作为城市繁荣发展的人力资源保障，因而更有动力对农民工进行更好的接纳和融入，这从新市民身份的确定也可证明，可以概括为一种"经济动力"；在实现

方式上，无锡更多使用的是权威的方式，党的领导、行政主导特别明显，政令通畅，各级政府、各级学校执行政策力度相对较大。概括来说，无锡模式可以用"党的有力领导、政府行政主导、经济发展动力、权威方式行动"来表示。

温州作为中国民营或私营经济最发达的代表城市，企业大多以家族型企业为主，规模上以中小型甚至是私营小作坊为主，在某种意义上，温州的治理结构更多地沿延了市场主导式，政府只抓公办学校分内之事，对于民办学校等其他办学主体基本上是协调和交流及有限的支持；在动力机制上，温州从早期的轻工业到现在的经济结构转型，很多传统的轻工业逐渐消失，新的金融、科技等企业需要的是高技能人才，因此农民工在这个城市的作用也日益衰落，政府解决农民工子女教育的动力也相应降低，解决好农民工子女的教育问题更多的是源于一种"社会动力"，让温州社会更和谐；在实现方式上，温州更重视传统的"民间解决"思维方式，对于非公办学校，采用的是协调和沟通的方式，温州模式可以用"市场主导下多主体合作、社会稳定动力、协调为主方式"来概括。

而广州作为中国改革开放的发源地及经济中心、"珠江三角洲"的重要城市之一，聚集大量的农民工子女，而且仍然是全国农民工数量最大的城市之一。在这里，大量的企业是外资或合资企业，以及私有企业，政府治理民工子女学校多由其自我发展，或鼓励社会各界支持，这在广州民办教育发展规模较大这一事件上也可以看出在实现方式上，广州市政府使用更多的还是交易方式。如对于在民办学校就读的农民工子女，政府采取的是学位购买的方式。而广州模式可以用"党的方针领导、社会能力主导、政府绩效动力、交易为主方式"来概括。

以上三个模式这样概括虽不尽全面，但能在相当的程度上反映三个个案的差异。

（二）共同经验：联合治理、统筹视野、渐进改革

三个城市农民工子女教育问题的解决，除了由于发展传统、农民工子女数量等原因导致各有不同的特色之外，还有一些共同的地方值得反思，那就是联合治理、统筹视野和渐进改革三个方面。

纵观三个城市的进城农民工子女教育问题的解决，第一个共同特征就是联合治理。主要表现在两个方面：首先，农民工子女问题不是一个局部性的

问题,而是一个整体性的问题,这一问题的解决涉及多个部门,如公安局(户籍)、发改委(规划)、教育局(管理)、学校(教学)、财政局(经费)、编制办(师资)、人力资源与社会保障办(保险就业)等,这就要求多部门联合治理,共同协调;其次,进城农民工子女教育问题的教学机构是学校,主要由公立学校、民办学校、民办公助和公益学校等形式组成,这些学校的举办者、管理者、投资者等也不一样,有教育管理部门教育局、各学校董事会、管理团体、专业投资机构、企业法人、社会志愿机构等。这种从教育内外都需要多主体是农民工子女教育问题解决的一个最明显特征。

第二个共同特征就是统筹视野。三个城市的农民工子女教育问题的解决都不是简单把它作为一个教育问题来处理,这可能与它本身就是一个社会性问题有关。首先,农民工子女教育问题解决得不好,农民工难于安心工作,第二年就可能不再考虑来这里务工,于是很多城市就出现了"民工荒"现象。很多城市管理者意识到这个问题,把解决农民工子女的教育问题作为留住农民工的重要之举,如无锡市在这方面就做得特别成功;其次,农民工子女教育不仅与城市经济发展密切相关,也与一个地方的长治久安紧密相连。特别是新生代农民工子女,在城市出生,对老家农村是陌生的、不习惯的、回不去的,而在城市由于户籍、体制、教育等原因,又生不下根,成为"无根的一代",因此,温州、广州就特别把农民工子女的教育与社会和谐发展联系起来,通过积分制度,不断吸引优秀农民工进入城市,就是一个稳定和谐之策;最后,由于城市经济结构发生变化、农民工家乡经济发展变化等多个因素,每个城市的农民工人口不稳定,这给当地城市管理部门带来管理上的不便,因此,要把现在与未来统筹起来,防止教育资源大起大落造成的浪费。总之,要把农民工子女教育与教育公平、社会和谐统筹起来,与工业化、城镇化发展联系起来,与未来发展联系起来,只有统筹的视野,才是农民工子女教育问题解决的战略目光。

第三个共同特征是渐进改革。三个城市虽然农民工子女数量各不相同,但都是人数众多,其中广州人数最多。这一问题给当地的农民工子女教育问题带来巨大的挑战。首先,不可能都在公办学校中解决,因而有些需要其他办学机构来消化,这就需要一个过程;其次,即使农民工子女全部进了学校,仍然有公立、民办之差,教育质量也有差别,如何总体上提高所有农民工子女的教育质量，是一个教育公平的问题，更是一个逐步进步的问题；最后，即使上学难、上好学的问题得到解决，农民工子女在能和当地学生一样享有就近上学的权利、不被歧视的权利、在城市升学就业发展的权利等方面仍然需要一个相当长的时间来实现。所以广州给出的8%指标问题就表明农民工子女教育问题是一个长期性的问题，需要渐进式的改革。从三个城市农民工子女教育问题的解决来看，就是一个逐步进步的过程，而且未来还有相当长的一段路要走。

三　反思：流动人口子女教育治理是否需要一个"中国模式"？

从这三个典型城市的进城农民工子女教育问题解决策略中，可以看到很多的值得思考的问题，那就是中国的这些问题与其他国家的有什么不同？已有的这些农民工子女的管理策略是否经得起合理性和合法性的审视？可否有一个流动人口子女教育治理的"中国模式"？

（一）"中国之问"：解决农民工子女教育问题的体制设计仅仅是教育内部之事吗？

要回答这一问题首先应当梳理一下当前城市农民工子女教育存在什么问题？哪些问题已经有明确的答案，哪些问题解决不在教育之内？仔细审视这些问题，发现这些问题主要包括以下几类：第一，管理问题，包括办学制度、学籍管理、学校标准、师资配置、经费分担、规划预测、登记统计、分层责任，这些问题中，除学籍管理问题通过电子化学籍技术基本得到解决外，其他的那些管理类问题仍然没有一个明确的回答；第二，学习问题，包括入学门槛、升学高考、家庭教育、专门教学等问题，这些问题每个地方各不相同，但多少还是明确的；第三，身心健康问题，主要包括心理健康、生理发展、营养补助、医疗保险、社会支持等问题，但这些问题教育管理制度是不是负有解决责任，仍然是有争议的，很多问题的解决办法都不在教育之中，但这些问题或多或少都与教育相关；第四，社会问题，主要包括社会歧视、身份认同、城市归属、社会犯罪、保险住房等问题，这些问题虽然也和教育相关，但相关性稍弱，不是教育所能解决的问题。通过梳理这些问题，总结以下这些问题是当前中国政府各级部门应当明确的：(1) 农民工子女就读校办学及其标准问题；(2) 农民工子女教育政府职责划分及经费承担支付问题；(3) 农民工子女登记预测规划问题；(4) 农民工子女入学升学教学问题；(5) 农民工子女社会支持与关怀制度问题；(6) 农民工子女社会认同与融合教育问题；(7) 农民工子女社会保险服务问题。从教育的制度所能解决问题的能力来讲，需要解决的是 (1) (2) (4) (6) 这四个问题，其他 (3) (5) (7) 三个问题是合作职能部门应负责的。如果要构建一个教育体制来解决这些问题，那只是解决能力所达的前 (1) (2) (4) (6) 四个大问题，还是包括所有？这个体制是个狭义的教育体制还是一个包括社会问题在内的大教育体制？这是一个值得思考的问题。

(二)"中国模式"：农民工子女教育问题解决的整体性思考

进城农民工子女教育问题在中国这样一个幅员广阔、城乡区域差别较大的国家，有其管理上的特殊性，农民工子女教育问题出现20多年来，国家及各流入地政府都致力于制度创新，以便于更好更完善地解决这一问题，然而到今天仍然没有一个能被广泛接受、在全国推广的模式，因此，有必要对中国进城农民工子女教育管理的模式进行反思。在对前三个地方模式的考察研究基础上，课题组认为，也许并不可能有一个统一的模式，但所有的地方性管理模式都应当有一些共同的、核心的价值理念或思想，在某种意义上，这样一个全国农民工子女教育管理的思想基础性的东西，亦可称为流动儿童治理的"中国模式"，是一种整体式的思考和体制性的变革，具体来说，应当有这样一些内容：

1. 治理理念：从管理到治理的复杂性思维

从上述三个城市管理模式的个案中发现，任何一种进城农民工子女教育管理问题的解决，都不仅是一个教育内部的问题，而是一个多主体参与治理的问题。这是因为这一问题与教育、户籍、编制、财政等多部门的工作职能相关；也不是公立学校就能解决的问题，而是一个需要有公立、民办等多种办学机构参与解决的问题。因此，传统的管理理念需要让位于多主体参与、多中心治理的复杂性思维。治理是指在一个既定的范围内运用权威维持秩序，满足公众需要，目的是在各种不同的制度关系中运用权力去引导、控制和规范公民的各种活动，从而最大限度地增进公共利益。[1]

---

[1] 俞可平：《治理与善治》，社会科学文献出版社2000年版，第4—5页。

治理理念下的进城农民工子女教育管理就具有以下特征：农民工子女教育管理权力主体是多元的，且各主体是相对独立并相互依存；管理权力运行不是单向度的，而是双向互动的；互动的方式不是简单的命令和要求，而是协调和谈判；管理的行动是一种建立在共识基础上的集体行动，而不是各自为政。

2. 办学形式：从公办、购买到委托

从上述三个城市农民工子女的办学形式来看，已经在实践中呈现多样性的特征，这是一种可喜的制度创新。目前出现的形式有：传统的公立学校和民办学校（含打工子女学校），新出现的有无锡的民办公助学校（私人举办、政府派遣管理团队、农民工子女学生主体）、温州的公益学校（公有、公办、农民工子女学生主体）、广州的学位购买制度（政府购买、民办提供、质量要求），还有"跟踪学校"（流出地政府在征得流入地政府同意后举办、为流出地儿童教育服务）。未来或许还可以出现：特许学校（政府委托、质量监控、教育外包）、在家上学（由于特殊原因提出申请、获得许可、参与考试、认可成绩）、委托培训（针对农民工子女某一方面专项培训、社会提供、政府监管和购买）等。因此，未来进城农民工子女的办学形式至少有8种：公办学校、公益学校、民办学校（含民工子女专门学校）、民办公助学校、"跟踪学校"、特许学校、在家上学、委托培训。

3. 管理体制：关注教育能力可行之事

进城农民工子女教育问题不只是一个教育问题，而是一个牵涉面广、利益复杂的社会性问题，仅教育职能部门无法解决。因此有必要建立一个教育职能部门为主导，公安、财政、编制、社保、医疗等多部门配合的新的管理体制。这个管理体制主要关注教育能力可行之事，具体来说是进城农民工子女教育及教育相关之事，而不是包括教育之外的就业、稳定、保险、医疗等有关农民工子女更广范围内的事，这是这样一个教育主导体制所难企及的事。只有专注于教育及相关事务，这样一个体制才有灵魂和重心，才更具针对性、实用性和操作性。具体来说，这一体制要关注以下几个方面的制度体系建设：农民工子女就读校办学形式及其标准问题；农民工子女教育政府职责划分及经费承担支付问题；农民工子女入学升学教学问题；农民工子女社会认同与融合教育问题。其他相关问题交由合作部门处理，作为教育体制的补充性事务。

4. 职能定位：从标准制定到服务监管

《国家中长期教育改革与发展规划纲要》中指出，要推管办分离，探索公办学校联合办学、委托管理等多种形式。新公共管理理念也认为可以把生产与供应分离开来，政府的主要职责是决策、监管、管理、服务，而具体的供应可以交由市场、社会等。义务教育本身就是一种公共产品，可以采用政府供给、政府生产的治理方式，还可以实行公共供给、私人组织、互助组织等参与的多种生产方式，[1]农民工子女教育的生产和供给也可以分离。上述已经提出8种办学形式，那政府更多的工作职责就要转移到管理服务上来，主要包括：制订办学标准，规定学校举办的物质、师资、教学等要求；对学校进行评估，定期抽查各类办学机构教学质量，不定期考察学校日常管理等；听取社会反应，对表现良好的办学机构进行表扬激励，对达不到要求的实施警示、整改等；组织办学机构进行年度经验交流，提高办学水平。

5. 配套措施：从志愿行为到关爱行动

进城农民工子女教育问题不仅是一个教育问题，更是一个社会问题，而教育的力量总是有限的，很多的社会问题如身心健康、社会犯罪、保障服务等都需要来自社会各界的力量，特别是一些志愿者行为和慈善机构的行动。从个体的行为来看，可以通过政府职能部门，如学校、政协妇联团委机构等推动进城农民工子女的志愿服务行为，在学业辅导、心理咨询、亲情陪伴、人生规划等方面，帮助进城农民工子女；从集体的行动来看，组织一些助学捐款、爱心图书、家长学校、牵手城市、体检接种等活动，让进城农民工子女在城市中身心健康发展，积极融入城市，成为城市稳定繁荣与和谐的坚定力量。而这些事务正是教育体制所不能有力解决但却又是特别需要解决的事。

---

[1] 邵泽斌：《从管办合一到管办分离——兼论当代中国义务教育公共性的多种实现方式》，《新华文摘》2012年第11期。

第五章　国外流动人口子女教育管理的比较研究——以印度、以色列和美国为例[①]

第一节　印度、以色列和美国流动人口子女教育管理政策实践比较

近年来，随着教育部等四部门《关于做好进城务工人员农民工子女接受义务教育后在当地参加升学考试工作的意见》、中共中央《关于全面深化改革若干重大问题的决定》、国务院《关于进一步推进户籍制度改革的意见》等政策法规的颁布实施以及全国中小学学籍信息管理系统的成功运行，我国流动儿童教育政策正逐步得到完善。同我国相类似，印度、以色列、美国三个国家也曾经历过或正面临大规模流动儿童受教育的问题。这三个国家虽因国情各异而采取了不同的流动儿童教育政策，但均取得了不同的成效。因此，分析与比较印度、以色列、美国的流动儿童教育政策，对于进一步完善我国流动儿童教育政策不无启示意义。

一　印度：追求正义与善的流动儿童教育政策

作为一个地域辽阔且国内政治、经济、文化等发展极不平衡的发展中国家，印度国内人口流动十分普遍。据统计显示，印度国内流动人口达3.09亿，占总人口的30%。大部分印度国内流动人口来自表列种姓（SC）、表列部落（ST）及其他落后阶级等社会经济地位不利群体，[②] 其

[①] 研究生华巧红、陈宣霖和肖玲参与了本章的部分撰写。

[②] UNESCO, UNICEF., *For a Better Inclusion of Internal Migrants in India: Policy Briefs*, New Delhi, 2012.

子女通常面临着低入学率和高辍学率等问题，最终形成了童工、流浪儿童等群体。如何提高这些弱势群体的入学率和降低其辍学率，进一步普及和巩固义务教育，一直是印度独立后的教育战略重点。自独立以来，普及初等教育一直是印度国家政策的关注焦点。[1] 为解决包括流动儿童在内的社会问题，印度在坚持推进社会正义和保障机会平等的同时，高度强调补偿性和反歧视性的基本理念，[2] 采取了一系列应对措施。

（一）从法律上确立自由迁徙与权利平等原则，消除对流动人口的社会歧视

自1950年生效并一直沿用至今的《印度宪法》明确规定全体印度国民享有自由迁徙、法律地位平等及不受歧视等权利。在印度，每个成年人都有一张包括籍贯、性别、出生年月等个人信息的身份证。凭此证，在印度境内的任何地方均可享有同当地居民一样的权利（选举除外）。[3] 为保障流动人口的权利，印度在1979年通过的《邦之间流动农民工（就业规定和服务条件）法案》明确规定了雇主为农民工提供的工资、医疗及住房等标准。[4] 有关流动儿童教育问题，印度从法律上明确规定其享有接受免费义务教育的权利。如《印度宪法》规定："国家应尽力在本宪法实施后的十年内，对十四岁和十四岁以下的所有儿童实施免费义务教育。"[5] 2002年，《印度宪法》第86次修正案规定："国家应为所有6—14岁儿童提供免费义务教育。"[6] 2009年出台的《儿童免费义务教育权法》（the Right of Children to Free and Compulsory Education Act）规定：所有儿童有

---

[1] A. B. Bose., *The Disadvantaged Urban Child in India*, http://www.unicef-irc.org/publications/pdf/ucs1.pdf, 1992-01/2014-08-08.

[2] 阚阅：《公平与积极的反歧视：印度义务教育均衡发展策略透析》，《比较教育研究》2011年第8期。

[3] 印度之窗：《国外如何保障"外地人"权益？印度一张身份证全国通行》，http://www.yinduabc.com/intl/6578.htm. 2013年7月14日/2014年4月18日。

[4] 中国（海南）改革发展研究院：《中国农民权益保护》，中国经济出版社2004年版，第239页。

[5] 刘楠来：《发展中国家与人权》，四川人民出版社1994年版，第71页。

[6] http://www.childlineindia.org.in/national-mechanisms-child-protection-child-rights.htm.

权接受八年的优质初等教育；① 当地政府应确保流动人口子女上学；儿童有权转到任何一个学校，原学校必须立即开出转学证明。② 2012 年 8 月 1 日正式生效的《儿童免费义务教育权法》修正案进一步强调了儿童有接受免费义务教育的权利，并规定了弱势群体的范围。③

（二）出台基于"机会平等"的教育政策，提高儿童入学率和降低辍学率

作为印度第一个关注儿童需要与权利的政策文件，1974 年出台的《国家儿童政策》（the National Policy for Children）规定，儿童应接受免费义务教育直至 14 岁。④ 而 1986 年颁布的《国家教育政策》（The National Policy on Education）则正式拉开了普及义务教育的序幕。⑤ 为进一步普及义务教育和降低辍学率，《国家教育政策》1992 年修正案做出了普及初等教育、巩固 14 岁儿童就学率及改善教育质量的三项承诺，并将解决辍学率和确保保留率作为最重要的任务。⑥ 1994 年，印度实施旨在为所有儿童提供初等教育机会的"县域初等教育计划"（District Primary Education Programme），目标是将初等教育辍学率减少到 10% 以下、使学生学业成就比基准水平至少提高 25% 及将不同性别与社会群体的入学差距减少到 5% 以下。⑦ 为在增加入学率、巩固率和出勤率的同时改善学生的营养，1995 年开始实施世界上规模最大的学校供餐项目——"全国初等教育营

---

① Government of India Planning Commission, *Faster, Sustainable and More Inclusive Growth*: *An Approach to the Twelfth Five Year Plan* (2012-17), New Delhi: India Office Press, 2011.

② NUESCO, UNICEF, *For a Better Inclusion of Internal Migrants in India Policy Briefs*, New Delhi. 2012.

③ Department of School Education & Literacy and Department of Higher Education, Ministry of Human Resource Development, Government of India. Annual Report 2012-13, http://mhrd.gov.in/sites/upload_files/mhrd/files/AR_2012-13.pdf. 2014-04-18.

④ Childline India Foundation.The National Policy for Children, http://www.childlineindia.org.in/National-Policy-for-Children-1974.htm.2014-04-20.

⑤ 张菀洺、刘文：《日本与印度实现教育公平的制度设计》，《吉首大学学报（社会科学版）》2012 年第 6 期。

⑥ Childline India Foundation.The National Policy on Education, http://www.childlineindia.org.in/National-Policy-on-Education-1986.htm.2014-08-08.

⑦ Ministry of Human Resource Development, Government of India. Annual Report 2005-06, http://mhrd.gov.in/sites/upload_files/mhrd/files/part1_0.pdf. 2014-04-20.

养资助计划"（National Programme of Nutritional Support to Primary Education，简称午餐计划）。① 2012 年，"午餐计划"的覆盖范围已扩大到位于少数民族集中地区的私立学校、在附近私立学校就读的贫困儿童及该计划覆盖的小学中的学前班。继 2000 年《达喀尔行动纲领》之后，印度加大了普及义务教育的力度。2001 年，印度政府发起了最大规模的教育普及运动——"初等教育普及计划"（Sarva Shiksha Abhiyan，SSA），其首要目标是改善入学率和减少辍学率，② 基本目标是所有儿童入学、到 2007 年消除小学的性别与社会群体差距、到 2010 消除在初等教育的差距以及到 2010 年实现普遍的巩固率。③ 为将教育普及运动扩大到中等教育，印度于 2009 年实施了旨在普及中等教育、改善教育质量及保证公平的中等教育旗舰项目——"中等教育普及计划"（Rashtriya Madhyamik Shiksha Abhiyan），目标是 2017 年普及中等教育、2020 年巩固中等教育。④

（三）实施基于"弱势补偿"的教育计划，关注弱势群体和缩小教育差距

为不断缩小不同地区、群体及性别上的教育差距，印度在坚持社会正义和保障机会平等的同时，高度强调弱势补偿的政策理念，⑤ 实施了一系列教育计划。一方面，因封建意识和宗教思想等原因，女童的低入学率和高辍学率是印度普及义务教育最直接和最大的障碍。⑥ 为提高女童入学率，2003 年在教育不发达地区实施的"国家女童初等教育计划"（National Programme for Education of Girls at Elementary Level）为每个聚集

---

① Ministry of Human Resource Development, Government of India, *Report to the People on Education* 2011-12, New Delhi, 2013.

② Department of School Education & Literacy and Department of Higher Education, Ministry of Human Resource Development, Government of India. Annual Report 2012-13, http://mhrd.gov.in/sites/upload_files/ mhrd/files/AR_2012-13.pdf. 2014-04-18.

③ Ministry of Human Resource Development, Government of India. Annual Report 2006-07, http://mhrd.gov.in/sites/upload_files/mhrd/files/AR0607-en_Part1.pdf. 2014-04-20.

④ Ministry of Human Resource Development, Government of India., *Report to the People on Education* 2011-12, New Delhi. 2013.

⑤ 阚阅：《公平与积极的反歧视：印度义务教育均衡发展策略透析》，《比较教育研究》2011 年第 8 期。

⑥ 孔令帅：《教育均衡发展与政府责任——试论印度政府在基础教育均衡发展中的作用》，《比较教育研究》2010 年第 5 期。

点"示范学校"的发展提供了强大的社区动员和教育督导。① 为鼓励女童接受高级小学教育，2004年实施的"女生寄宿制学校"（Kasturba Gandhi Balika Vidyalaya）为来自 SC/ST 和少数民族群体的女童提供 75% 的席位、为来自贫困线以下的女童提供 25% 的席位。② 为减少弱势家庭女童的辍学率和提高其入学率，2008年实施了"鼓励女童接受中等教育的国家计划"（National Scheme of Incentives to Girls for Secondary Education）。③ 另一方面，因贫困等原因，印度有着世界上最大规模的流浪儿童和童工。为提高其入学率与缩小教育差距，附属于 SSA 的"教育保障计划和替代性与创新性教育"（Educational Guarantee Scheme and Alternative & Innovative Education，EGS/AIE）采取了各种灵活措施④：为方圆 8 公里内无正规学校的偏远居住区建立教育保障计划学校和替代学校；为流动儿童提供季节性社区宿舍、流动教师、补偿教育及在流动人口集中地设立学校；开设衔接课程以帮助失学儿童接受相应年级的正规教育；为流浪儿童、贫民窟儿童及童工提供衔接课程、补习教学中心、寄宿营、就学中心等；为 12—14 岁儿童提供为期 12—24 个月的寄宿教育，使其完成初级小学与高级小学教育；为失学的青春期少女设立学习中心和扫盲中心，并提供生活导向教育及性别教育。⑤

二 以色列：融移民子女教育于民族国家复兴之中

作为一个由犹太移民建立的国家，以色列人口主要由犹太移民组成。

---

① Department of School Education & Literacy and Department of Higher Education, Ministry of Human Resource Development, Government of India. Annual Report 2012-13, http：//mhrd. gov. in/sites/upload_files/mhrd/files/AR_2012-13. pdf. 2014-04-18.

② Ministry of Human Resource Development, Government of India . Annual Report 2004-05, http：//mhrd. gov. in/sites/upload_files/mhrd/files/part1. pdf. 2014-04-20.

③ Department of School Education & Literacy and Department of Higher Education, Ministry of Human Resource Development, Government of India. Annual Report 2012-13, http：//mhrd. gov. in/sites/upload_files/mhrd/files/AR_2012-13. pdf. 2014-04-18.

④ Ministry of Human Resource Development, Government of India. Annual Report 2006-07, http：//mhrd. gov. in/sites/upload_files/mhrd/files/AR0607-en_Part1. pdf. 2014-04-20.

⑤ 阚阅：《公平与积极的反歧视：印度义务教育均衡发展策略透析》，《比较教育研究》2011年第8期。

在来自世界 100 多个不同国家、说 80 多种不同语言的犹太民族大家庭中，① 犹太移民不仅在外貌、语言、文化、宗教及生活习惯等方面各不相同，而且社会地位也相差甚远。如何将来自世界各地的有着不同语言、宗教、文化及价值观的犹太移民和宗教信仰完全不同的少数民族类阿拉伯人融合为一个统一的以色列民族与国家，是以色列建国至今一直面临的重大社会问题。在犹太移民的社会融入问题上，以色列常把教育作为一种"万灵药"，认为只有通过教育才能克服差异。② 纵观以色列六十多年的教育实践，其移民子女教育政策主要体现在如下三个方面：

（一）为实现犹太文化认同与民族构建，实施基于"形式平等"的"熔炉政策"

建国后，为解决有着不同语言、宗教、文化及价值观的大规模移民带来的社会问题，以色列总理适时提出并倡导了"熔炉主义"，并将其视为以色列进行民族国家构建的精神基石。③ 以色列建国后的第一个十年里（1948—1958 年），教育上的主导政策是"熔炉政策"（melting pot policy），其目标是把所有儿童塑造成一个统一的社会实体。④ 如 1953 年的《国家教育法》规定："以色列的教育目的，一方面是让学生学习知识和技能，以适应国家发展的需要；另一方面是促进来自世界不同地区的犹太人之间的融合，消除他们之间的文化差别，以形成一种新的犹太国家文化。"⑤ 为此，以色列教育系统主要采取了两大措施：希伯来语教学和国家强制性基础教育课程。⑥ 一方面，随着不会希伯来语犹太移民的大量涌入，作为以色列构建犹太民族认同的基本工具的希伯来语面临着新的挑

---

① Daniel J, Elazar. *Israel*, *Building a New Society*, Indiana University Press. 1986, p. 145.

② Devorah Kalekin Fishman, *Ideology*, *Policy*, *and Practice*: *Education for Immigrants and Minorities in Israel Today*, New York, Kluwer Academic Publishers. 2004, pp. 96-122.

③ 李志芬：《以色列民族构建研究——意识形态、族群、宗教因素的探讨》，西北大学，2009 年。

④ Yaacov Iram, Mirjam Schmida, *The Educational System of Israel*, Westport, Green Wood Press, 1998. pp. 21-132.

⑤ 杨曼苏：《以色列——谜一般的国家》，世界知识出版社 1992 年版，第 212—213 页。

⑥ Yaacov Iram, Mirjam Schmida, *The Educational System of Israel*, Westport, Green Wood Press, 1998. pp. 21-132.

战。为此,以色列于 1949 年开始了希伯来语普及运动并取得了成功。① 另一方面,为应对多元化群体与文化,《国家教育法》要求国家教育系统应提供统一的课程。② 如教育部规定,希伯来语、犹太教、犹太历史、圣经等是所有学生的必修课程。③ 这些课程反映了实现文化同质化的期望和建立一个基于犹太主义与犹太复国主义的有凝聚力的文化模式。④ 这一时期,小学教育由"形式平等"指导,即为学校提供平等的预算投入和统一的管理与教学策略,其目标是建立一个服务所有儿童的共同的、统一的小学学校系统。学校被视为一个"熔炉"——在这里,儿童形成以色列犹太文化认同、学习希伯来语以及获得基本的教育技能以便融入不断发展的以色列社会之中。⑤ 教育形式平等的潜在假设是,统一的管理和教学机制及投入分配的平等能使学生适应教育系统及其要求并逐步达到教育结果平等。⑥

(二) 为提高弱势儿童学业成就和增强社会凝聚力,实施基于"弱势补偿"的"社会融入政策"

以西方犹太移民价值理念为基本模式的"熔炉政策"虽在促进东方犹太移民接受并融入以色列主流社会上取得了一定的成效,但其并不是要创造一种新的文化或包容各移民群体的文化,而是将东方犹太移民融入进以西方犹太人为代表的西方文化,其实质是要对东方犹太移民进行西方化和现代化的改造。这种并非"接受中的相互融合"而是"拒绝中的融合"的"熔炉政策"使东方犹太移民的文化传统被剥夺,经济上也遭受了一

---

① Zvi Bekerman, "Israel: Unsuccessful and Limited Multicultural Education." *SA-eDUC JOURNAL*, No. 2, 2009, pp. 132-145.

② Nitza Davidovitch, "Educational Challenges in a Multicultural Society: The Case of Israel." *Cross-Cultural Communication*, No. 2, 2012, pp. 29-39.

③ 潘光:《试论以色列的文化发展和科教兴国》,《世界经济研究》2004 年第 6 期。

④ Nitza Davidovitch, "Educational Challenges in a Multicultural Society: The Case of Israel." *Cross-Cultural Communication*, No. 2, 2012, pp. 29-39.

⑤ Yaacov Iram, Mirjam Schmida. *The Educational System of Israel*, Westport: Green Wood Press, 1998. pp. 21-132.

⑥ Haim Gaziel, *Politics and Policy-Making in Israel's Education System*, Portland: Sussex Academic Press, 1996. pp. 62.

定程度的歧视。① 在教育领域，基于"形式平等"的"熔炉政策"因忽视了移民文化的异质性和学生群体的差异以及新移民学生不得不面临的许多困难，结果造成东方犹太移民学生在学业成就上远落后于西方犹太移民学生，并使前者被贴上"弱势儿童"的标签。最终，"熔炉政策"遭到了小学学校系统的反对，并逐渐被教育系统的"社会融入政策"（social integration policy）所取代。"社会融入政策"被定义为在以色列教育背景下吸收所有儿童进入共同的学校系统，并将学生置于异质性的学校和融合性的班级之中，其目的一是发展不同种族群体的社会凝聚力；二是提高弱势学生（尤其是东方移民学生）的学业成就。这一时期，弱势学生正式被定义为相比于一般学生更需要额外帮助、关注及更多资源的学生。为提高其学业成就，那些东方移民学生比例较高的学校在管理上获得了如延长学年时间、降低升学考试标准等特殊待遇；在教学上开发了新的指导阅读与写作的方法、建立了同质化的学习群体、提倡低要求的课程及编制了专门的教材；在艺术、运动和社会技能等领域开展了许多丰富多彩的活动。在中学阶段，东方移民学生在中学（尤其是在学术型中学）里的比例很低，其数量在各类型中学里随着年级的增高而减少。为增加弱势学生获得高学业标准的机会，中学阶段主要采取了三项措施：一是降低小学升入中学的考试标准；二是开始建立职业导向的新型中学和包括学术型与职业型的综合中学（comprehensive high school）；三是为有更多天赋的弱势学生建立强化中心和寄宿学校。为进一步解决东方移民学生学业成就没有明显改善及其与西方移民学生间的差距也未缩小的问题，教育部长发起了新一轮教育改革：一是改革中小学学制，由8+4学制改成6+3+3学制，将中学分成初中和高中，并取消了小学升入中学的考试；二是增加两年义务教育年限和免除九、十年级的学费。②

（三）为加强社会团结和群体认同，实施基于"文化平等"的"多元文化政策"

自20世纪70年代末以来，"社会融入政策"尽管没有被正式取消，

---

① 李志芬：《以色列民族构建研究——意识形态、族群、宗教因素的探讨》，西北大学，2009年。

② Yaacov Iram, Mirjam Schmida, *The Educational System of Israel*, Westport: Green Wood Press, 1998. pp. 21-132.

但其执行已有所减弱。20 世纪 80 年代末,五十多万苏联犹太移民的回归,形成了以色列犹太人内部西方犹太人、东方犹太人、苏联犹太人"三足鼎立"的局面。[①] 随着人口组成的巨大转变,要求以色列变成一个多元文化国家的声音在 90 年代日益高涨。因以色列集权的教育系统已不能解决高度多元化人口的教育需求,[②] 教育系统逐渐从单一文化导向转向更加重视以色列社会中的文化与传统的多样性。为此,以色列实施了基于将不同文化与价值观合法化的"多元文化政策"(multicultural policy),其主要关注东方与西方犹太人、宗教与非宗教犹太人、以色列阿拉伯人与犹太人等三个文化维度。教育上多元文化方式的潜在假设是基于对每个人及其固有权利与自由的尊重。基于这些价值,教育系统接受了形成以色列社会的不同种族的不同文化的合法性,承认了解这些文化的重要性,并保证发展每个个人及其群体的独特性。按照多元文化方式,教育系统的角色是创造一个共同的特性,使其为不同种族和宗教群体的共同生活提供一个基础。一方面,为处理 70 年代出现的东方犹太人要求具有与西方文化平等地位的种族危机,教育与文化部实施了一系列多元文化项目。如在 1977 年,教育与文化部建立了东方犹太人文化遗产中心(the Oriental Jewish Heritage Center),负责"培养、保护及发展东方犹太群体的文化遗产和文化资产"。同时,还进行了特色学校的试验——在该学校,教师与学生多是来自东方的犹太人,课程关注东方犹太人的内容,目的是为了复兴东方犹太人的古老遗产。[③] 另一方面,为促进与培养阿拉伯人-犹太人在教育上的平等协作,以色列于 1997 年建立了双语教育中心(The Center for Bilingual Education),其核心目标是为犹太-阿拉伯学校开发一个新的教育模式。在该模式中,允许所有人参与学习和共同发展,同时支持每个群体的语言与文化传统,并通过以平等和相互尊重的方式学习其他群体的

---

① 李志芬:《以色列民族构建研究——意识形态、族群、宗教因素的探讨》,西北大学,2009 年。

② Ori Eyal, Izhak Berkovich. "National challenges, Educational Reforms, and Their Influence on School Management: the Israeli Case." Educational Planning, Vol. 19, No. 4, 2011, pp. 44-63.

③ Yaacov Iram, Mirjam Schmida, *The Educational System of Israel*, Westport: Green Wood Press, 1998. pp. 21-132.

语言与文化来加强相互间的支持。① 21世纪以来，以色列社会已逐渐远离了统一的价值观和教育融合，每个群体都力争实现其特殊的需要，关注点已经从集体需要转向个人需要。在自主性原则的指导下，学校开始按照不同的价值观教育学生。为处理多元文化，2003年以色列作出了促进与加强核心课程（Core curricula）的决定，要求通过核心课程应加强以色列社会的凝聚力、犹太认同及不同群体的个人与群体认同。核心课程，作为以色列21世纪的多元文化教育的重点，描绘了教育部实施多元文化教育的期望。②

三 美国：构筑流动儿童教育管理生态系统

作为流动人口大国，美国有着大量的国内季节性流动工人和合法与非法的外国移民，且非法移民占总流动人口的比例正不断攀升。流动人口一方面为整个美国创造了经济福利，另一方面也给美国带来了各种社会压力，其中就包括如何解决上千万流动儿童的教育问题。为解决国内季节性流动工人子女存在的高流动性、高辍学率及学业成就低和移民子女存在的因身份非法而无法接受教育、语言障碍、文化差异等问题，美国基于"三权分立"原则从立法、行政及司法上不断采取相应措施，逐渐构筑起一个流动儿童教育管理生态系统。

（一）从立法上保障迁徙自由和受教育权，为流动儿童的"美国梦"奠定现实基础

早在1776年，美国《独立宣言》就指出"人人生而平等"，每个人都拥有如生存权、自由权和寻求幸福等一些神圣不可侵犯的基本权利。虽然1789年正式生效的《美国宪法》没有把自由迁徙权、受教育权列为基本人权，③ 但其1868年的第十四修正案规定了"所有公民享有被平等保护"的权利。美国的自由迁徙权产生于《美国宪法》中有关平等保护权、

---

① Zvi Bekerman, "Potential and Limitations of Multicultural Education in Conflict-Ridden Areas: Bilingual Palestinian-Jewish Schools in Israel." Teachers College Record, No. 3, 2004, pp. 574-610.

② Nitza Davidovitch. "Educational Challenges in a Multicultural Society: The Case of Israel." Cross-Cultural Communication, No. 2, 2012, pp. 29-39.

③ 熊卫平：《美国流动人口子女的教育法规及其对我国的借鉴》，《经济研究导刊》2008年第3期。

公民权及优惠与豁免权等条款。① 出于保护迁徙权利的需要，美国保护了流动人口的受教育权。②

1965年，美国颁布了《初等和中等教育法》（ESEA），要求关注城市贫困儿童问题。③ 1966年通过的《初等和中等教育法》修正案建立了作为正规学校补充教育的"流动教育项目"（MEP）。④ 此外，为满足母语为非英语儿童的特殊教育需求，美国于1968年颁布了作为《初等和中等教育法》第七修正案的《双语教育法》（Bilingual Education Act）。⑤ 1984年，作为《初等和中等教育法》的补充的《紧急移民教育法案》（EIEA）专门强化了移民子女教育，并在1988年正式被列入《初等和中等教育法》，专门用于为各州移民子女与青年提供财政资助。⑥ 与此同时，1988年通过的《学校促进法》（School Improvement Act）将"流动教育项目"中流动儿童的年龄从5—17岁扩大到3—21岁。而2001年通过的《不让一个孩子掉队法》（No Child Left Behind Act）则旨在保障美国每一个学生受到成功的教育，消除流动儿童与非流动儿童间的差距。⑦

（二）从行政上明确划分联邦、州、学区及学校的权责，细化流动儿童教育工作

首先，在联邦层面，美国教育部在初等和中等教育办公室专门设立了流动人口教育办公室（Office of Migrant Education，OME）来协调管理各州流动儿童的教育工作，其在提供资金保障和技术支持的同时还负责对流动儿童教育项目的实施结果进行评估和问责。为进一步促进各州在改善流动儿童教育工作上的合作，美国教育部成立了流动教育协调支持中心（Migrant Education Coordination Support Center），帮助解决流动儿童在州际

---

① 张千帆：《流浪乞讨人员的迁徙自由及其宪法学意义》，《法学》2004年第7期。
② 张慧洁、文达等：《二战以来各国迁徙人口教育保护政策——兼论流动人口及子女受教育权的法学问题》，吉林大学出版社2011年版，第187页。
③ 冯广林：《美国少数人受教育权法律保护研究》，中央民族大学，2012年。
④ 陈瑞丰：《美国流动儿童入学保障机制的借鉴意义》，《上海教育科研》2006年第7期。
⑤ 冯广林：《美国少数人受教育权法律保护研究》，中央民族大学，2012年。
⑥ 张运红、冯增俊：《美国移民社会融合的教育实践模式探讨》，《比较教育研究》2014年第3期。
⑦ 石人炳：《美国关于流动儿童教育问题的研究与实践》，《比较教育研究》2005年第10期。

间流动时所面临的困难。2001 年，OME 提出了《流动学生中等教育提案》，旨在挽留处于辍学边缘的流动学生和提高其高中毕业率。为帮助流动人口及其子女获得普通教育发展证书或高中同等学历，OME 在高等教育机构中设置了"高中同等学历教育项目"（High School Equivalency Program）。而对于想进一步深造的流动学生，OME 则推出了"流动者大学资助项目"（College Assistance Migrant Program）。此外，为提高流动家庭的整体文化水平，OME 推出了将学龄儿童教育、成人扫盲及家庭教育培训等进行整合的"流动教育起步项目"（Migrant Education Even Start）。[①] 其次，在州（地方）层面，州（地方）政府主要致力于解决州内（地方）流动儿童教育问题和加强州际（地方）间的技术合作。如为减少学生流动和学习中断，芝加哥发起了基于学校系统的"保留在原处"计划[②]；为统计流动儿童信息，德克萨斯州与科罗拉多、伊利诺伊等 10 多个州合作建设了专门服务于流动儿童的被称之为"新一代系统"（NGS）的跨州电子信息转接学生系统；为提高流动儿童学业成就，美国 16 个州共同发起了"流动儿童暑期获取资源计划"（SMART），旨在通过卫星为流动儿童远程广播包括不同学段学习内容的节目。[③] 再者，在学区与学校层面，学区和学校主要是强调家长参与、传播教育信息及促进流动儿童社会融入等。如为帮助流动儿童获得学习、社交及情感支持，德克萨斯州的维多利亚独立学区开设了一个面向所有父母的"学区父母中心"，同时在每个学校确定一名老师作为"学生父母联系人"负责学生上学、开办家长培训研讨班及家访等工作；印第安纳州福特韦恩地区的社区学校则通过实施"家庭帮助家庭"计划让有子女在本地至少上学两年的家庭和新来家庭通过结对子的形式帮助促进流动儿童的社区融入；而明尼阿波利斯公立学校则通过社区论坛、研讨会、印发宣传材料等方式为流动儿童父母传递相关

---

① 张绘、郭菲：《美国流动儿童教育管理和教育财政问题及应对措施》，《比较教育研究》2011 年第 8 期。

② 石人炳：《美国关于流动儿童教育问题的研究与实践》，《比较教育研究》2005 年第 10 期。

③ Angela Maria Branz-Spall, Roger Rosenthal. "Children of the Road: Migrant Students, Our Nation's Most Mobile Population." *Journal of Negro Education*, NO. 3, 2003, pp. 55-62.

信息。①

（三）从司法上为流动儿童受教育权提供司法救济与审查，力争"不让一个孩子掉队"

在西方国家，"救济先于权利"、"没有救济就没有权利"已成为共识。司法救济是整个权利救济体系中最有效、最主要的方法，是受教育权最终获得救济的保障。② 司法审查权，是美国联邦最高法院行使的重要权力，对美国少数人的受教育权产生过重大影响。如美国联邦最高法院在1954年对1896年"普莱西案"中所确立的"隔离但平等"原则违宪的判决改变了美国教育的方向和进程，使得美国学校中的种族隔离现象有了根本改观。③ 另一重要的司法审查则是有关美国非法移民子女的受教育权问题。1975年，得克萨斯州尝试将非法移民子女排除在基础教育之外，其新修订的《得克萨斯教育法》（Texas Education Code）要求公立学校检查学生的身份证明，拒绝接受无合法身份的儿童，同时阻止学区帮助非法移民子女。此举引发了一系列诉讼案，并最终上诉到美国联邦最高法院。1982年，美国联邦最高法院审理了非法移民子女普莱勒案（Plyler v Doe），判决得克萨斯州法律违反宪法，并确定了非法移民有免费接受公共教育的权利。该判决要求学校在保证每个学生接受教育的权利，确保移民地位的保密性，分配学校身份号码及允许参与紧急移民教育计划、转学计划及双语计划等特殊计划的同时④，应避免做到拒绝接收无法提供出生证明与社会安全号的学生、要求移民学生及其家长提供身份证明、因学生的法律身份和族裔不同而区别对待及询问学生身份的问题等。⑤ 普莱勒案判决公布后，美国各州开始无条件为非法移民子女提供免费中小学教育。⑥

---

① 石人炳：《美国关于流动儿童教育问题的研究与实践》，《比较教育研究》2005年第10期。

② 王东霞：《公民受教育权的保障制度研究——以美、日受教育权保障制度为例》，《前沿》2009年第8期。

③ 冯广林：《美国少数人受教育权法律保护研究》，中央民族大学，2012年。

④ 邵宁、王立影：《美国非法移民子女教育研究》，《外国教育研究》2011年第5期。

⑤ 邵宁：《容纳还是排斥？——美国非法移民子女社会生活状况研究》，《青年探索》2011年第4期。

⑥ 杜剑峰：《美国非法移民如何争夺教育平等权？》，《社会观察》2013年第2期。

第二节　印度、以色列和美国流动人口子女教育管理理论基础的审思

一　公平正义理论

古今中外，从我国古代孔子"有教无类"思想到柏拉图的"正义是四德（智慧、节制、勇敢、正义）之一"及亚里士多德提出"正义是守法和平等的，非正义是违法和不平等"[①]言论，无不闪烁着对公平的渴望，对正义的追求。一般认为，约翰·罗尔斯的"作为公平的正义"理论在当代西方正义论中影响最大，其理论包括两大核心原则，一是"最广泛的平等自由原则"；二是"机会均等原则"及"差异原则"，[②]其实质是在自由条件下强调机会均等，同时受差异原则补偿，使社会最少受惠者获得最大收益。与此同时，诺齐克对罗尔斯的理论持批评态度，并提出持有正义的"权利理论"，其理论核心是个人权利论，他强调个人拥有权利，"有些事情是任何他人或团体都不能对他们做的，做了就是侵犯他们的权利"。[③]诺齐克将权利与生产分配相联系，但过分强调个人权利，易产生极端个人主义。阿马蒂亚·森则在比较分析罗尔斯和诺齐克等人思想后，将视角更多倾向于"实质自由"，他关注市场中自由的竞争秩序，同时考虑到社会公平正义，市场秩序也需兼顾效率和公平。[④]

综上所述，公平正义理论主要围绕平等、自由、权利与补偿四点，而平等自由处于统领地位，同时把握好公平和效率，不能顾此失彼，保障效率的同时，应更多考虑社会最少受惠者，使其获得最大收益。对于教育公平，首先需保障所有适龄儿童的受教育机会，赋予他们平等的受教育的权

[①] 亚里斯多德：《尼各马可伦理学》，廖申白译注，商务印书馆2003年版，第128—129页。

[②] 罗尔斯：《正义论》何怀宏等译，中国社会科学出版社2003年版，第60—61页。

[③] ［美］罗伯特·诺齐克：《无政府、国家与乌托邦》，何怀宏等译，中国社会科学出版社1991年版。

[④] 刘晓婧：《实质自由与社会发展——阿马蒂亚·森正义思想研究》，吉林大学出版社2010年版，第1页。

利。例如印度政府关于教育的法律文件中，特别强调国家的"所有儿童""所有孩子"都有平等的受教育权利，从1950制定的《印度宪法》到1982年及1992年颁布的两个教育文件《国家教育政策》和《1992年教育项目行动》，再到2012年8月1日正式实施的《儿童免费义务教育权法》修正案，无一不对儿童具有免费接受义务教育权利进行强调，这些都在法律上保障了所有适龄儿童的受教育权；其次参照机会均等原则，每个儿童都有权利接受公平有质量的教育。印度政府在利益分配上更加关注流动儿童子女的教育发展，20世纪80年代提出"黑板行动计划"（Operation Blackboard Scheme）。计划保证全国每所学校都有2间合理的教室、2名教师及相关硬件设施，如黑板、地图、图书、乐器等基本的学习材料。到1992—1993学年，"黑板行动计划"已覆盖37.5万所学校，流动儿童的教育机会公平得到相当程度上的保障；最后考虑到最少受惠者最大的收益，对于那些社会弱势群体的子女予以一定的差异补偿。印度政府在社会行动上特别重视对流动孩子群体基于差异上的公平正义，《"十一五"规划》特别规定给予弱势群体和教育落后地区更多的教育资源和优惠扶持，这些优惠政策措施有：派遣社会志愿者及社会团体等为落后地区的学校教师进行培训和提高学生学习能力；给予移民儿童、流动儿童、贫民家庭儿童等特别的关注；帮助成绩不良学生提高学业成就。[①] 同时印度政府还特别重视在物质、经费、师资等教育资源上给予弱势群体的差异补偿，出台了一系列的政策以帮助流动人口子女、流浪儿童等获得教育机会。德里政府"十五"计划（2002—2007）规定给那些每月家庭收入低于4000卢比的男生和低于5000卢比的女生免费提供书本和制服，为女孩上学提供2.5万卢比的资助。[②]

二 多元文化理论

在西方，"多元文化"这个术语最早出现在20世纪20年代，而引起关注则在50年代后，当时代表两种文化现象：一种是殖民地和后殖民地社会文化；另一种是不同的民族文化，由于不同的社会和文化来源，民族

---

① 石隆伟等：《面临挑战不懈改革：印度"十一五"规划初等教育发展战略探析》，《西南大学学报（社会科学版）》2011年第3期。

② 孔令帅：《发展中国家大都市基础教育均衡发展中的政府作用——以印度德里为例》，《外国教育研究》2011年第3版。

之间及其群体间存在着较大差异的文化特性。① 多元文化主义在西方一直是较有影响的政治思潮,其关注群体文化身份的重要意义,主张平等,承认各种文化的差异,针对少数群体的文化成员身份实施"差异政治",从而实现真正的平等。② 多元文化主义起源具有复杂性,内涵也呈现丰富性特征,但其核心原则在于尊重所有文化,对文化的多样性和差异性持宽容的态度。主流文化不能一味对非主流文化进行同化,需给不同文化自身成长的空间,帮助不同文化进行完善,同时赋予不同群体以文化权利,个人可根据自身的喜好,选择适宜发展的文化,即不需要依附主流文化,也能从传统习俗中挣脱出来,拥有自由选择文化的权利。

针对多元文化教育,美国学者班克斯曾指出,"多元文化教育是一种理念的反省,是一场教育改革运动,是一个持续的过程。在民主国家中,不同族群的学生应该享有公平的教育机会,实施多元文化教育是实现社会公平的一个基本要求和手段。"③ 为此,一方面主流文化需给予少数民族或者弱势群体自我认同和表现差异的平等权利,增加有效沟通的平台,使学校能够真正容纳不同社会阶级、民族、性别和文化特质的学生,并给予他们均等学校机会和教育质量保障。比如以色列政府建国后不久开展了补偿教育,对来自亚非的移民子女实施加强其教育经历、加大短期教育活动项目等。作为补充,还对一些移民幼童提供免费的保育服务,实施"学前儿童的家庭指导工程"。为了进一步改善移民子女的教育成就,60年代实施了"延长在校时间"(the long school-day)及寄宿制学校计划。此外,还实行非正式教育,举办短期学校、青年中心等,对移民子女实施补偿教育。④ 另一方面不同文化自身应进行不断融合,加强交往,尊重彼此不同文化特质,努力从其它文化中吸收适合自身发展的地方。以色列政府致力于社会融入,希望包括移民子女在内的所有不同类别群体统一于国家发展进步之中,为此实施了基于"文化平等"的"多元文化政策"(multi-

---

① 郑金洲:《教育文化学》,人民教育出版社2000年版,第218页。

② 李丽红:《多元文化主义》,浙江大学出版社2011年版,第1页。

③ Banks, J. A, *Multiethnic Education: Theory and Practice*, Boston, Ally and Bacon, 1988. pp. 115-134.

④ Rachel Peleg, Chaim Adler, "Compensatory Education in Israel: Conceptions, Attitudes, and Trends." *American Psychologist*, No. 11, 1977, pp. 945-958.

cultural policy),该政策基于不同文化和价值的合法性,尊重每个人固有的权利与自由,并开展了一系列多元文化项目,如东方犹太人文化遗产中心、特色学校实验、双语教育中心等。

三 公民法治思想

公民法治意识是公民在权利义务关系中的法治自觉意识,长久以来对法治有着很多观点。梁治平曾指出:"法治并非法律、法规的简单累计,而是有着特定价值追求的社会组织模式。它不仅支配着每一个人,而且还统治着整个社会,把全部的社会生活都纳入到一个非人格化的框架中去。"[①] 西方的法治思想最早可追溯到柏拉图和亚里士多德,亚里士多德在《政治学》一书中曾写道:"法治应包含两种意义:已成立的法律活动普遍的服从,而大家服从的法律又应该本身是制定的良好的法律。"[②] 伴随着文艺复兴和启蒙运动所宣扬的自由、平等、博爱、人权、民主思想,西方开始将视角更多地投向"人",公民法治意识开始逐渐登上历史舞台。而这一时期对自由的主张,并非是绝对的、放任的自由,而是以遵守法律为前提的自由。卢梭认为,在民主国家中,"唯有服从人们制定的法律,才是自由"。[③] 到了现代,公民作为社会主体,法治逐渐成为现代社会文明进步的标志之一。在现代民主国家,从公民角度看,公民法治思想意味着公民遵守国家制定的法律,能积极参与国家法律的制定、执行与评估,懂得运用法律武器保护自身的合法权利。从国家角度看,为推动公民法治思想,国家制定法律时应保障公民的知情权、参与权,执行时需以公民整体利益为主导,对法律执行效果的评估参照公民意见,从而保障国家法律的有效制定与执行。

对于公民法治教育,应做到以下几点:其一,在法律制定上保障所有公民合法权益,让每个公民切实认识到自身的权利与义务。2001 年在美国第 107 次会议上讨论非法移民的"梦想法案"(Dream Act),后来发展为"学生适应法"(Student Adjustment Act),提出只要满足在美国居住若

---

① 梁治平:《法辨》,贵州人民出版社 1992 年版,第 84 页。
② [古希腊] 亚里士多德:《政治学》,发海彭译,商务印书馆 1965 年版,第 199 页。
③ [法] 卢梭:《社会契约论》,何兆武译,商务印书馆 1982 年版,第 30 页。

干年等条件，就可以获得在美国接受高等教育等权利[①]。同样2002年，美国出台了《不让一个孩子掉队法案》规定不管其父母是否为美国合法公民，都可以自动获得美国国籍，以力求实现全国范围内的教育公平；其二，在法律执行中，做到责任划分明确，不同的部门与机构根据自身责任实施相关法律，切实保障法律的实施。美国政府根据流动儿童的责任的划分，政府、州、学区和学校分别出台针对性的经费资助、学籍、语言、课堂教学等专项计划实施流动儿童相关法律。如联邦政府层面，关注的是全国性的流动儿童教育问题，主要有财政资助、信息服务等，州政府主要致力于区域内学生学习和州际间的技术合作、设备支持等流动儿童的教育问题，而在学区学校层面则主要实施传播教育信息、与流动儿童父母联系、帮助其家庭教育等具体的教育教学计划；其三，借助媒体等社会监督机制，加强对公民合法权益的保护，当公民的合法权益受到侵害时可利用媒体等社会监督机制进行申诉。比如美国对于流动儿童的教育，监督起到重要作用，其主要是通过媒体报道司法案例来实施。美国通过保护迁徙权利来保护流动人口子女的受教育权，在"夏皮诺诉马斯案"的判决中指出"所有公民都可以自由地在我们国家的领土范围内旅行而不受那些对种族移动施加不合理限制的法律、裁定和规章的约束"。迁徙权不是孤立的权利，因此保护流动人口的受教育权是保护其迁徙权的重要内容。[②]

第三节　印度、以色列、美国流动儿童教育政策的比较与启示

一　三个国家流动儿童教育政策的比较：思想基础、动力因素与运行机制

（一）从思想基础来看，印度是基于"全民"思想，以色列是基于"族民"思想，美国则是基于"公民"思想

印度流动儿童教育政策的思想基础主要是基于为包括流动儿童在内的

---

① Jean Pierre Espinoza. "Overview And Analysis of the Development, Relief, And Education For Alien Minors A (Dream Act): 'What Was Not But Could Be.'" *Journal of Migration and Refugee Issues*, No. 5, 2009, pp. 1–12.

② 熊卫平：《美国流动人口子女的教育法规及其对我国的借鉴》，《经济研究导刊》2008年第3期。

"全体国民"提供教育(Education for All)的"全民"思想。为保障流动人口的权益,印度从宪法层面明确规定了"全体印度国民"享有包括自由迁徙、法律地位平等及不受歧视等在内的权利。在流动儿童教育问题上,印度虽暂未出台专门的政策法规,但却在一系列法律法规和教育政策中规定了包括流动人口子女在内的"所有儿童"均有接受免费义务教育的权利。如在法律层面,1950年的《印度宪法》第45条、2002年的《印度宪法》修正案以及2010年的《儿童免费义务教育权法》均规定要为"所有"儿童提供免费义务教育;在政策层面,1968年的《国家教育政策》不仅重申了《印度宪法》第45条的相关规定,而且强调了"教育机会均等"的原则;而1986年的《国家教育政策》及其1992年的修正案在重申"教育机会平等"的同时,更强调对包括流动人口子女在内的弱势群体的补偿性。①

以色列移民子女教育政策的思想基础主要是基于只关注"广义犹太移民"教育的"族民"思想。以色列是一个十分特殊的移民国家,即其只欢迎犹太人移民以色列。② 对于非犹太人而言,以色列并不是一个移民国家。原因在于,以色列是犹太复国主义的产物。③ 作为以色列思想基础的犹太复国主义的根本目标就是要为流散世界各地的犹太人建立一个民族家园④,即"在以色列土地上建立一个犹太国家——以色列国"。⑤为此,以色列建国后的主要任务即是吸引世界各地的犹太人移民以色列。⑥ 如1950年的《回归法》规定,每个犹太人都有权回归以色列并能获得每个犹太公民享有的充分权利,且其1970年修正案进一步将移民范围扩大到

---

① 安双宏:《印度教育战略研究》,浙江教育出版社2013年版,第20—63页。
② Devorah Kalekin Fishman, I*deology, Policy, and Practice*: Education for Immigrants and Minorities in Israel Today, New York, Kluwer Academic Publishers, 2004. pp. 96-122.
③ [美]纳达夫·萨弗兰:《以色列的历史和概况》,北京大学历史系翻译小组译,人民出版社1973年版,第11页。
④ 李志芬:《主体民族主义与国族构建的悖论——以色列民族政策思想之评析》,《西非亚洲》2011年第7期。
⑤ 肖宪:《中东国家通史·以色列卷》,商务印书馆2001年版,第132页。
⑥ 李志芬:《主体民族主义与国族构建的悖论——以色列民族政策思想之评析》,《西非亚洲》2011年第7期。

"犹太人的子女、孙子、爱人以及犹太人子女与孙子的爱人"。① 犹太移民，通常被认为是以色列的心脏和犹太民族构建的基石。在犹太复国主义思想的主导下，以色列的民族构建被完全等同于犹太民族的重建和复兴。② 而占以色列人口近20%的阿拉伯人，虽然表面上有着与犹太人平等的社会经济地位，③ 但却被排斥在犹太民族构建进程之外且成为了以色列民族国家建设的受害者与牺牲者。④

美国流动儿童教育政策的思想基础主要是基于保障包括非法移民在内的所有人的"公民权利"的"公民"思想。虽然1789年生效的《美国宪法》未明确地将迁徙权、受教育权列为基本人权，但其后的修正案中所确立的"平等保护""优惠与豁免"等条款则奠定了迁徙权与受教育权受法律保护的基础。如在"夏皮诺诉托马斯案"中，联邦最高法院判决"康涅狄格州、宾夕法尼亚和华盛顿特区拒绝向在本州居住不满一年的居民提供福利"的做法违宪，⑤ 保障了流动人口的基本权益。而最能体现美国流动儿童教育政策"公民"思想的则是1982年普莱勒案的判决，该判决书指出："第十四修正案的文本并没有将保护对象局限为美国公民，所以应对所有人都有效……这些儿童虽然目前没有正常身份，但是以后还是很有可能成为美国人……拒绝向非法移民儿童提供平等的受教育权，等于拒绝了他们正常地生活在我们这个公民社会的能力，也使他们丧失了向国家和社会进步做出贡献的可能。"⑥ 正是基于"同是美国公民"的思想，美国非法移民子女的教育权利得到了基本保障。

---

① Devorah Kalekin Fishman, *Ideology, Policy, and Practice: Education for Immigrants and Minorities in Israel Today*, New York, Kluwer Academic Publishers, 2004. pp. 96-122.

② 李志芬:《以色列民族构建研究——意识形态、族群、宗教因素的探讨》，西北大学，2009年。

③ 刘军:《以色列民族政策浅析》，《世界民族》2007年第1期。

④ 李志芬:《以色列民族构建研究——意识形态、族群、宗教因素的探讨》，西北大学，2009年。

⑤ 曹淑江、张辉:《美国流动和迁徙人口的教育法律与政策及其对中国的启示》，《外国教育研究》2007年第1期。

⑥ 杜剑峰:《美国非法移民如何争夺教育平等权?》，《社会观察》2013年第2期。

(二) 从动力因素来看，印度是源于和谐社会构建的内在驱动，以色列是源于民族国家复兴的现实需要，美国则是源于民主法治的基本要求

印度流动儿童教育的动力主要是源于印度构建和谐社会的内在驱动。1947年独立后的印度国内民族、宗教、语言冲突不断，形成了被尼赫鲁称之为"精神危机"的重大社会问题，直接影响着印度的经济发展、社会进步和民族自立。为解决这一社会问题，印度政府寄希望于教育，认为教育能发挥巨大的积极作用。[1] 教育被视为"国家进步和安全的极为重要的因素"，[2]是"平衡印度这个巨大次大陆的社会与经济发展的关键"。[3] 早在20世纪60年代中期，作为各级教育基本方针的《五点计划》之一即是"通过教育促进社会和民族的融洽"。[4]针对印度社会存在的阶层、性别及地区不平等现象，1986年的《国家教育政策》及其1992年修正案规定了今后印度教育改革的重点之一即是"采取一切措施来消除不平等"，[5] 并特别强调要为妇女、表列种姓、表列部落以及所有落后地区提供平等的教育。[6]

以色列移民子女教育的动力主要是源于以色列民族国家复兴的现实需要。历经两千年国破家亡与背井离乡的漫长岁月，犹太民族终于在故土上得以重建家园。为处理建国后面临的国土狭小、资源贫乏、社会构成独特、安全与生存等问题，[7] 实现以色列民族国家的复兴，以色列政府继续弘扬犹太民族重视教育的优良传统，坚持走教育兴国之路，优先发展教育。其实，犹太复国主义者早就把教育作为复兴犹太民族的手段之一，到建国前，犹太儿童的入学率已高达85%。[8] 建国后，以色列政府重点关注

---

[1] 王长纯:《印度教育》，吉林教育出版社2000年版，第18—207页。
[2] 安双宏:《印度教育战略研究》，浙江教育出版社2013年版，第20—63页。
[3] 王长纯:《印度教育》，吉林教育出版社2000年版，第18—207页。
[4] 朱旭东:《新比较教育》，高等教育出版社2008年版，第173页。
[5] 王长纯:《印度教育》，吉林教育出版社2000年版，第18—207页。
[6] 安双宏:《印度教育战略研究》，浙江教育出版社2013年版，第20—63页。
[7] 李芳洲、白金英:《以色列教育发展与人的现代化》，《内蒙古民族大学学报》2008年第1期。
[8] 张倩红:《论以色列教育的特点》，《西北大学学报（哲学社会科学版）》2000年第1期。

推行义务教育和建立统一的国民教育体系,颁布了《义务教育法》、《国家教育法》等一系列教育法规。到 2007 年,以色列已建立了覆盖学前至高中的义务教育体系。①

美国流动儿童教育的动力主要是源于美国民主法治的基本要求。作为一个最初由移民建立起来的国家,美国早在《独立宣言》中就确立了"主权在民"的原则。美国前总统林肯曾经用"民有""民治""民享"这三个词来诠释美国民主的思想精髓。在实行民主共和制度的美国,人民主权的原则主宰着整个美国社会,而法制则是有助于维护美国民主共和制度的三大原因之一。②作为英美法系代表的美国,其法律体系既包括成文法,也包括不成文的判例法。而且,由联邦最高法院所确立的判例法具有各州均不得违反的法律效力。③如自普莱勒案确立了非法移民子女有权免费接受公共教育后,美国各州开始无条件为非法移民子女免费提供中小学教育。

(三)从运行机制来看,印度是中央与地方政府、正式与非正式教育相合作;以色列是不断改革与完善免费义务教育体制;美国则是构筑集教育立法、决策、执行及监督于一体的教育管理生态系统

印度流动儿童教育主要是通过中央与地方政府、正式与非正式教育相合作的方式进行的。一方面,印度实行中央集权与地方分权相结合的教育管理体制,中央政府主要是制定全国性的教育计划,并为各邦的教育活动提供财政支持;而各邦政府则是在中央政府的指导下,开展各邦的具体工作,同时配合中央政府共同为教育出资。另一方面,印度非常重视非正式教育的作用。印度从第 6 个五年计划就开始重视初等教育阶段非正式教育的作用。④作为正式教育的一个大规模替代性支持系统,非正式教育服务

---

① 张彩云、毕诚:《以色列创新人才培养战略及其启示》,《中国教育学刊》2013 年第 12 期。
② [法]托克维尔:《论美国的民主》,董果良译,沈阳出版社 1999 年版,第 65—348 页。
③ 刘小楠、许玉镇:《美国教育平等权的法律保护及其对中国的启示》,《中国法学教育研究》2008 年 2 期。
④ 阚阅:《公平与积极的反歧视:印度义务教育均衡发展策略透析》,《比较教育研究》2011 年第 8 期。

了近 1/3 的印度儿童。中央政府通过与地方政府各分担一半经费的方式去帮助地方政府执行非正式教育计划。① 此外，印度还特别注重非政府组织的参与。② 如国际劳工组织支持的旨在消除童工的国际项目为印度童工提供非正式教育、营养及医疗等服务，在 1992—1999 年间共投入 2.7 亿卢比用于 160 个工程，服务了近 10 万儿童。③

以色列移民子女教育主要是通过不断改革与完善免费义务教育体制来进行的。一方面，以色列不断延长免费义务教育年限。从 1949 年的九年（1 年学前+8 年小学）免费义务教育到 1968 年的 11 年（1 年学前+6 年小学+3 年初中+1 年高中）免费教育④，再到 1977 年免费教育覆盖 11、12 年级和 1999 年扩大到整个学期教育阶段⑤，最后到 2001 年《义务教育》修正案规定的"3—18 岁学生必须接受义务教育"⑥，建立了覆盖学前至高中的免费义务教育体系。另一方面，以色列确立了中央与地方相结合、集中与分散相统一的教育管理和投资体制⑦。教育部主要负责义务教育的教师工作、课程设置、教育标准等工作，地方当局则负责校舍维修、教学设备购置及具体管理等工作。⑧ 自 20 世纪 70 年代中期以来，以色列教育投入在国民生产总值中的比重始终高于 8%，超过了美国等发达国家。⑨

美国流动儿童教育主要是通过构筑集教育立法、决策、执行及监督于一体的教育管理生态系统来进行的。首先，美国国会通过了《初等和中等教育法》《紧急移民教育法案》《学校促进法》及《不让一个孩子掉队

---

① A. B. Bose. The Disadvantaged Urban Child in India, http：//www.unicef - irc.org/publications/pdf/ucs1.pdf. 1992-01/2014-08-08.

② 阙阅：《公平与积极的反歧视：印度义务教育均衡发展策略透析》，《比较教育研究》2011 年第 8 期。

③ UNESCO, Ministry of Human Resource Development, *Education for Street and Working Children in India*, New Delhi, 2001.

④ Yaacov Iram, Mirjam Schmida, *The Educational System of Israel*, Westport: Green Wood Press, 1998. pp. 21-132.

⑤ 李芳洲、姚大学：《以色列教育发展与现代化》，《西亚非洲》2007 年第 12 期。

⑥ 陈腾华：《为了一个民族的中兴——以色列教育概况》，华东师范大学出版社 2005 年版，第 34 页。

⑦ 李芳洲、姚大学：《以色列教育发展与现代化》，《西亚非洲》2007 年第 12 期。

⑧ 余建华：《以色列科教兴国战略的特点》，《西亚非洲》2001 年第 1 期。

⑨ 薛华领：《以色列教育立国之路与创新策略》，《教育研究》2012 年第 11 期。

法》等教育法案,构筑起了流动儿童教育管理的政策环境。其次,美国教育部成立了流动人口教育办公室、流动教育协调支持中心等机构,专门负责协调各州的流动儿童教育工作,并发起流动教育项目等一系列专门教育计划。再者,各州(地方)教育管理机构、学区及学校具体负责各辖区内的流动儿童教育工作。最后,美国各级司法机构(特别是联邦最高法院)负责对流动儿童教育权利进行司法审查与监督,以司法救济的方式保障流动儿童的受教育权。

二 三个国家流动儿童教育政策对我国的启示

印度、以色列、美国的流动儿童教育政策虽因国情各异而有着不同的思想基础、动力因素及运行机制,但仍为我国进一步完善流动儿童教育政策提供了有益启示。首先,在政策制定上,一是从法律上明确流动儿童的受教育权,保障流动儿童的"教育机会平等";二是确立"弱势补偿"政策理念,缩小流动儿童与非流动儿童间的群体差距。其次,在政策执行上,一是细分流动儿童教育管理工作,明确各级各类部门的具体职责,加强部门间的沟通与合作;二是建立健全流动儿童教育政策执行的监测与评估体制机制,完善流动儿童教育政策执行的监测与评估体系。[①] 再者,在政策执行的监督上,尝试在行政诉讼领域确立"行政给付诉讼",[②]为流动儿童受教育权提供司法救济与审查,保障流动儿童平等地接受教育。

[①] 周国华、陈宣霖:《美国儿童"流动教育项目"监测与评估研究及启示》,《比较教育研究》2014年第5期。

[②] 韩世强:《流动儿童受义务教育权的实现及司法救济——兼论超法规路径的行政诉讼变革》,《华中师范大学学报(人文社会科学版)》2008年第5期。

第六章　基于统筹视角的进城农民工子女教育体制创新的研究[①]

第一节　进城农民工子女教育体制创新的目标定位

通过调研及对现有的文献分析发现，农民工子女在流入地接受教育仍旧存在一些障碍，这些问题促使我们对现有的农民工子女教育体制进行重新思考。对进城农民工子女教育问题的属性定位是我们展开研究的逻辑起点，不同的属性定位会导致研究路径、研究结果的不同；农民工子女教育问题是一个体制性问题，还是一个局部性问题，也需要给予理论上的澄清；农民工子女教育体制创新是从属于教育改革范畴的，是现有义务教育体制的一个有机部分，不是"另起炉灶"，这也折射出农民工子女教育体制创新所要实现的目标、过程具有渐进性的特征。

一　逻辑起点：进城农民工子女教育问题属性反思

进城农民工子女教育问题不是从来就有的，也不会永远存在，它随着市场化、工业化和城市化逐渐生成并引人注意，也会随着经济社会发展而逐步消失。农民工子女教育问题不仅仅是一个教育问题，也是一个由管理问题、政治问题等糅合而成的复杂问题。

（一）教育问题

农民工子女教育问题是一个教育领域的问题。从农民工子女教育问题产生的原因来看，一种是因为农民工进城后其子女随之进城，另一种则是为了让子女接受更好的教育，举家迁移，成为某种意义上的"教育移

---

① 研究生侯晓光参与了本章的部分撰写。

民"。不论哪一种情况，城市优质教育作为一种"拉力"，而农村较为薄弱的教育作为一种"推力"，都促使农民工子女教育问题的产生，这是一个不争的事实。随着国家对农村教育"补偿政策"的不断推行，其教育水平已经有了很大的改观，但在学校设施、教学理念、师资水平等方面都低于城市学校，这种差距是造成农民工子女教育问题的根本原因。① 从农民工子女接受教育的过程来看，其在学校也常受到不公平的对待，这更多的是从一种微观的视角来考察，但常常被研究者们所忽视，正如有学者认为现有的农民工子女教育研究过多关注宏观结构，缺少对微观心理机制的探讨，学校内部成为不被关注的"黑箱"。② 在整个结构层面难以改变的情况下，学校及教师也可以在缓解农民工子女教育问题上积极探索，例如可以对学习习惯、语言风俗等方面不同于当地学生的外来学生因材施教，因地制宜地开发教学方法。

(二) 管理问题

农民工子女教育问题也是一个管理问题。管理问题和教育问题是两种不同性质的问题，即使都是发生在教育系统内部，管理活动和教育活动在理论基础、活动方法上仍有很大的区别。③ 例如解决农民工子女教育问题最为基础的工作就是建立相关数据库，内容要包括农民工子女数量、年龄、学习情况、卫生情况等个人及家庭基本信息，这些信息是中央政府补偿流入地政府的凭证，也是流入地政府进行教育规划的前提，为政府的拨款、师资配置等提供了依据。但没有公安、卫生、计生等相关部门的配合协调，教育部门很难完成农民工子女数据库的建立和更新工作。另外，"两为主"政策虽然规定了"以地方政府为主"解决农民工子女教育问题，但是并没有明确规定各级政府间责任划分，这也为"两为主"政策的实施埋下了隐患。这些问题对解决农民工子女教育问题有着重要作用，但是它们并不是一个简单的教育问题，而是管理上的问题，如果将这些问

---

① 陶西平:《我国流动儿童教育问题的制约因素和政策出路》,《教育科学研究》2012 年第 5 期。
② 高明华:《教育不平等的身心机制及干预策略——以农民工子女为例》,《中国社会科学》,2013 年第 4 期。
③ 凤凰网，项贤明:《教育改革为何陷入困局》。http://edu.ifeng.com/a/20141104/40856723_0.shtml. 2014 年 12 月 2 日。

题定性为教育问题的话,便只能"南辕北辙",很难解决实质性问题。

(三) 政策问题

农民工子女教育中的一些问题属于利益分配的政策问题,这些问题则需要政府通过政治上的手段进行调节。户籍制度将中国的公民分为城镇居民和农村居民,进而以户籍为凭证,不同类别的公民享受着不同的国民待遇。在农民工流动较少的静态格局下,不同类别的公民按照其所属的参照进行自动的身份识别,但当数以亿计的农民工涌入城市后,他们便转向城市的参照体系。[①] 这样不仅城乡社会经济之间存在二元结构,城市内部也开始出现二元结构,而城乡教育二元结构其实是城乡社会经济二元结构在教育上的反映,通过农民工的流动,城乡间教育二元结构便顺利在城市内部得以复制。由于城市内部教育二元结构,农民工子女在流入地面临着受教育机会不平等的问题,在义务教育阶段,户籍地的学生要拥有入学的优先权,而且农民工子女往往需要缴纳高额的赞助费。学者项继权认为农民工子女义务教育"财"的问题,实际上是"政"的问题,[②] 涉及中央政府与地方政府、流入地政府与流出地政府、农民工子女与户籍所在地公民的利益分配问题。通过教育方法、管理方法已经很难真正解决这些问题,只有对社会阶层利益重新调整,才能达到"破旧立新"的效果。

对农民工子女教育问题属性的反思,并不仅仅是对其性质进行定位,更为重要的是要对农民工子女教育中的问题进行分类,弄清楚哪些是教育问题,哪些是管理问题,哪些则为政策问题。只有将最基本的问题搞清楚,才不至于将农民工子女接受教育过程中出现的问题统统归为教育问题,进而寻找合理的解决方法,否则将会事倍功半,甚至"南辕北辙"。本研究从较为狭义的范畴对农民工子女教育问题展开探讨,试图构建一个以教育职能部门为主导,公安、财政、编制、社保、医疗等多部门配合的管理体制,该体制主要关注进城农民工子女教育及教育相关之事,而不是包括教育之外的户籍、就业、稳定、保险、医疗等更广范围内的事。

---

① 俞可平:《新移民运动、公民身份与制度变迁:对改革开放以来大规模农民工进城的一种政治学解释》,《经济社会体制比较》2010 年第 1 期。

② 项继权:《农民工子女教育:政策选择与制度保障——关于农民工子女教育问题的调查分析及政策建议》,《华中师范大学学报(人文社会科学版)》2005 年第 3 期。

二 体制困境：进城农民工子女教育问题的三个效应

党和政府非常重视农民工子女教育问题，自1996年4月国家教委基础教育司制定并发布了《城镇流动人口中适龄儿童、少年就学办法（试行）》政策以来，农民工子女"有学上"的问题基本得到解决，但是一些深层次的问题仍然没有得到切实解决，例如异地中高考问题，财政资源配置问题等。更值得注意的是这些问题不是简单的地方性问题，而是复杂的体制性问题，这种体制性困境集中地体现在"洼地效应""巴士效应"及"玻璃门效应"三大效应上。

（一）"洼地效应"：现在与未来的教育发展统筹

所谓"洼地效应"本是指水总是往低处流动，当一个地方农民工子女教育工作做得越好，就会吸引更多的农民工子女前来就读，从而增加了流入地政府、流入地学校在农民工子女教育上的财政、管理压力。课题组成员在无锡调研时访谈中就发现，很多来无锡的农民工就是因为听说无锡的农民工子女教育解决得比较好而来的。这种效应导致地方政府、学校对于更好解决农民工子女教育问题缺乏足够的动力，课题组成员在温州和广州的调研中也发现存在"洼地效应"。"洼地效应"对教育的挑战是如何统筹现在与未来的教育发展问题。

（二）"巴士效应"：城市与乡村的教育发展统筹

所谓"巴士效应"是指先挤上公共汽车的人不希望别人再进来，急切地关上门以便于自己能更快地到达目的地，在此指户籍地居民在享受优质的教育资源时，不希望新来的"外地人"共同分享。在温州，这一情况特别明显，很多当地温州人甚至是刚刚买房的温州人，不希望进城农民工子女与他们共同享受教育资源。课题组成员在温州调研时发现，温州是一个"比较排外"的城市，温州当地人不愿同外地来的人结婚成家，政府部门的官员基本上都是温州当地人，在对待外地人特别是农民工的态度上显得比较冷漠。但同样是温州当地农村人或温州其他区的人，又特别渴望能在温州市区买房落户、生存发展。这种特别的现象称之为"巴士效应"。"巴士效应"对教育体制的挑战是如何统筹城市与乡村的教育发展问题。

(三)"玻璃门效应":教育均衡与社会公正的统筹

所谓的"玻璃门效应"主要指一些政策看起来很好,但由于受到政府职能、思想观念及其他规定的限制,很难真正实施,使得政策最终"看得见、够不着"。广州市政府为解决农民工子女教育问题做出了巨大的努力,很多农民工子女因为一些政策而获得了同等入学升学的机会,但在访谈很多的专家、学者及农民工家庭后,发现他们对于广州市出台的农民工子女教育政策并不太看好。拿中考升学政策来说,广州市每年只有8%的指标分享给外地学生,而在2008年,广州市约有40万外来农民工子女在接受义务教育。[①] 2013年是异地高考"破冰之年",有4144名考生在全国12个省份参加了异地高考。[②] 这些中高考指标对于数量庞大的外来农民工子女而言无异于杯水车薪!因此,虽然政策的愿景是很美好的,如同等待遇、就近上学、异地高考、积分入学、积分入户等,但通过对政策执行情况进行仔细研究后可以发现,对于绝大多数的农民工子女来说,始终存在一个无形的"玻璃门",使得这些美好的愿景看得见却很难实现。因此,"玻璃门效应"对教育体制的挑战是如何统筹教育均衡与社会公正问题。

三 改革目标:进城农民工子女教育的二重诉求

从进城农民工子女教育体制创新要实现的教育目标来看,其具有阶段性和层次性的特点。如果只是重视远期目标或者说一种理想目标,而忽略近期目标,那么制定的目标便很难实现,最终成为"镜花水月";但忽略远期目标,只强调眼前目标,将会落入"头痛医头,脚痛医脚"的窠臼。因此,农民工子女教育体制创新目标要坚持长远目标与近期目标、教育目标和社会目标相结合。

(一)教育目标:从"有学上""上好学"到"好上学"

2003年9月30日,国务院办公厅转发了教育部、中央编办、公安部等六部门《关于进一步做好进城务工就业农民子女义务教育工作的意

---

① 袁连生:《农民工子女义务教育经费分担政策分析》,《中国教育学刊》2010年第2期。
② 段成荣、吕利丹等:《城市化背景下农村留守儿童的家庭教育与学校教育》,《北京大学教育评论》2014年第3期。

见》,《意见》明确指出流入地政府负责进城农民工子女接受义务教育工作,以全日制公办中小学为主;建立完善保障进城农民工子女接受义务教育的工作制度和机制;建立进城农民工子女接受义务教育的经费筹措保障机制等多项规定。"两为主"政策实施十年有余,各级政府为保证农民工子女教育权利做了多方面的努力,也取得了一定的成果,基本上解决了其"有学上"的问题。据2014年12月4日报道,北京市义务教育阶段的农民工子女达到41.9万人,而就读公办学校的占总人数比例为74.7%;在2014年12月4日,江苏教育工作简报就报道了江苏南京市玄武区、无锡市滨湖区将农民工子女100%地安排在公办学校就读,而江苏省公办学校接纳农民工子女达84万人,接纳率高达86.58%。在看到成绩的时候,我们也要居安思危,因为仍旧有农民工子女因为各种原因,无法在非户籍地接受义务教育。因此,保证农民工子女"有学上"应该是体制创新的基础目标。

在确保农民工子女"有学上"的基础上,也要着力提高其就学质量,这便意味着政府对公共教育资源的重新分配,使公共教育资源的分配更加倾向于农民工子女及其就读的学校。例如杭州市通过三个"一个样",确保农民工子女享受高质量的教育:第一,就学同城市孩子一个样,在公办学校享受平等的教育权利;第二,收费同城市孩子一个样,在公办学校就读与城市孩子享受一样的免费义务教育;第三,在评优方面和城市孩子一个样,农民工子女在分班、课外活动方面与户籍地子女没有差别。而且杭州市政府积极支持农民工子女学校的建设,加强对打工子弟学校的指导和督查,建立公办学校与农民工子女学校互助共同体等。[①]现在还有很多的农民工子女就读于民办学校和专门的打工子弟学校,这些学校和公办学校相比,师资力量、学习环境、管理方法等都有很大的差距。因此确保农民工子女"上好学"理应成为教育体制创新回应的目标之一。

农民工子女接受的公平教育应该包括起点公平、过程公平和结果公平,所以在保障其"有学上""上好学"的基础上,也要注重在就学的过程中确保农民工子女被公平对待。当然,公平不是平等,在对待学习、生

[①] 徐一超:《低门槛 双通道 上好学——进城务工人员子女教育的杭州模式》,中国广播电视大学出版社2009年版,第129—130页。

活能力、适应能力较为"弱势"的农民工子女群体时,学校和教师应该注入更多的心血,这种形式上的不平等是一种实质上的公平,这也是"弱势补偿"政策的微观、具体体现。例如2011年7月21日中工网农民工频道报道了威海市教育局及学校大力推行"食暖行"工程和校舍安全工程,有效解决了农民工子女在校的生活问题,为农民工家长解决后顾之忧;针对农民工子女家庭教育水平差,父母文化程度低等现实情况,学校成立了家长委员会,通过召开家长会、举行经验交流会等多种方式,提高家长的思想认识和家庭教育水平。农民工子女受教育机会的不平等可以看为一种"显性不公",这种不公平可以被容易地看到,而在接受教育中受到的不公平,则更多是一种"隐性不公",很容易被忽视,如农民工子女可能由于语言障碍,不能很好地与老师、同学交流,造成社会融入状况的不佳。因此,实现农民工子女"好上学"也应该是体制创新所要实现的目标。

(二)社会目标:从权利保障、均衡发展到"中国梦"实现

国家、社会及个人之所以重视教育,不仅是因为受教育权是公民的一项基本权利和义务,受到宪法和法律的保护、强制,更为重要的是教育有"工具性作用"。我们可以用教育公平来平社会之不平,打破社会阶层的代际复制。教育有如此重要的作用,所以它也是一把"双刃剑",利用的好就可以促进社会阶层的流通。如果教育领域本身就存在严重的不公平,那么利用教育来促进社会阶层间的流通也会受到影响。因此,我们需要从更宏大的视角,来思考和审视农民工子女教育体制创新所应该实现的目标。

受教育权是作为公民、作为人的一项最基本的权利。1989年联合国通过的《儿童教育权利公约》、1990年《儿童生存、保护与发展世界宣言》等文件都强调了对教育弱势群体进行补偿教育以消除教育中的不平等现象,提出儿童教育权利对于儿童的保护和发展的重要性。1994年6月,联合国教科文组织和西班牙政府在西班牙的萨拉曼卡召开了"世界特殊教育大会",提出实现全纳教育的主张,提出每个儿童都有受教育的基本权利,必须获得可达到的并保持可接受的学习水平的机会。[①] 我国

[①] 转引自周佳《教育政策执行研究——以进城就业农民工子女义务教育政策执行为例》,教育科学出版社2007年版,第37页。

《宪法》第四十六条明确规定"中华人民共和国公民有受教育的权利和义务",《义务教育法》第四条规定"凡具有中华人民共和国国籍的适龄儿童、少年,不分性别、种族等,依法享有平等接受义务教育的权利"。从国际国内的诸多法律、文件当中可以清楚地看出,每个适龄儿童都应该接受义务阶段的教育。农民工子女不论流动到何地,其终究是具有中华人民共和国国籍的公民,其基本的人权需要得到法律的保障。因此,相关教育治理主体必须严格依照法律办事,确保农民工子女受教育权利的实现,这是教育体制创新所要达到的社会目标中最为基础性的目标,也是一种较为微观层面的目标。

从城乡分野的大视角看,中国教育存在二元结构,即城市教育和农村教育两大系统,但从较为中观的层面来看,城市内部的教育也不是"铁板"一块,亦呈现出二元结构的样态,即户籍地人口教育系统与非户籍地人口教育系统,虽然这种二元结构不像城乡教育二元结构那样"泾渭分明",但这种结构样态由于大量农民工的涌入被更加清晰地形塑出来。不论是城乡之间的二元结构,或城市内部的二元结构,都涉及利益的配置问题,正是由于利益场内部的利益不均等或不同利益场之间的冲突,造成了社会系统的和谐度降低。在一定的时期内,一个国家或地区的教育资源是有限的,没有达到按需分配的局面,不同的利益主体会由于零和的利益配置引起不可避免的矛盾,这就需要政府提供利益博弈、利益协调、利益分配的平台和机制,[①] 以将冲突限制在一定范围之内。农民工子女教育问题产生的原因有很多种,但有两个重要的原因不容忽视:第一,农村教育质量较之于城市教育质量的相对落后性,这种局面的出现涉及历史、政策、文化等不同的因素。但从目前的实践来看,资源的分配不均是导致这种处境出现的一个重要原因,这里的资源不仅指财政、师资等方面,也包括城乡之间政策资源配置的不均衡,而正是由于政策资源配置的不均衡才引起财政、师资等配置不均的一系列连锁的不良反应。第二,流入地政府及当地居民仍旧存在一种"地方保护主义"的思想,他们对农民工持"经济上接纳,社会上排斥"的态度,只希望农民工为当地的经济做出贡

[①] 李屏南、朱国伟:《转型社会和谐利益场的构建:制度功能与政府角色——量、向、质的分析范式》,《湖南师范大学学报》2009 年第 6 期。

献，而忽视了或者主观上并不愿意与他们分享本来就不多的公共服务资源。从这两方面来看，均衡城乡之间、城市内部之间的教育资源，不仅有利于解决农民工子女教育问题，更是实现教育公平、社会公平的重要途径。

2013年3月17日，在十二届全国人大第一次会议闭幕会上国家主席习近平多次提到"中国梦"，并且指出必须通过"走中国道路，弘扬中国精神，凝聚中国力量"的路径来实现"中国梦"。中国梦的内涵很丰富，包括国家富强、社会和谐、人民幸福等方面，所以中国梦的实现也需要不同领域、不同阶层的人共同构筑。国家层面有中国梦，那么中国的教育梦是什么？在2013年的两会上，教育部部长袁贵仁讲到他心中的教育梦是"有教无类、因材施教、终身学习、人人成才"，如果从这四个方面来勾画教育梦，那确保进城农民工子女受教育的起点公平、教育过程公平、教育结果公平便是实现教育梦的重要内容，而实现教育梦不仅是完成中国梦的本质要求，也是促进中国梦实现的强大动力。因此，在解决农民工子女教育问题时，不仅要关注细微之处，更要从大处着眼，从全局的视角来对农民工子女教育问题进行再认识。

四　战略定位：进城农民工子女教育改革的两个关键

党的十八大报告中明确提出"要深化教育领域的综合改革"，进城农民工子女教育体制创新也是综合改革中的一个组成部分。既然是综合改革，便会涉及错综复杂的改革项目，这些改革项目在理想化的状态下应该是相互配套，但实际情况中会出现相互"掣肘"的现象，这便需要对改革领域、改革顺序及改革原则进行深刻清晰的阐述。

（一）系统思维

《国家中长期教育改革和发展规划纲要（2010—2020）》明确将农民工子女教育问题上升到国家统筹发展的高度，但由于地方政府对农民工子女教育统筹仍缺乏一个清晰认识，导致农民工子女教育问题解决得不彻底。因此，有必要运用系统的思维，从统筹的视角对农民工子女教育问题进行重新审视和剖析。

1. 战略维度：提升对进城农民工子女教育问题的认识高度

农民工子女教育问题裹挟在城市化、工业化、市场化的进程当中。20

世纪 80 年代,农民工迁移模式逐渐从"候鸟型"向"举家型"转变,农民工子女的教育问题开始出现。这一时段由于其人数不是太多,学生大多在居住地附近的公立学校和私立学校借读,但仍有少数农民工子女因为高昂的借读费、上学路途较远、家务劳动太重等原因而失学或辍学。而这时期进城农民工及其子女被认为是城市的"盲流",政府的政策是大力阻止其流动——"围堵";90 年代后,随着城市中农民工子女越来越多,民工子弟学校大量出现,国家开始从"围堵"变为有限接纳,允许部分条件较好的民工子弟学校存在,先后出台了《流动儿童少年就学办法(1998)》及《关于基础教育改革与发展的决定(2001)》,指出"要重视解决农民工子女接受义务教育的问题,以流入地政府管理为主,以全日制公办中小学为主",认识到农民工子女受教育是一种权利,必须加以法律保障。

2006 年以后,国家把教育公平作为一种基本的社会价值,并开始实施城乡免费义务教育,农民工子女教育被纳入义务教育体系之中,出台一系列创新教育政策如政府购买学位、农民工新市民化等,农民工子女教育权利得到很大程度的保障。2010 年后,农民工子女教育问题开始与国家城镇化、城乡一体化战略紧密结合起来。从国际流动人口子女教育政策来看,印度致力于流动人口子女的教育公平及权利保障;以色列把移民子女的教育与国家的繁荣昌盛和民族复兴联系起来,而且效果显著,其也在短短的几十年中成为世界军事和科技强国;而美国则完善流动人口子女教育法治保障,从法律制度、政府行为和社会监督等方面构建了一套完善的教育管理制度体系。

因此,从国内对农民工子女教育问题的认识逐渐加深和国际上流动人口子女教育政策比较来看,对农民工子女教育问题的认识必须有一个新的高度。要把农民工子女教育问题与国家的公平正义联系起来、与建设法治中国联系起来、与中华民族复兴联系起来,这就是农民工子女教育统筹的战略维度。

2. 利益维度:完善进城农民工子女教育发展的现实支撑

农民工子女教育问题从 20 世纪 90 年代成为一个社会问题以来,得到社会各界人士的关注,政府也出台了《流动儿童少年就学办法》(1998)、《关于基础教育改革与发展的决定》(2001)、《关于进一步做好进城务工就业农民子女义务教育工作的意见》(2003)、《关于深化农村义务教育经费保障机制改革的通知》（2005）等多个政策法令或法律。2006年全国人大通过了新修订的《中华人民共和国义务教育法》，从权利保障、教育公平等各方面进行了立法及实施工作，基本解决了农民工子女上学难的问题。

然而，农民工子女教育问题仍然没有得到较为妥善的解决，各地农民工子女较大部分仍然在那些设施落后、师资薄弱、交通不便的学校就读，"同一片蓝天，不同的学校"，不平等教育情景仍然在各地存在；更为甚之的是，很多农民工子女在城市就学仍然受到歧视，很多城市居民不愿意孩子就读的学校或班级中有农民工子女，农民工子女难于融入城市，农民工子女教育政策得不到有效执行或受到人为梗阻。在农民工子女教育政策日益完善，免费教育全面实施的环境下，农民工子女教育为何仍然得不到最后解决，其中原因之一就在于没有解决农民工子女教育政策相关者的利益问题。

根据利益相关者理论，每一项政策都会涉及不同利益相关者的利益，因而不同利益相关者对政策的支持或反对力度也是不一样的。农民工子女教育政策涉及的相关利益者有：作为政策决策者的国家政府、作为流入地和流动地的地方政府、作为政策直接对象的农民工子女及其家庭、民工子女就读的公立或私立学校教师或投资者等，以及其他方方面面的利益涉及者如户籍管理、交通运输、社区服务等部门。这些利益主体之间存在委托代理、竞争合作、互动博弈和相互依赖等多种关系，这也导致农民工子女教育政策在执行过程中被"软化"，因此政策的制定必须考虑到这些不同的利益主体对政策的接纳或支持程度，不能想当然认为"好"的政策就会取得"好"的结果，要清晰地辨认出农民工子女教育各个治理主体的利益需求，并对这些利益进行整合和平衡，这便是农民工子女教育统筹的利益维度。

3. 技术维度：立足进城农民工子女教育发展的切身需要

农民工子女教育问题虽然得到相当大程度的解决，基本上解决了"有学上"的问题，但对于"上好学""好上学""学有成"等深层次的问题仍然没有得到很好的解决。面对这样一些深层次的问题，除了在政策制定时更多地考虑公平、利益等问题之外，另一个不可忽视的方面就是现代技术问题。在这方面，国外一些经验值得借鉴。在美国，在中央政府层面，美国教育总署设立了流动人口教育办公室，具体负责管理美国各州流动儿童的教育工作，并提供资金、技术支持；在地方政府层面，每个学区和学校都设一个流动儿童教育顾问，任何流入到当地的流动儿童只需要一个电话报告自我情况，就能得到很好的教育安置服务。这种体制上的技术设计对于流动人口子女的教育是一个切实的帮助。

此外，一些国家还设置具体项目计划来保障和促进流动儿童教育质量提高。如印度实施的"黑板行动计划"，保证全国每所学校都有2间合理的教室、2名教师及如黑板、地图、图书、乐器等基本的学习材料；以色列政府实施的"牛奶项目"，为儿童一天提供至少一杯牛奶及学校必需的餐具；美国政府全国流动人口办公室先后出台了流动者教育相同起点项目，以改善移民幼儿和成人的读写能力。这种专门项目计划技术切实保障了流动人口子女的教育权利。

近年来我国在农民工子女教育问题上的技术运用也取得较大进步。如目前在全国推行的学生电子学籍制度就是一个保障农民工子女就学、转学和升学的有力的监测，有效地防止农民工子女的失学和辍学。另外，在全国各地逐步实施的异地高考政策也是在技术层面保障农民工子女教育权利的制度设计。

总之，农民工子女教育问题的解决除了在认识上把它上升到国家发展、民族复兴的高度，在政策制定上考虑政策相关者的利益外，也需要在实施层面上考虑到农民工子女切身的教育需求，注重从技术上解决问题。因此，农民工子女教育问题的最后统筹解决，必须关注战略维度、利益维度和技术维度。

(二) 推进原则

进城农民工子女教育体制创新需要系统思维，从战略维度、利益维度和技术维度进行统筹，那么如何进行具体的操作，这便涉及推进原则的问题。

1. 联合治理

农民工子女教育改革不仅是一个教育体制转型的过程，也是培养创造多元教育治理主体和复兴教育治理主体的过程。随着国家政治权力的退让以及对市场配置资源机制的重视，导致从原本"大一统"的社会中逐渐产生出不同类型的社会治理主体。当代中国社会呈现出三大系统，即国家系统、市场系统和民间系统,社会主体的分化造成了社会功能的专一化,这便造成了一种"部门分立机制"。① 农民工子女教育现状之所以没有达到一个更为理想的水平,这种"部门分立"的主体分化难辞其咎。

对解决农民工子女教育问题,政府间建构一种伙伴关系非常重要。当前有几个领域亟待加强政府之间的合作:第一,农民工流入地政府和流出地政府囿于行政管辖范围、层级而难以顺畅交流。我国教育财政是按照户籍地的学生人数来进行划拨的,并不是根据在校生的实际人数来拨付的,也就是说农民工子女流入城市后,本该"随之而去"的教育经费仍留在了户籍所在地,流入地政府并没有得到这部分教育经费,这便出现了一个矛盾:接受农民工子女入学的流入地政府不仅没有得到原本属于这些学生的教育经费,反而还需要额外增加本地的财政支出,进而来回应中央政府的"两为主"政策;但反观流出地政府,农民工子女流出不仅减轻了其财政压力,而且他们在实际上又"截留"了本该属于农民工子女的教育经费。从纯粹的理论和道德角度来讲,流出地政府应该把"不劳而获"的教育经费返回给流入地政府,以此来补偿其在解决农民工子女教育问题上的额外支出。但是由于缺少一种对话平台、强制机制及技术方法,这种不合理的财政拨付方式并没有达到有效遏制。第二,条块分割下的各职能部门难以有效沟通。要想彻底解决农民工子女教育问题,仅靠教育部门是行不通的。例如流入地政府没有能够对农民工子女教育进行统筹规划,其中一个重要原因是缺少农民工子女的基本信息,而收集这些信息则牵涉到教育、公安、计生等职能部门;农民工子女也会因为家庭贫困而辍学,这便涉及教育、社保、劳动等职能部门;农民工子女在流入地参加异地就学往往需要出具证明,这便涉及教育、计生、公安等职能部门。总之,由于农民工子女教育问题牵涉到方方面面,因此需要在政府间建立一个合作平台。

另外,有效地解决农民工子女教育问题也需要政府以外的组织、个人等治理主体的积极参与。由于农民工子女数量不断增加以及城市教育资源的有限性,不可能让所有的农民工子女都进入公办学校,这就需要发动社

---

① 张兆曙:《城市议题与社会复合主体的联合治理——对杭州3种城市治理实践的组织分析》,《管理世界》2010年第2期。

会力量来解决农民工子女教育问题,例如通过民营化、服务外包的方式拓展教育资源的提供主体;一些志愿组织、社会团体也可以在促进农民工子女社会融入方面进行服务等。

2. 统筹发展

教育系统是社会系统中的一个部分,所以教育改革不能不顾其他领域的改革而"特立独行",但也不能过于受其他领域的改革所牵绊而"踌躇不前",因此要用统筹的原则来指导教育领域的改革。统筹农民工子女教育发展,不仅要统筹城乡之间、城市内部的教育发展,更要统筹教育与其他领域的协同发展。因此,统筹农民工子女教育发展有几个主要着力点:第一,统筹教育发展和经济增长的关系。解决农民工子女教育问题需要有强大的财力、物力支持,如果过于用行政的力量来推行"两为主"政策,则会加重一些财力欠佳的流入地政府的财政负担,影响其长远的社会经济发展,进而也会影响教育的可持续发展。第二,统筹教育服务和其他公共服务间的发展。在一个国家和一个地区财力一定的情况下,投入到教育领域的资金越多,便会影响到其他公共服务的投资。虽然教育是一项重要的公共服务,但并不是所有的公民在每一个阶段都需要这种服务,可能有些公民对医疗、住房的需求甚于教育服务,因此切不可因盲目重视教育服务而忽视其他公共服务的发展。第三,统筹城乡之间的教育发展。在教育人事、教育投入、学生培养、教育管理、办学制度等方面对城乡教育发展进行统筹规划,这种统筹并不是走"城市决定农村"的单向道路,而是更加注重互动的双向性和发展的协同性。第四,统筹城乡内部之间的教育发展。在入学机会、教育过程和教育结果方面要保障农民工子女的平等受教育权,但是改革推进速度过快,会导致流入地居民的反对,这便需要统筹户籍地居民和非户籍地居民的教育利益,切不可简单地持"地方保护主义"或"公平至上"的观念。

3. 渐进改革

渐进式改革是采取先易后难,循序渐进,通过试点和微调来进行体制改进、过渡的办法。[①] 农民工子女教育问题是一个体制性的问题,其涉及的利益群体数量之多,程度之深,再加上中国的基本国情,决定了其创新

---

① 李培林:《改革和发展的"中国经验"》,《甘肃社会科学》2010年第4期。

是一项渐进、系统的工程,不可能一蹴而就。我们需要这种"爬行式"的渐进改革,但是要谨防渐进改革变为"有限改革"的借口,农民工子女教育体制渐进改革往往会呈现几个误区:第一,随着经济社会的发展,农民工子女教育问题会自动、自发地解决。在 2008 年,约有 40 万的农民工子女在广州市接受义务教育,但是只有 30%的人在公办学校就读,而其他 70%的人就读于民办学校或农民工子弟学校,政府对这些学校基本没有提供财政方面的补助。而处于西部地区的贵阳市,虽然也有 70%的农民工子女在民办学校就读,但这些学校能得到政府的资金补助。[①] 因此,农民工子女教育问题并不是简单的经济问题,在可预期时间内也不会随着经济社会的发展而自动消失,必须利用"有形之手"进行调控和干预。第二,农民工子女教育体制要小修小补,切不可"下药过猛"。当改革进入深水区时,如果不进行深层次、实质的改革,很难释放改革的红利。拿农民工子女异地高考来说,如果不从根本上改变录取招生制度,只是出台一些政策文本"敷衍了事",则很难真正保障农民工子女教育权利。第三,农民工子女教育体制创新是几代人的事,这代人完不成,还有下一代。从改革本身来说,都有一个改革的"时间窗口",错过了改革机会,不仅会增加改革成本,也会增加改革风险。当前我国社会经济运行良好,国家对教育的投资力度也在不断加大,社会各界对农民工子女教育问题也越来越关注,如果不把握这个机会,推进农民工子女教育改革,再任由问题发展,将会越来越棘手。从公民的受教育权角度来讲,保障每个公民的平等受教育权都是大事,这关乎政府国际形象及其执政的合法性,关乎社会的稳定,关乎每个人有尊严的生活,切不可抱"懒政"的思维来推行农民工子女教育改革。

我们所说的渐进改革是一种良性的渐进、一种科学的渐进、一种基于事实的渐进,把自上而下的战略部署和自下而上的创造结合起来。例如解决农民工子女教育问题需要进行户籍制度方面的改革,由于受实际情况限制,不可能在各个城市都全面放开落户条件,但是可以在一些中小城市逐渐降低甚至取消落户条件。2014 年,国务院出台《国务院关于进一步推进户籍制度改革的意见》,明确指出全面放开建制镇和小城市的落户限

---

① 袁连生:《农民工子女义务教育经费分担政策分析》,《中国教育学刊》2010 年第 2 期。

制，有序放开中等城市的落户限制，合理确定大城市的落户条件等，这便是渐进原则在改革中的灵活运用。

第二节 进城农民工子女教育体制创新的路径选择

20世纪80年代，伴随着工业化、城镇化以及农业现代化速度的加快，农民工子女教育问题日益凸显并引起社会、学界及政府关注。20余年来，政府组织、非政府组织、社会及个人根据自身的角色定位和角色期待为解决农民工子女教育问题在不断努力，并基本上实现了农民工子女"有学上"的教育目标。然而，同样令人感到遗憾的是，仍旧有农民工子女在师资力量薄弱、卫生安全不达标的打工子弟学校就读，民办学校在政策和资源方面没有受到公平对待，而且就读于公办学校的农民工子女也常常遇到一些心理、学习、融合等方面的问题。反思和总结现有农民工子女教育的实践经验，不仅仅是对过去和现在一些实践经验的重视，更是希冀为农民工子女教育体制创新提供一些启示。正如诺思教授所强调的"增长的路径依赖"一样①，只有建立一个公平高效的农民工子女教育体制，才能为解决农民工子女教育问题提供一条"可以依赖的路径"，进而推动教育公平和社会公平的实现。

一 实践路径：我国进城农民工子女教育体制的诱导性变迁

诱导性变迁，即组织或个人在回应由制度不均衡引致的获利机会时所进行的自上而下的自发性变迁，在自发性变迁过程中，政府所需要发挥的作用非常有限，而且变迁往往受社会需求直接引发，由社会组织完成，其满足社会需求度高且社会代价也相对较小。②人类的局限性使得依靠自下而上培养增进自发秩序的办法变得有益，正如哈耶克所说"人类智识远不足以领会复杂人类社会的所有细节，我们没有充分的理由来细致入微安

---

① 江怡：《制度变迁理论对中国现代化路径选择的启示》，《江汉论坛》2003年第12期。
② 李俊清：《试论民族地区制度变迁的路径选择与可持续发展》，《中国行政管理》2009年第7期。

排一种迫使我们满足于抽象规则的秩序"。① 由于我国区域之间、城乡之间经济社会发展情况差异大,流入地政府的教育资源也不一样,诱导性变迁便成为农民工子女教育体制创新的一条有效路径。

(一) 国内的实践和经验

近年来,随着国家和社会对农民工子女教育问题的重视,不少地方政府逐渐开始根据常住人口数量来提供公共服务,社会各界也在为解决农民工子女教育问题积极努力,采取了许多行之有效的办法,为这些"流动的蒲公英"创造良好的学习生活环境,并积累了很多成功的经验,这些经验应当被总结和推广。

1. 地方在解决农民工子女就学及师资配置上的探索

(1) 入读公办学校的程序及门槛设置情况。从入读公办学校程序的规定上可以看出流入地对农民工子女接受的态度。由于公办学校容量有限,存在一些门槛是必要的,但是过于繁杂的手续会增加农民工子女入学障碍。据番禺信息教育网报道,2014 年广州番禺区实施积分免费入读公办学校,并要求通过"外来务工人员子女积分入学网上申请系统"进行网上报名,具体流程:第一,系统将公布番禺区 2014 年外来务工人员子女积分申请入学学位一览表,对各镇、街道可提供申请的公办学校起始年级免费学位分布情况进行公布,以便申请人按居住地或工作地填报志愿。第二,网上报名。申请人自行在网上注册申请信息,按照表格填写并将个人信息填报上传。第三,审验。网上审查期间,系统会逐步呈现各项积分审核部门的初审结果,申请人可查询并了解积分情况。如果有疑问,可以通过审核系统向相关部门申诉,要求重审。第四,系统完成审验后,公示积分结果。2014 年北京市教委在《关于 2014 年义务教育阶段入学工作的意见》规定非本市户籍适龄儿童少年在本市接受义务教育的,需要父母或其他法定监护人出具本人在京务工就业证明、在京实际住所居住证明、全家户口簿、在京暂住证、户籍所在地街道办事处或乡镇人民政府出具的在当地没有监护条件的证明等材料。可以看出,农民工子女入学还是有一定门槛限制的,"材料准入""积分入学""优惠政策模式"等是较为常

---

① 转引自柯武刚、史漫飞《制度经济学——社会秩序与公共政策》,韩朝华译,商务印书馆 2002 年版,第 177 页。

见的形式，农民工随迁子女入学门槛种类繁多，设置的随意性也较大，不同区域之间的差异也较为显著。① 设置入学门槛是必要的，但是给予地方过大自由裁量权，会使"两为主"政策的实施受到阻碍，因此有必要对不合理的入学条件进行规范和清理。

（2）保障农民工子女权利方面的实践情况。农民工子女作为中华人民共和国的公民，理应获得平等的受教育权，这是受到宪法和法律保护的。但由于我国教育管理体制和财政拨付体制的原因，流入地政府没有管理农民工子女的权限和责任，亦没有解决其教育问题的动力，所以造成了对农民工子女受教育权的忽视。随着政府职能的转变，责任、回应、放权、服务型理念成为形塑政府的重要价值取向，政府及社会也开始积极保障农民工子女的受教育权。从 2012 年开始，广州白云区每年会在中小学起始年级统筹若干公办学校学位给符合条件的农民工子女，并且规定在就读期间，享受户籍学生待遇，免学杂费和课本费，不收取借读费，其他和本区户籍学生一致。2012 年 6 月，为了缓解企业用工短缺的状况，福建省人民政府办公厅发布了《关于缓解企业用工短缺做好用工服务八条措施的通知》，规定在义务教育阶段的农民工子女，可以在暂住地就近入学，并可在接受教育、参加团队组织、评优评先、参与文体活动及实行奖励等方面与户籍所在地的学生享受相同的待遇。2012 年 7 月，无锡市政府人民办公室印发了《关于进一步做好无锡市区外来务工就业人员子女义务教育工作的意见》，《意见》规定各区人民政府要将农民工子女接受义务教育列入教育经费预算，农民工子女按规定入读公办学校的，实行与本地学生同等收费政策，不收取借读费、捐助学费等。

（3）促进农民工子女社会融合方面的实践情况。根据教育部公布的数据显示，2013 年底全国义务教育阶段农民工子女达到 1277 万人，其中进入公办学校的人数占总人数的 80.4%，② 这表明"两为主"的政策取得了一定的成效。然而，入学机会的公平只是教育公平的一个部分，一个起点而已，农民工子女进城以后，他们能否真正适应和融入城市生活，这对于教育公平和社会公平的实现亦是非常重要的。2012 年 7 月，北京市教

---

① 雷万鹏、汪传艳：《农民工子女入学门槛的合理性研究》，《教育发展研究》2012 年第 24 期。

② 张婷：《全国超八成随迁子女就读公办校》，《中国教育报》2014 年 2 月 21 日。

育工作委员会、教育委员会等印发《北京市中小学德育工作行动计划(2012—2015年)》的通知,《通知》规定开展进城务工人员农民工子女融入教育,实施京籍和非京籍学生手拉手活动,给予来京农民工子女特殊关爱和照顾,加强养成教育,提高学习兴趣。农民工子女从"熟人社会"迁移到一个"陌生"的城市,由于社会经济地位、学习成绩落后等现状不免会产生自卑的心理障碍,地方政府和学校在缓解农民工子女心理困境方面也作了积极的努力。

(4)义务教育后升学考试方面的探索。根据中国人民大学人口学研究所2005年全国1%抽样推算,2005年6—14周岁的农民工随迁子女达到816万,① 而且据相关研究发现,许多农民工已经不再频繁流动,呈现出"落户"的特征。② 这意味着816万的农民工随迁子女已经该陆续进入高中或大学阶段,但国家高考招生政策明确规定按照户籍所在地考试,这就隔断了农民工随迁子女在流入地连续就读的路径。中央和地方政府在保障农民工子女异地考试方面进行了积极的改革和探索。2012年8月,教育部、发改委等多部门联合出台《关于做好进城务工人员农民工子女接受义务教育后在当地参加升学考试的意见》,《意见》要求省一级政府在2012年底公布农民工子女异地高考方案。从目前各个省份(西藏除外)公布的异地考试政策来看,教育厅、发改委、公安厅及人保厅是政策方案的主要参加者,③ 各个省份允许报考的学校类型也不一样,大部分地区允许农民工子女报考普通高等院校,但北京、上海、广东等地,则仅仅开放了职业类的学校。就入学门槛高低来看,河北、浙江、江西等地较低,例如江西规定只要在江西高中学习一年并且具有学籍,就可在当地参加高考;重庆、广西、河南、江苏等地其次,这些地方对农民工子女连续就读及农民工子女父母的职业有所要求;北京、广州、上海等地门槛最高,而且大部分农民工子女只能报考中职高职院校,例如广东省规定,积分入

---

① 吴霓、张宁娟等:《农民工随迁子女教育的五大趋势及对策》,《当代教育科学》2010年第7期。

② 桑锦龙、雷虹等:《我国城市流动人口随迁子女高中阶段入学问题初探》,《教育研究》2009年第7期。

③ 吴霓、朱富言:《流动人口随迁子女在流入地升学考试政策分析》,《教育研究》2014年第4期。

户、高技能人才的子女才可在当地报名参加高考，而其他符合条件的农民工子女从 2014 年开始只可以报考高等职业学院。

（5）师资力量配置的实践探索。解决农民工子女教育问题，如果没有合理的师资保障，很难实现教育公平。早在 2004 年 8 月，北京市教委、市发展改革委等部门出台的《关于贯彻国务院办公厅进一步做好进城务工就业农民子女义务教育工作文件的意见》就提出"公办学校的教职工编制按照在校实际学生数进行核定"。2010 年，河南省人民政府出台《关于进一步做好进城务工农民随迁子女义务教育工作的意见》，规定教育部门和编制部门按照"总量控制、城乡统筹、结构调整、有增有减"的原则，合理调整和使用中小学教职工编制，统一县域内中小学教职工编制，要实施中小学教职工编制的动态管理，严格控制空编不补和挪用教职工编制的现象。2012 年，福建省教育厅出台《关于扶持和规范民办进城务工人员农民工子女学校发展的意见》，规定各地区要督促并指导民办农民工子女学校按照省政府《关于进一步加强中小学教师队伍建设的意见》的要求配齐配足师资。初中学校按师生比 1∶13.5 来配备教职工，小学在校生 200 人以上的学校按师生比 1∶19.5 配备教师。

（6）教师培训和交流方面的探索。农民工子弟学校和民办学校的整体师资力量相对公办学校来说较为薄弱，要求对教师进行一定的培训，促进教师交流互动，共同进步。2012 年，闵行区教育局、团区委和上海海星之家社工师事务所联合举办"阳光伴我行"活动，帮助其提升教学水平，抒发心理压力，实现教师"自我增能"的目标，从而推动整个师资队伍的发展。2013 年 12 月 17 日浙江教育在线网报道，宁波慈溪市组织学科骨干教师对全市 7 所流动人口学校开展为期两个月的支教活动，主要采用农民工子女学校教师与骨干教师同课异构及课后名师点评的教学形式来进行的，有效地提升了农民工子女学校教师的教学理念和教学水平。

（7）教师工资福利保障方面的探索。"春蚕到死丝方尽"经常被人们拿来形容教师的无私奉献精神，然而受市场经济和现实社会的"逼迫"，教师更多是以一种"经济人"和"道德人"的综合体而存在的，无论是从马斯洛的需求层次理论还是从赫茨伯格的双因素理论分析，基本的物质福利保障对教师工作积极性的激励有着重要作用。2012 年 6 月 19 日和讯网报道（记者姚丽萍），上海市设定农民工子弟小学教师的最低工资待遇，严格落实合法用工，规定学校教职工缴纳的社会保险由综合保险转变为城镇职工社会保险；民办小学教师统一纳入区、县教育局管理范围，健全工资拨付制度，并要求学校与教职工全部签订规范的劳动合同，为所有教职工缴纳社会保险，保障教师基本权益，鼓励符合条件的教师积极参加教师职称评定。广州市也努力改善接受农民工子女较多的民办学校教师的生活条件，教育主管部门支持民办学校为教师购买年金，政府应给予适当补贴，而且相关部门正在研制民办教师优先入户广州的实施办法，重点考虑以招收来广州农民工子女为主的义务教育阶段民办学校中的教师。

2. 地方在财政资源配置方面的探索

"两为主"政策实施不理想，究其原因之一就是中央政府与地方政府、地方政府之间财政责任不明所造成的。中央政府只出台政策，而没有规定其具体财政责任，凭借体制性力量将需要耗费大量资源的"包袱"委托给地方政府，而地方政府在执行这种没有资源配套的政策时亦不会尽心尽力。目前已有地方政府在积极努力改善这种局面。

（1）地方政府在财政责任上的划分。中央政府将解决农民工子女问题的责任转移给流入地政府，但并没有具体规定每一级政府的责任，这种模糊性导致各地政府在划分财政责任上存在巨大差异。2004年8月，北京市教委、财政局等部门出台《关于贯彻国务院办公厅进一步做好进城务工就业农民子女义务教育工作文件的意见》，首次明确规定各区县政府负责公办中小学经费，区县财政部门按照学校在校人数划拨生均经费，而市级财政对接受农民工子女较多的公办中小学给予专项的补助。2007年开始，贵阳市为进城农民工子女减免学杂费，2008年为农民工子女提供免费的教科书，并且对接受农民工子女的民办学校给予公用经费的补助。贵阳的农民工子女大多就读于民办学校，但是市级政府对民办学校提供财政补助。[①]

（2）地方对公办学校财政激励情况。从2001年国务院出台《关于基础教育改革与发展的决定》开始，中央政府一直强调"以公办学校为主"接受农民工子女。但基于主观和客观原因，地方政府并没有严格执行该政策，例如设置严格的准入标准、收取借读费等，为农民工子女入读公办学

---

① 袁连生：《农民工子女义务教育经费负担政策分析》，《中国教育学刊》2010年第2期。

校增加了很大困难。究其原因之一就是公办学校每接受一名农民工子女，将会稀释原本就不充足的财政资源。2014年11月10日新浪网报道南京市于2009年全面取消义务教育阶段借读费，并对所有农民工子女全面免除杂费，到了2012年，南京对接纳全市6.82万农民工子女的公办学校及民办外来民工子弟学校共计投入2000万。广东省财政厅、教育厅于2012年出台《关于调整完善城乡免费义务教育政策的通知》，规定从2013年春季学期起，在广东省普通中小学（包括民办学校）就读的农民工子女将全部纳入省财政免费义务教育公用经费补助范围。

（3）地方对非公办学校财政激励情况。由于教育资源总体的缺乏及分布不均衡，农民工子女很难全部进入流入地的公办学校学习，民办学校、农民工子女学校便成为公办学校的有益补充。随着城镇化、工业化、农业现代化速度的加快，越来越多的农民工子女会涌入城市，公办学校很难满足这些农民工子女的入学需求，因此非公学校还将会长期存在，并发挥很大作用。2008年开始，上海奉贤区对16所民办农民工小学给予办学成本补助，到2012年已达到每年每生补助5000元。此举被2013年6月5日中华人民共和国财政部官网在上海财政新闻联播中特别报道。从2014年秋开始，厦门市将对积极招收教育部门统筹安排农民工子女，并按规定免除学杂费、课本费等费用的民办学校给予办学补助，且明确规定该费用由市、区财政各承担50%。对积极接受教育部门安排的农民工子女的学校，每提升一个评估等级标准，将给予财政补助10万元。①

3. 地方在学校管理方面的探索

农民工子女教育问题是一个体制性问题，要彻底解决该问题，必须对一些现有的制度进行重塑，但地方政府在社会管理中往往遵循一种"不出事逻辑"，②在这种逻辑理念的指导下，地方政府很难在实践中对制度进行根本突破。但"上面千条线，下面一根针"，无论一个部门或者多个部门联合出台的政策，最终的直接实施者都是学校，所以学校对于解决农民工子女的教育问题发挥着至关重要的作用。在无法改变宏观管理制度时，亦可以从微观的学校管理方面进行探索，以帮助农民工子女获得更好

---

① 熊杰，马跃华：《厦门实行民办中小学分级管理》，《光明日报》，2014年4年14日。
② 钟伟军：《地方政府在社会管理中的"不出事"逻辑：一个分析框架》，《浙江社会科学》2011年第9期。

的教育。

（1）地方对公办学校管理的实践。公办学校是"两为主"政策的直接实施者之一，农民工子女全部或大部分入读公办学校体现着地方政府代表公共利益的价值趋向。对公办学校的管理主要体现在对其硬件和软件管理两个方面。在硬件管理上主要是挖掘现有办学潜力，新建扩建学校等方面。2011年，上海青浦区充分挖掘公办学校接受农民工子女潜力，尽可能增加办班数量和扩大班额，利用原有校舍扩大办学规模，如徐泾镇新建初中、小学、幼儿园后，将原有校舍仍作为公办学习资源，接受农民工子女。2011年，广东省政府出台《关于做好进城务工人员农民工子女义务教育工作的意见》，要求有条件的地方，可在县城建设教育园区，学校布局调整中闲置的校舍，可通过置换、改造、新建等形式成立公办学校。

（2）地方对非公办学校管理的实践探索。对非公办学校的硬件管理主要体现在为其提供基本的办学条件，在租金、税收等方面给予优惠等。2011年，上海青浦区政府给予每所民办学校50万元作为开办资金，用于教学设施的添置，新建电脑房、多功能实验室、图书室等，对支出较大的维修和改造项目，政府给予专项经费补助。同时上海青浦区为了提高招收农民工子女为主的民办学校的管理能力，还成立了专门的公办小学教研室，并且纳入教育局统一管理，主要负责指导学校的教学管理、监控教学计划的执行、对学校的管理者和教师进行业务培训、评价学校的办学质量，而且对学校的财务和资产进行严格管理。

（3）地方对公办、非公办学校交流互动的探索。公办学校在师资力量、教学方法、教学理念、管理方法上都比农民工子弟学校及民办学校有着更多办学的优势，因此应该充分发挥公办学校的辐射带动作用，促进非公办学校的办学质量的提升。据2013年11月10日上海教育新闻网报告，上海市在民办育红小学举行"牵手结对共发展优质均衡促双赢"活动，主要内容是要求公办学校在制度制订、教师培训、教学方式等方面给予民办农民工子女学校以支持，区教育局规定牵手结对工作要成为学校和个人工作绩效考核的指标之一，同时教育局也将为结对校提供财政支持。

（4）地方在获取农民工子女信息方面的探索。农民工随迁子女教育困境的原因之一就是其具有流动性的特点，流入地政府和学校不确定农民工的迁移是长期行为还是短期行为，而且农民工进入城市，大都从事一些不稳定的工作，所以加剧了农民工子女在区域之间、区域内的流动。农民工子女的数量、年龄、分布情况等一些信息，对流入地政府和学校的教育规划、财政拨付、师资配置、教学管理具有基础性作用。地方政府在统计农民工子女信息方面做了一些探索。2004年11月，浙江省人民政府办公厅出台《关于进一步做好流动儿童少年义务教育工作的意见》，要求对农民工子女就学情况实施动态管理，各县级教育行政部门需要将农民工子女就学情况统一纳入全省的电子学籍管理系统，并且定期上报省市教育行政部门，省市教育行政部门在教育网站上设立农民工子女就学信息专栏，定期向社会公布农民工子女情况。2010年，北京市教委对农民工子女实施宣传卡和登记卡制度，宣传卡主要公布政府工作目标、措施及各区县教委的联系方式。登记卡由各区教委组织专门人员逐校逐人登记，并将学生信息基本统一录入《来京务工人员随迁子女临时学籍登记表》，登记表交由学校保管，学生在北京市转学时必须持登记卡，到新转入学校联系，并在登记卡背面做好信息变更登记。2013年教育部印发《中小学生学籍管理办法》，要求加快建立全国中小学生学籍信息管理系统，建立全国统一的学籍信息管理规范。2014年5月，北京市教育委员会印发《北京市中小学校学生学籍管理办法的通知》，按照全国中小学生学籍信息管理系统规定的原则自动生成学籍号，一人一号，终身不变。学籍信息包含了很广的范围，涵盖学生的基础信息及变动情况、综合素质、体制健康测试及健康体检、医疗卫生、资助获奖等方面的信息。

（5）地方在解决农民工子女教育社会支持方面的探索。随着国家职能的转变，"小政府，大社会"成为政府改革的一个方向，而且伴随治理理念的传播，社会组织的日益兴起，为形成多元中心解决农民工子女教育问题营造了条件。多年来科研机构、妇联、团委、青少年保护委员会、各民主党派、企业单位等都为解决农民工子女教育问题进行了探索和奉献。据东方网上海频道2013年8月8日报道，从2月开始杨浦区定海路社区妇联，在辖区内江路小学举办了"阳光蒲公英"帮扶项目的启动仪式，该帮扶项目以"家校联手"的合作模式，进行三方面的工作：第一，做好农民工子女的社区融入工作，在假期举行一些公益活动，使其积极参与，以社区为平台，帮助他们更好融入社会。第二，举办社区家长学校，组织亲子关系、儿童心理、素质教育等农民工培训课程，帮助农民工掌握科学的教育方法。第三,建立志愿服务网络,积极发动社区企业、个人进行募捐,并为志愿服务组织出谋划策。2013年6月6日中国广播网地方新闻报道,北京市外来农民工子女融入教育项目启动,该项目由市教委委托北京教科院进行,主要是探索适合北京市的农民工子女融入模式,项目充分利用学校、家庭、社会等多元支持系统,挖掘各方面的教育资源,帮助农民工子女更好融入当地。

二 理论引导:进城农民工子女教育体制的强制性变迁

强制性制度变迁,是以中央政府和地方政府为主体,自上而下进行的制度变迁。政府运用政治意志和手中的强制权力,将制度设计出来并强加给共同体,对于违反制度规定的行为给予正式的惩罚。[①] 强制性制度变迁的优点是制度出台时间迅速,推行力度较大。其缺点也非常明显,公共选择理论认为政府是一个"经济人",再加上政府亦具有"有限理性"的特征,过于强调"有形之手"往往会挤占非政府组织、个人的活动空间,为徇私腐败提供温床。而且由于政府具有强制力,其设计并推行的制度涉及的利益主体也非常之多,如若制度本身就不具有合理性和可实施性,将会造成不可估计的恶劣影响。因此,强制性制度变迁不仅要做好顶层设计工作,而且也要"摸着石头过河";不仅要有"壮士断腕"之决心和勇气,也要有运筹帷幄之智慧,更要有物质资源、组织资源、配套制度等方面的保障。

党的十八大报告提出要努力办好人民满意的教育,深化教育领域的综合改革,着力提高教育质量。农民工子女教育体制创新属于教育改革的一个部分,其涉及的利益主体非常之多,有中央和地方政府、学校、社会、家庭及学生;牵涉到的利益内容亦复杂多样,有户籍改革、中高考制度、财政拨付制度、教育管理制度等。总之,农民工子女教育体制创新是教育改革进入深水区的一个具体体现。在这种环境下,必须要强调政府的宏观调控,进行顶层设计,强制推动,打破现有的利益藩篱,重新进行利益的调整,只有这样,才能跳出"头痛医头,脚痛医脚"的窠臼。有鉴于此,

---

[①] [德]柯武刚、史漫飞:《制度经济学——社会秩序与公共政策》,韩朝华译,商务印书馆2002年版,第130页。

新的农民工子女教育要在体制上突破，必须在管理理念或理论上有新的突破，借鉴当今国际公共管理新趋势，我们认为以下三种理念或理论是政府顶层设计所必须基于的：

（一）新公共管理理论

新公共管理是公共部门治理方式最新的理论范式变迁，它并没有取代传统的公共行政学理论的分析框架，而是增加了一种新的公共部门治理研究途径。[1] 传统的公共行政学诞生于19世纪末20世纪初，在20世纪70年代之前，其在公共部门治理研究领域一直居于支配地位。[2] 休斯认为传统的公共行政坚持四个主要原则：公共部门组织及结构应根据科层制原则建立；通过官僚部门提供公共物品和服务；提倡政治事务与行政事务分开；培养职业化的官僚职员。陈振明教授认为传统公共行政学主要特点有以制度或法理作为研究方法；以官僚体制作为主要研究对象；以政治与行政两分法作为理论基础；致力于探索行政管理的一般规律；以效率原则作为最高指导标准。[3] 可以看出，国内外学者认为传统的公共行政的理论基础是韦伯的官僚制及威尔逊、古德诺提出的政治-行政二分法。但无论从公共部门的实践还是从理论发展的进程来看，过分推崇官僚制带来的组织效率低下、组织机构冗杂、财政赤字等问题广受人诟病，而随着行政人员自由裁量权的加大以及高层行政人员政治任命的趋势，使得行政人员不可能活在没有政治的"真空"里，政治-行政二分法理论受到空前的挑战。

传统的公共行政理论与工业化初期的政府管理职能是相适应的，但是随着后工业化时代或信息化时代的到来，该理论的影响力日渐式微。新公共管理发端于英国，然后迅速传播到美国、澳大利亚及新西兰等国家。按照波利特认为"新公共管理"其主要的原则和20世纪初古典泰勒科学管理主义如出一辙，即提倡在公共部门管理中运用企业中的理论、方法及技术等。[4] 奥斯本和盖布勒在《改革政府》中，描绘了新公共管理在公共部门中的运用，他们眼中的政府是"企业家政府"，并描述了其十大特征：

---

[1] [英]简·莱恩：《新公共管理》，赵成根译，中国青年出版社2004年版，第3页。
[2] 陈振明：《评西方的"新公共管理"范式》，《中国社会科学》2000年第6期。
[3] 陈振明：《从公共行政学、新公共行政学到公共管理学——西方政府管理研究领域的"范式"变化》，《政治学研究》1999年第1期。
[4] 陈振明：《评西方的"新公共管理"范式》，《中国社会科学》2000年第6期。

政府是负责掌舵的而不是划桨的,将政府决策权和执行权进行适当分离,用政策来吸引竞争者;政府要进行授权,让社区运用权力,培养其自治能力;打破官僚等级制,鼓励积极参与和协作;不拘泥于规章制度,要按照使命来办事;以结果为导向,并以结果为标准来进行拨款;要培养政府的事业心,创造多元的收入渠道;要建立一个未雨绸缪的政府,而不只是解决问题;在提供公共服务时要运用市场竞争机制;要以顾客需求为导向来建立政府,改变传统的自上而下的评价机制;以市场为导向,通过市场力量来进行改革。① 尽管对新公共管理的内涵和特征各有说辞,但我们认为新公共管理的主要特征是运用企业部门的管理方式、强调市场在配置资源方面的重要性、注重绩效评估、公共服务机构应该呈现分散化等。

在解决农民工子女教育问题时,新公共管理的理论和实践是一种很好的范式。从权力维度来讲,政府应当积极向社区、非政府组织授权,调动各个治理主体在解决农民工子女教育问题上的积极性;从管理维度上来讲,要积极运用市场化的手段来解决农民工子女教育问题,契约外包、政府购买服务、教育券、公办民营等等,但是多元化提供教育服务,并不意味着政府责任的转移,政府仍旧是服务提供监督者及最终的责任者;从服务维度上来讲,政府应该以农民工子女需求为出发点,减少制度性浪费,提供多元化服务。

(二) 新公共服务理论

新公共服务是在对传统公共行政、新公共管理理论扬弃的基础上发展而来的,主要指关于公共行政在以公民为中心的治理系统中所出演的角色的一套理论。② 新公共服务理论认为公共部门的官员不应该仅仅是政策的执行者,也不应是"掌舵者",应该承担为公民服务和向公民授权的角色,建立具有整合力和回应力的公共部门。具体来说,新公共服务主要有以下较为鲜明的观点:第一,政府的主要职责是提供服务,而不是"掌舵";第二,公共利益应该是公共机构追求的主要目标,而不应该作为个人行动的副产品;第三,在思想上要保持战略性,而在执行决策时要时刻

---

① [美] 戴维·奥斯本、特德·盖布勒:《改革政府》,周敦仁译,上海译文出版社 2006 年版。

② [美] 珍妮特·V. 登哈特、罗伯特·B. 登哈特《新公共服务——服务,而不是掌舵》,丁煌译,中国人民大学出版社 2010 年版,第 5 页 (译者前言)。

具有民主性；第四，公共机构面对的是公民，其存在的目标是为公民提供服务，而不是为顾客提供服务；第五，公共机构承担的责任是多元的，政治责任、民主责任、法律责任、专业责任等等；第六，公共机构要重视人，而不仅仅是重视生产率，这里的人不仅指政府外部的公民，也包括政府内部的公务人员；第七，追求公民权和公共服务要比所谓的"企业家精神"更加宝贵。①

教育是社会和谐与民族振兴的重要基石，党的十八大报告明确提出"努力办好人民满意的教育"。从这简单的十一字中我们可以得出：第一，教育发展评价的一个重要指标是人民的满意度；第二，只有平衡城乡、区域、校级之间的教育资源，才可能实现人民满意；第三，农民工子女作为一个弱势群体，其受教育状况的好坏直接影响到人民对教育的整体评价。随着政府职能的转变，服务型理念开始影响政府的实践，从中央到地方逐渐开始修正传统的政绩观，改变过去"唯GDP至上"的发展原则。在解决农民工子女教育问题上，政府应该坚持以人为本，特别是流入地政府，不能仅仅在经济方面对农民工及其子女进行接纳，而在社会、政治方面却极力排斥他们。政府应该改变传统的"管控"思维模式，树立"服务"的人本理念，只有在观念上发生转变，才可能在行为上进行革新。

（三）治理与对话

治理作为一种新的管理理念，它是在传统控制管理理念基础上发展起来的。它源于拉丁文和古希腊语governance一词，原意为控制、引导和操纵。20世纪90年代以来，西方的政治学者和政治社会学家对治理概念做出了新的阐释，如治理理论的创始者英国学者罗西瑙（J. N. Rosenau）认为治理是一种管理机制，是一种由共同目标支持的活动，这些管理活动的主体未必一定是政府，也不完全依靠国家强制力量来实现。②全球治理委员会在1995年发表的题为《我们的全球伙伴关系》报告中提出的观点，认为"治理是各种公共的或私人的个人和机构管理其事务的诸多方式的总和，它是相互冲突或不同的利益之间得以调和和采取联合行动的持续过

---

① ［美］珍妮特·V. 登哈特、罗伯特·B. 登哈特《新公共服务——服务，而不是掌舵》，丁煌译，中国人民大学出版社2010年版，第5—8页（译者前言）。

② ［英］罗西瑙：《没有政府统治的治理》，剑桥大学出版社1995年版，第5页，转引自俞可平《治理与善治》，社会科学文献出版社2000年版，第2页。

程,既包括具有强制性的正式制度和规则,也包括各种人们同意或认为符合其利益的非正式的制度安排"。① 总之,治理意味着政府不是唯一的权力中心,是各种公共的和私人的个人与机构管理其共同事务诸多方式的总和;治理也是一种总体性思维,它认为治理是使得不同利益主体之间持续互动并且相互调和的过程。从治理的理念来看农民工子女的教育问题,那么农民工子女教育管理具有以下特征:第一,农民工子女教育管理的权力主体应当是多元的,而且不同的权力主体之间是相对独立又相互依存的;第二,农民工子女教育管理权力的运行向度不是单向的,而是双向互动的;第三,农民工子女教育管理权力主体之间互动的方式是协商和谈判的运行方式;第四,农民工子女教育管理是一种建立在共识基础上的集体行动。

对话作为一种管理理念是近年来作为一种政治理念进入中国的,在政治学领域中以"协商民主""对话民主"等词出现,其本质是一种主体间的平等参与社会管理,是一种对社会权利的分享。伯姆认为,对话本身有着另外一种不同的精髓,它追求的结果是一赢俱赢。在对话中不是试图去说服对方,强求对方接受你的观点,而是通过对话来发现参与者身上可能出现的错误,从而使每个人都从中受益。对话本质上是一种集体思维,不同的对话参与者集体分享观点与智慧,最后形成的力量就像"激光"。伯姆甚至认为,在对话中并不一定需要做出什么决定,更为重要的是一个人是否认同这个群体,是否在关注这个对话的过程,在这个过程中,对话持续的长时间导致了新的变化出现。对话的关键在于参与,各执己见,关注参与者思维的本体感受,使参与者看到自己思维的结果。对话也是一种集体参与与分享,形成共识,而在共享的过程当中,每个个体都保持着相当大的自由,这种思想分享在某种意义上构成了文化,成为管理参与者的一种行为理念或习惯,从而潜移默化地影响了工作行为。② 从对话的理念来看农民工子女的教育体制创新应呈现以下特征:第一,农民工子女教育管理者角色从"权力独白者"转变为"权力分享者";第二,农民工子女教育管理机构重组;第三,农民工子女教育管理任务整合;第四,农民工子

---

① Kooiman. Social-Political governance, 转引自俞可平《治理与善治》,社会科学文献出版社 2000 年版,第 92 页。

② [英]戴维·伯姆:《论对话》,王松涛译,教育科学出版社 2004 年版,第 5—39 页。

女教育管理技术革新。

三 改革试点：进城农民工子女教育体制的探索性变迁

在诱导性变迁和强制性变迁之外，制度变迁还有第三条道路，即探索性变迁。探索性变迁实践中既有诱导性理念，亦有强制性理念。从变迁的发起者来看，其往往是中央和地方政府，具有一定的强制性；而从变迁的承受者来看，探索性变迁的主体有着很大的自由裁量权，从这个方面来看，也存在诱导性理念。

（一）试点基础

改革试点是一种地方性试验，这种改革方法在中国的经济、社会甚至政治改革中被普遍地运用，从20世纪70年代末，成为一种居主导地位的改革方法。[①] 在过去30余年，中国发生的巨大变化并不是来自于自上而下的所谓"休克疗法"的改变，更多的是多层级渐进循环的一种结果，也就是"做中学"的方法，这种循序渐进的变革精神常常被称为"摸着石头过河"。[②] 人们之所以采用一种制度而不采用另外的制度，往往是由制度所能带来的效益来决定的。改革试点方法的优点亦是明显：由于中国人口众多，面积广袤，区域之间、城乡之间差距巨大等特征，从技术上来讲，国家不可能制定一个普适性非常高的政策，如果国家强制推行某项看似"合理"的政策，不尊重斯科特所说的"地方性知识"，那么这项政策在执行时可能就会"软化"，甚至会带来巨大的不良影响。所以从地方开始试验，可以降低改革的风险，节约改革成本；另外，在压力型政府体制下，地方政府之间存在竞争的张力，将改革权力下放至地方，更能够调动地方的积极性，而且地方试验往往是中央总体工作的一部分，通过地方试点也可以检验中央思路，使中央从地方获得经验。

那么，改革试点何以必要和可能？第一，中国治理面临着巨大的挑战。从全球视角来看，经济的全球化和信息化对国内贸易和金融体制秩序提出挑战，这就要求政府必须打破传统的"计划"观念，构建更加完善

[①] 吾幼喜：《改革试点方法分析》，《经济体制改革》1995年第6期。
[②] [美]安·弗洛里妮、赖海榕等：《中国试验——从地方创新到全国改革》，冯瑾等译，中央编译出版社2013年版，第5页。

的市场规则,而这并不会在短时间内、在整个市场领域内自动实现,需要在局部进行突破,从而逐渐完善市场机制。从国内改革现状来看,改革进入了"深水区",涉及的利益群体非常之多,如果改革步伐过大,就容易受到阻力,所以改革要坚持循序渐进原则。第二,权力间制衡机制的发展。从形式上来看,中国的政治体制被认为是单一的,缺少一种制衡机制,但经过 30 年的发展,在权力转移和权力制衡方面已经发生了一些变化,虽然这种变化没有经济社会领域那么明显。① 根据布坎南的公共选择理论,地方政府也是一个"经济人",由于信息不对称,作为代理人的地方政府往往会使自己的利益最大化,而且从某个角度看,地方政府拥有的信息更加真实和全面,这些为地方政府与中央政府的博弈增加了很大筹码,也为地方政府进行试验提供了很大的权力空间。第三,公民意识的增强。随着计划经济的取消,国家对公民的控制也逐渐减弱,而且随着公民受教育程度的增加,使得公民更加清晰地认识到自己的权利,懂得保护自己的利益。在 20 世纪 70 年代之间,非政府组织是不允许建立的,但伴随着国家职能的转变,非政府组织开始参与到社会治理当中。另外,由于信息技术的发展,政府不再可能处于"信息垄断者"的地位,他们不得不对公民关心的话题进行及时回应,这些都为地方试验提供了很好的社会基础。

就农民工子女教育问题而言,由于中国社会及城市发展的不平衡性,中央政府不可能制定一个全国统一的政策来给予解决,地方政府在解决农民工子女教育上应该采取多元途径。从农民工流动的方向来看,大都是从农村到城市,从中西部到东部,从欠发达地区到发达地区,但发达地区、城市之间亦有差异。虽然从 2001 年开始,国家就提出"两为主"政策,这个政策在很多地方是可以实施的,但在外来务工人口成倍多于户籍人口的地方,可行性就不是太强,所以有必要探索不同城市、不同地区如何更加有效合理地解决农民工子女教育问题,进而总结试点经验,将经验逐渐推至条件相同乃至全国地区。从农民工子女教育改革试点发起者来看,政府、非政府组织都可以,例如 2010 年国务院办公厅发布《关于开展国家

---

① [美] 安·弗洛里妮、赖海榕等:《中国试验——从地方创新到全国改革》,冯瑾等译,中央编译出版社 2013 年版,第 20 页。

教育体制改革试点的通知》，规定在上海、北京、安徽等地探索非本地户籍常住人口农民工子女非义务教育阶段教育保障制度；"中国农民工随迁子女义务教育促进研究"课题组选取北京海淀和武汉汉阳为试点地区，开展关于改善入学、加强融入等举措的调研。

（二）针对目标

2010年国务院办公厅颁发《关于开展国家教育体制改革试点的通知》，明确规定选取北京市、上海市、安徽省、广东省、云南省等为试点地区，探索农民工子女非义务教育阶段教育保障制度举措，这为地方政府及其他社会组织创造性解决农民工子女教育问题提供了很好的范例。随着政府执政观念及职能的转变，地方政府开始积极地因地制宜解决农民工子女的教育问题，这种动力有来源于中央政府的威权，也有来源于地方政府对其道德责任和行政责任、法律责任的遵守。而且伴随着社会组织的壮大、公民意识的觉醒、信息化程度的提高，农民工子女教育问题已经成为一个关乎公平的话题，拷问着社会的良心。

一般来说，试点所要达到的目标应该是具体的、可评价的。就选取试点来创造性解决农民工子女教育问题来说，其最终是为了实现"同在蓝天下，共同成长进步"的目标，但是这样的目标来当作试点的目标会显得过于笼统，并且很难对项目实施的结果进行科学测评，也会限制其经验的推广性。因此农民工子女教育试点项目的目标应该具体，例如2010年国务院就农民工子女非义务教育阶段教育保障问题在上海、北京地区展开试点；"中国农民工随迁子女义务教育促进研究"课题组在北京海淀和武汉汉阳区的试点，主要目标是改善农民工子女入学情况，提高其社会融合能力，提升学校的办学质量等；杭州市通过降低入学条件，坚持"公办学校为主，进城务工人员子女学校为辅"的就学原则，确保农民工子女享受优质教育资源，最终形成"低门槛、双通道、上好学"——进城农民工子女教育的杭州模式。[①]

（三）过程支持

改革试点基础解决的是为何选择试点的问题，改革试点目标解决的是

---

① 徐一超：《低门槛 双通道 上好学——进城务工人员子女教育的杭州模式》，中国广播电视大学出版社2009年版，第129页。

试点将从哪里开始到哪里去的问题，而这些更多的是从理论角度对改革试点相关问题进行"形而上"的剖析，并不直接关涉试点工作如何"落地生根"的举措。一个"好"的想法、一套"科学"的理论固然重要，但是没有经过实践的检验，很难说它是正确的，也很难产生较大的社会效益。所以改革试点不能仅停留在理论的角度，必须要进行试验，这就涉及改革试点的组织实施问题。

"中国农民工随迁子女义务教育促进研究"课题组在确立了其项目试点地点、目标及过程后，建立了一套强有力的项目执行组织。从试点项目组织上看，由教育部基础教育司具体负责管理和执行，并且涉及多家科研单位，科研单位有着明确的分工，例如北京师范大学主要负责流动儿童研究、项目培训等工作；从试点项目选取对象上看，选择海淀区和汉阳区7所学校；从项目资金来源上看，主要有世界银行的赠款、政府设立的配套基金及地方自筹资金。北京海淀区试点工作主要由教育部基础教育司领导，北京师范大学教育学院提供技术上的支持，海淀区的教育管理部门、试点学校的负责人及涉及的教师要配合试点项目的开展，并且实行责任到人的制度；从地区层面来看，海淀区实施全纳教育，扩建公办学校，鼓励社会力量参与农民工子女教育；从学校层面看，在改善学生入学、教学质量和促进学生社会融合方面做了积极的努力，海淀区还对农民工子女入学、校园文化建设、学校教学质量等方面做了科学的评价。

杭州市从规划、投入、制度建设等方面来构建进城务工人员子女教育的杭州模式。在解决农民工子女教育问题上，杭州市委、市政府坚持以"科学发展观"为指导，从"构建和谐杭州"的战略高度来看待农民工子女的教育问题。另外杭州市教育、劳动、公安等部门也协同合作，制定、出台一些切实可行的政策，这些都为解决农民工子女的教育问题提供了组织、政策支持。从投入方面看，杭州市积极落实政府责任，保障农民工子女享受同等的免费义务教育；设立专门的补助经费，提升专门打工子女学校的办学水平，并切实保障其教职工的合法权益。从制度建设方面看，杭州市建立职能部门之间的协调机制，建立了对专门农民工子女学校的督学制度，针对农民工子女的流动性而设立灵活的学籍管理制度，并且对农民工子女学校实行独立的办学许可制度。①

（四）结论推广

改革试点的基本目的并不仅仅是想看到一种想法、一套理论在某一个或某几个地方"开花结果"，更为重要的是检验改革试点是否具有合理性及推广性，这便涉及试点的推广范围问题。当然，从经济学的视角来讲，试点推广的范围越广泛，试点的费用也就越低。影响试点范围推广有许多因素：第一，改革试点试图解决的问题是否具有广泛性。例如在20世纪80年代，我国农业发展较缓慢的原因之一就是产权不清晰，导致农民劳动积极性不足，这种问题在全国都存在，具有普遍性特征，所以当确定联产承包责任制试点后，承包制度迅速在整个农村推行。但有时改革试点欲解决的问题并不具有普遍性，或者说每个地区面临的问题严重程度并不一致，如农民工子女教育问题，大都是集中在以北京、上海、广州为代表的发达城市和发达地区，虽然说内地一些相对发达的城市也会出现农民工子女教育问题，但是与东部等地区相比，中西部地区的问题显得较为"简单"。2010年国家在北京、上海、广州等地开展非义务教育阶段教育保障的试点工作，这其中会涉及异地中高考问题，尤其是异地高考问题。从目前教育资源总量及分布来看，这些地区无论从主观还是客观方面讲，都不可能毫无条件地让所有外来工子女在当地参加高考，因此会规定一些条件，提高参加异地考试的门槛。而这些标准并不太适合中西部地区，因为从"理性人"的角度来讲，没有人从主观上愿意到人口大省河南、山东等地方异地考试，所以这些地区在制定异地高考政策时，并不用太关注"高考移民"现象，它们设定的异地高考政策的门槛应该比东部发达地区更低。第二，改革试点发起者的位置影响试点经验推广的范围。改革试点如果是中央政府发起的，那么试点的经验可能会在全国大部分地区或者条件类似的地区推广；如果是一个地区政府发起的，则其试点的经验往往在本地区内推行。当然，也有一些是通过自下而上的方式来影响试点经验的推广范围，例如"中国农民工随迁子女义务教育促进研究"课题组在进行项目推行中，教育部决定在2008年实施"电子管理"学籍制度，对农

---

① 徐一超：《低门槛 双通道 上好学——进城务工人员子女教育的杭州模式》，中国广播电视大学出版社2009年版，第46—48页。

民工子女进行一体化的学籍管理。另外,不同领域内的试点经验也可以相互推广借鉴,如从我国曾备受国际推崇的赤脚医生制度中,就可以看到晏阳初在河北定县实施的"定县实验"的影子。[①]

从中央到地方,我国存在五级政府,政府权力几乎可以渗透到各个地方、各个方面,这为改革试点经验的推广提供了强大的动力源。但由于我国地区面积大、区域发展不平衡,而且随着市场化的快速推进,各个群体的利益分化较为严重,这也阻碍了试点推广的范围。因此,在进行试点推广时,切不可过于依靠行政力量,而是要因地制宜,尊重每个地区的"地方性知识",注重倾听本地区公民的意见,保障试点经验的推广合法又合理。

第三节 进城农民工子女教育体制创新的体系建构

进城农民工子女教育存在体制性问题,这也就意味着需要以体制创新为抓手,来解决农民工子女教育中存在的不足之处。农民工子女教育体制创新不应该是凭空想象出来的,而应该建立在一套严密的理论推断及实践经验的基础上;也不应是"另起炉灶",而是从属于教育改革的一部分;是一种顶层设计,也是一种结合实践经验与理论指导及改革试点结论综合的一种结果。

一 进城农民工子女教育管理方针的探索

农民工子女教育问题出现20多年来,中央和地方政府致力于制度创新,以便更好地解决这一问题。但由于我国幅员广阔、城乡区域差别较大,不同地区在解决农民工子女教育问题上采取的方法也不一样,但这并不否定现有的地方性管理模式中存在一些共同的、核心的价值理念或思想。而且从"实然"方面来讲,不同地方在解决农民工子女教育问题上也确实存在某种意义上的"特定模式"。

(一)党的领导

中国共产党是中国特色社会主义事业的领导核心,也是各项重大改革

---

① 余世存:《大民小国》,江苏文艺出版社2012年版,第189页。

的发起者。推动教育改革和发展，切实解决农民工子女教育问题，加强和完善党的领导是关键。党的领导应该主要体现在几个方面：第一，对农民工子女教育体制创新的方向进行规划和引领。2010年，党中央、国务院颁布了《国家中长期教育改革和发展规划纲要》，这是指导未来几年我国教育改革发展的宏伟纲领和行动指南，在《纲要》中明确指出要坚持"两为主"原则解决农民工子女教育问题，保障农民工子女在流入地平等接受教育，并研究制定农民工子女异地中高考方法。这些纲领性的规定为农民工子女体制创新提供了方向和原则。第二，对农民工子女教育体制创新进行意识方面的指导。党的十八届三中全会提出要推进国家治理体系和治理能力的现代化，治理理念的提出从深层次上反映了党对意识形态的重组，其更加注重创造和培育政府组织之外的力量，党的执政理念和方式的转变为社会组织的成长留下空间，使农民工子女教育问题的解决从过去的单中心治理逐渐向多元中心治理变迁。另外，中国共产党代表着最广大人民的根本利益，而教育利益则是这些"利益簇"中的一支，维护农民工子女教育权益是党执政为民的本质要求，也是增强和改进党的领导、维护自身合法性的重要方式。第三，对解决农民工子女教育问题进行象征性领导。所谓象征性领导主要指党通过一定的价值观念和行为规范体系，引导社会的观念和行为，以期集聚人心和力量，解决社会问题。如党和国家领导人看望农民工子女等行为都是一种象征性的领导。党是中国人民和中华民族的先锋队，其积极解决农民工子女教育问题不仅体现党的"以人为本"理念，这种"以身作则"也能对其他组织、个人产生示范效应，从而吸引更多的力量来解决农民工子女教育问题。

（二）行政主导

在解决农民工子女教育问题时，要树立一种多元治理理念，但是所谓的多元治理、协同治理并不是不需要一个核心的治理主体，政府应该在这个治理网络中承担主要作用，具体来说有四个方面：第一，政府的主导责任。教育是属于公共服务的一种，这种公益性的特征要求必须强化政府的责任。从农民工子女教育问题出现的原因以及问题的特性来看，市场和社会没有动力也没有能力去解决该问题，那么处于弱势群体的农民工子女将在享受教育服务上处于不利地位，很难实现"办好人民满意的教育"局面。因此必须明确和加强政府的主导地位，进行强有力的宏观调控，以保证所有公民的受教育权。第二,政府的宣传责任。政府拥有强大的、正规的、多元化的宣传工具,这些工具可以被用来解决农民工子女教育问题。首先,政府可以通过强大的舆论宣传,让社会注意到这一"弱势"群体,并积极号召各种组织、个人来为解决农民工子女教育问题出谋划策;其次,当政府出台政策时,也应该广泛宣传,让农民工及其子女、学校等治理主体了解、熟悉相关政策;最后,政府也应该对国内外在解决流动儿童教育方面的一些成熟方法、案例进行宣传,以供相关部门参考借鉴。第三,政府的管理责任。教育是政府公共管理中极为重要的一个部分,涉及千家万户的利益,但是由于市场规律、教育规律、人的发展规律及教育与其他领域间的复杂关系,导致教育改革难度加大,这也意味着政府的管理责任和管理方式必须发生变化。在管理责任上,政府应该着手解决重点领域和关键环节方面的问题,例如改革考试招生制度;创新教育财政的拨付方式,按照在校生人数进行划拨财政资源;保障经费投入,健全以政府投入为主,多渠道筹集农民工子女的教育经费;鼓励公办、非公办学校之间建立制度化的教师交流机制等。在供给方式上,要探索教育服务供给方式的机制创新,即通过政府购买服务,依托市场,整合社会力量,共同来解决农民工子女教育问题。第四,政府的监督责任。农民工子女教育体制创新涉及的利益主体众多,而且由于组织和个人都是"理性"的,如果没有监督机制,一些好的政策或做法可能会被"搁浅"或者被"软化"执行,因此应加强政府的监督功能:一是加强上级政府对下级政府的监督;二是加强政府对公办学校执行"两为主"政策的监督;三是加强政府对民办学校及农民工子女学校的监督。

(三) 多元主体

改革办学体制,形成政府办学为主体、全社会积极参与、公办教育与民办教育共同发展格局是深化教育体制改革的关键环节。[①] 在解决农民工子女教育问题时,已经形成了多种办学主体和多元办学形式:传统的公立学校和民办学校(含打工子女学校),新出现的有:无锡的民办公助学校(私人举办、政府派遣管理团队、农民工子女学生主体)、温州的公益学校(公有、公办、农民工子女学生主体)、广州的学位购买制度(政府购

[①] 刘延东:《指导我国教育改革发展的宏伟纲领和行动指南》,《求是》2010年第17期。

买、民办提供、质量要求），还有"跟踪学校"（流出地政府在征得流入地政府同意后为流出地儿童举办教育服务）。未来或许还可能出现：特许学校（政府委托、质量监控、教育外包）、在家上学（由于特殊原因提出申请、获得许可、参与考试、认可成绩）、委托培训（针对农民工子女某一方面专项培训、社会提供、政府监管和购买）等。因此，未来进城农民工子女的办学形式至少有 8 种：公办学校、公益学校、民办学校（含民工子女专门学校）、民办公助学校、"跟踪学校"、特许学校、在家上学、委托培训。

（四）绩效导向

新公共管理理论非常强调政府工作的绩效，从传统重视投入转向一种结果导向。政府和社会在解决农民工子女教育问题上，也应该注重绩效，具体来说有三个方面：第一，对各个治理主体的责任进行明确划分，这是提高绩效最为基础的工作。要科学划分农民工子女教育中不同治理主体间的责任，必须先要明白存在哪些治理主体及存在什么问题，然后将问题和治理主体对应起来，这种对应并不一定是一种线性关系。第二，将责任具体到一个部门甚至一个人后，就需要对其完成责任的情况进行考核，这便涉及考核主体、考核指标、考核结果的应用等一系列的具体规定。第三，教育服务作为一个多投入、多产出的生产系统，令公民满意的教育服务是一个反馈式系统的服务过程，对于该过程的绩效评估要建立在公民满意的基础上。[①] 教育领域和经济领域中的绩效的概念是不一样的，在经济领域绩效往往注重投入和效率的比值，而且绩效可以非常清楚地计算出来。但是教育领域内的绩效不仅是一系列数据组合的技术规范，还必须以"顾客-公民"为导向，倾听农民工及其子女对教育服务的综合评价，包括受到的服务类型、服务地点、服务方法及程序等，注重农民工子女"感受到了什么服务"。

（五）社会支持

进城农民工子女教育问题不仅是一个教育问题，更是一个社会问题，仅凭教育的力量很难全面解决这些问题，如身心健康、社会犯罪、保障服

[①] 姜晓萍、郭金云：《基于价值取向的公共服务绩效评价体系研究》，《行政论坛》2013 年第 6 期。

务等社会问题都需要来自教育界之外的力量注入。不同的主体可以利用自己的优势来对农民工子女教育进行支持：政府职能部门如学校、政协、妇联、团委机构可以在学业辅导、心理咨询、亲情陪伴、人生规划等方面帮助进城农民工子女；专业组织可以针对农民工子女的某一类突出问题给予帮助，例如专业的心理辅导机构可以对农民工子女的心理问题进行更加科学细致的疏导；志愿组织和慈善机构可以组织一些助学捐款、爱心图书、家长学校、牵手城市、体检接种等活动，让进城农民工子女更好地融入城市。

二 进城农民工子女教育体制创新体系建构

农民工子女教育问题是一个体制性问题，因此解决该问题必须以体制创新为抓手，从而实现农民工子女教育体制的双重目标诉求。学者邬志辉认为，体制中的"体"主要指机体、主体和机构，而"制"则是指制度、规范、政策，体制是中央政府和地方政府关于机构设置、权力划分、职责分配的制度安排。[①] 我们借鉴这一解释概念，首先对农民工子女教育中存在的社会责任体系进行划分，然后一一对应政府职能部门或其他非政府组织、个人，最后进行具体的制度构建。

（一）社会责任体系划分与组织职能

要清晰条理地划分出农民工子女教育所涉及的各治理主体的责任体系，必须了解当前农民工子女教育存在什么问题，并在此基础上进行责任的划分。通过对文献的梳理及实地的调研发现，农民工子女教育具体的问题主要有：第一，管理问题，包括办学制度、学籍管理、学校标准、师资配置、经费分担、规划预测、登记统计、分层责任；第二，学习问题，包括入学门槛、升学高考、家庭教育、专门教学等；第三，身心健康问题，主要包括心理健康、生理发展、营养补助、医疗保险、社会支持等；第四，社会问题，主要包括社会歧视、身份认同、城市归属、社会犯罪、保险住房等。

当对农民工子女教育领域中存在的问题进行梳理后，便可以确定相应

---

① 邬志辉：《当前我国城乡义务教育一体化发展的核心问题探讨》，《教育发展研究》2012年第17期。

组织的责任及其职能目标。为了保障农民工子女基本教育权，国家立法机关应该以法律的形式规定国务院有关部门、地方各级人民政府、学校、教师、家庭及社会等主体的权利、义务和责任；为了保障教育资源的有效分配和合理利用，教育部门和发改部门应该对农民工及其子女数量进行调查、预测，并在此基础上进行教育规划，逐渐实现教育资源配置的动态化；为了保障农民工子女权益及提供信息服务，公安部门和社区要做好登记、注册与咨询工作；为了确保教育经费的有效使用，教育部门和财政部门要做好预算、分配和支付工作；为了保障农民工子女接受教育权利，教育等多部门要做好农民工子女入学、转学、升学等工作；为了保障教育服务主体的权利和义务，地方人大和教育部门要在办学主体、办学标准及办学形式上给予明确的规定；为了保障教育质量及教育公平，教育部门及社会要加强对各类学校的管理、监督及指导；为了保障农民工子女身心健康及尊严，教育和社会保障部门等要做好促进其健康、自尊和适应的相关工作；为了提高社会融合和保障社会稳定，教育等多部门要加强对农民工子女社会认同、归属和融合方面的工作。

(二) 教育制度体系厘定与制度建构

教育制度体系是一个地方或者国家各级各类及各种形式教育的相互关系与组合方式，一个理想的教育制度体系应该体现公平、效能和效率。[①]农民工子女教育体系也应该符合这些要求。农民工子女教育问题是一个体制性的困境，具体表现为城市内部教育的二元结构，这种二元结构的主要表现和直接后果是对农民工子女受教育权的忽视。因此，缩小农民工子女和户籍地学生之间的教育差距，实现教育公平，是构建农民工子女教育体制的首要目标。而农民工子女教育体制是现有教育体系的一个有机组成部分，其提供的教育应该是面向每个人的，而没有经济、社会、政治、文化上的歧视。

农民工子女教育问题成为一个政策问题已近 20 年。从总体上看，我国各级政府和社会组织、个人都为解决该问题积极努力，也确实取得了一系列成果，农民工子女教育体制也日益完善，但当前的教育体制远

---

① 褚宏启：《城乡教育一体化：体系重构与制度创新——中国教育二元结构及其破解》，《教育研究》2009 年第 11 期。

不能满足农民工子女教育和社会经济发展的需要,还存在一些具体的问题亟待解决。第一,农民工子女教育体制创新定位不清晰。国家宪法和法律明确规定接受教育是每个公民的权利,作为"代理人"的政府在提供教育服务上有着不可推卸的责任。然而,现在有些政府把履行为农民工子女提供教育服务的法律责任当作是给予他们的一种"施舍和馈赠",这折射出一种"异化"的责任观。基础教育作为一种基本的公共服务,由政府来提供是其法律责任,"解决好农民工子女教育问题是他们的本分,没有办好则是失职"。因此,农民工子女教育体制创新应该定位为积极保障其教育权利,而不是一种"善举"行为。第二,城市内部教育发展不均衡。城市内部教育资源分配不均,优质学校、优质教学资源主要集中在传统的教育中心区,而农民工及其子女大都集中在城乡接合部、城中村等地区,这种社会经济上的二元结构加重了城市内部教育分配的不均衡性。第三,农民工子女教育体制建设滞后于城市化进程。从机构、主体和机体方面来讲,农民工子女教育相关治理主体的责任并不明晰,而且由于涉及的主体之多,缺乏强有力的协调中心,例如流入地和流出地政府、中央政府和地方政府之间的责任划分;从规范、制度、政策方面来讲,现有的一些农民工子女教育政策、规范并不能与存在的教育问题很好匹配,这种不匹配体现在教育政策与社会需求、教育政策与教育问题之间。

城市内部教育呈现的二元结构本身就是制度问题,破解这种二元结构,推进和实现教育公平必须从改革制度入手。进城农民工子女教育体制创新仅靠教育职能部门无法解决,必须建立一个以教育职能部门为主导,公安、财政、编制、社保、医疗等多部门配合的新的管理体制,但这个管理体制主要关注进城农民工子女教育及教育相关之事,而不是包括教育之外的户籍、就业、稳定、保险、医疗等有关农民工子女更广范围内的事。以教育职能部门为主导的管理体制难以解决这些问题,而且只有专注于教育及相关事务,一个体制才有灵魂和重心,才更具针对性、实用性和操作性。基于此认识,农民工子女教育体制要构建权利保障制度、预测规划制度、教育经费责任制度、准入升学制度、办学管理制度、社会关爱制度等为其主要核心。其他相关制度交由合作部门进行构建,作为农民工子女教育体制的一种补充。

1. 权利保障制度

保障公平的受教育权不仅是社会公平的重要内容，也是促进社会公平的重要途径。在超越等级制、身份制等将教育视为少数精英特权的历史阶段后，享有公平的教育权作为基本人权成为现代教育的基础价值之一。[①]在保障农民工子女受教育权方面比较突出的问题有：虽然我国实行九年义务教育制度，但是这种制度及相关配套制度更多地考虑户籍所在地的学生的教育权利，而很少被用来作为非户籍地学生在流入地接受教育的法律依据。我国政府自1996年开始颁布一系列政策来解决农民工子女教育问题，但是这些政策并不具有非常强的"效力"，表现在地方政府在执行政策时的"上有政策、下有对策"行为，而且政策与政策之间有相互掣肘现象。暂住人口登记咨询服务制度不完善，如河南、浙江等地规定只有16周岁以上的人口才可以领取暂住证。

为解决这些问题，权利保障制度改革需要把握以下三个方向：第一，继续完善免费义务教育制度。目前具有本地区农业户口且在中小学就读的学生是免费义务教育的实施对象，而农民工子女并不包含在该范围，为此，必须研究制定农民工子女在流入地享受免费义务教育制度，明确流入地和流出地政府的经费责任。第二，完善农民工子女教育政策体系。各地结合实际情况，制定经费、师资、信息等方面的政策，保障农民工子女在受教育的条件、起点、过程和结果方面公平；尽快修订、制定《义务教育法实施细则》[②]《流动儿童就学办法》，以法律手段来提升政策的执行力度；要全面梳理农民工子女教育政策之间及与其他政策之间的关系，防止政策之间相互矛盾。第三，要建立和完善登记咨询制度。逐步将暂住人口登记的年龄范围延至16周岁以下；公安部门负责审查农民工持有的户籍证明，采集、统计其相关信息，并且向教育行政部门通报当年流动人口登记数及居住证办理情况；房屋租赁管理办公室负责收集、登记进城农民工子女及其子女的居住情况；在一定的区域内设立流动服务站，服务人员可以通过社会进行招聘也可以是志愿者，主要向农民工及其子女提供咨询服务，包括联系就读学校、就业、社保、生活等各个方面。

---

① 袁振国等：《农民工子女教育问题研究》，经济科学出版社2012年版，第161页。
② 袁振国等：《农民工子女教育问题研究》，经济科学出版社2012年版，第403页。

2. 预测规划制度

我国法律规定地方政府保障适龄儿童、少年在户籍所在地学校就近入学，这便导致了户籍和学籍的挂钩，使得农民工子女的受教育权无法在流动中得到统一。农民工从事的工作大都不稳定，这就使得农民工子女流转频繁，学校和管理部门很难建立一套持续、常规的学籍档案，导致学籍管理混乱。而且由于掌握的信息不充分，流入地政府很难较为准确地预测农民工子女的流动趋势，从而影响对教育的整体规划。另外，由于我国目前正在实施新一轮课改工作，提倡校本管理和地方课程的做法使农民工子女很难较快适应新的教育环境，影响了其公平的受教育权。

为解决以上问题，要逐渐将学籍和户籍脱钩，以常住人口为基准来提供教育服务。建立和完善电子学籍制度，建立全国范围内的电子学籍管理系统，实现全国电子学籍管理系统联网。加大对农民工子女信息的采集工作，并在此基础上预测其流动趋势，进而制定出合适的招生计划。要在一个较长的时间跨度、较大的区域范围内对农民工子女教育空间布局、资源配置、结构比例、规模速度等进行统筹规划，从战略高度统筹城市内部教育之间以及与其他社会经济工作之间的关系。由于农民工子女流动性大的具体情况，应建立灵活的学业考评制度和升学制度，制定每学期或每个月学生学习的标准或最低要求，采用学分制度定级，流出地和流入地学校之间可以互认。农民工子女在流入地参加升学考试，应该服从教育部门的统一安排，但是在其经济条件允许下，也可以享有和城市儿童一样的择校权。①

3. 经费责任制度

农民工子女教育问题是由多种因素共同促成的，如政治利益表达不畅、经济上受二元结构束缚等，但是最为直接的因素在于义务教育的经费保障不足、责任划分不明显等原因。"两为主"政策明确规定流入地政府在解决农民工子女教育问题上应该负主要责任，但是并没有指出中央政府和地方政府具体财政责任如何划分，地方各级政府间承担的责任也没有给予说明，这就容易造成各级政府在解决农民工子女教育问题上推脱责任。

---

① 范先佐等：《三尺书桌何处寻——流动人口子女教育困难与破解》，江苏教育出版社2011年版，第206—207页。

为此，可以从以下几个方面着手解决：第一，中央设立农民工子女教育的专项资金，以在校农民工子女数量为依据，划拨相应的教育经费，减轻流入地政府的财政压力，主要负责免学杂费、提供免费教科书和50%的学校公用经费；① 对于财政能力较差的省份和地市，中央要加大财政转移力度，规范财政转移支付制度，促进区域间、城乡及内部之间、校级间的教育公平；对于妥善解决农民工子女教育的省份，中央要给予整体奖励。第二，构建以流入地省市政府为主的义务教育财政制度。从农民工子女流动范围来看，省内流动占全部流动儿童的76%，具体来说在县市之内流动的占41%，在省内跨地区流动的占35%，② 而且义务教育法第四十四条明确规定省、自治区、直辖市政府负责义务教育经费的统筹工作。教师的工资福利是制约和影响农民工子女接受义务教育最为重要的因素，省级政府可以在一省内统筹教师工资和编制，保证教师队伍的稳定性。省级政府对地市财力状况进行统计，对财政困难的地区给予经费专项转移支付。市级政府负责基建经费，区县政府负责50%的公用经费。③ 第三，扩大供给，建立农民工子女接受教育的多元筹资办学渠道。在坚持公办学校为主体解决农民工子女教育问题时，也要对民办学校及农民工子女专门学校给予财政支持，采用政府购买服务、民办公助等形式来扩大教育服务的供给，严禁公办学校对农民工子女的不规范收费。第四，继续探索完善教育券制度，实现"钱随人走"，激励流入地政府和学校接纳农民工子女，"教育券"经费主要来源于中央政府、流入地政府、流出地政府。第五，加大对农民工子女义务教育经费的审查力度。审查主体包括学校财务部门、国家审计部门、社会等多元主体，审查对象不仅有公办学校、民办学校、农民工子弟学校，还包括地方教育行政部门等相关治理主体，审计结果要交予政府和人大，并向社会公开，对违反相关规定的人或部门追究相关责任。

4. 准入升学制度

"两为主"政策明确规定了农民工子女在流入地以就读公办学校为

---

① 马晖：《"流动儿童"生根策》，《21世纪经济报道》2009年12月14日。
② 袁礼斌：《市场秩序论》，经济科学出版社1999年版，第17—18页，转引自范先佐、澎湃《农民工子女义务教育经费保障机制构想》，《中国教育学刊》2009年第3期。
③ 马晖：《"流动儿童"生根策》，《21世纪经济报道》2009年12月14日。

主,但是通过梳理各地相关政策发现,流入地公办学校对农民工子女入学都设立了一定的"入学门槛",这些门槛主要有农民工的劳务合同、暂住证、计划生育证明、身份证、流出地学校证明等。农民工所从事的行业普遍存在用工不规范的特点,他们很少与用人单位签订正式劳务合同,而且由于流动性较强,他们中很多人也没有领取暂住证。跨省流动的农民工离流出地距离比较远,办理这些证明材料需要花费很多的经济、时间成本,对于收入本来就不高的他们,在如此之高的门槛面前,往往会望而却步,让其子女选择门槛较低的民办学校或农民工子弟学校,这是一种无奈的选择,更是"两为主"政策难以落地生根的真实写照。这些"门槛"是农民工子女入读流入地公办学校的"显性"障碍,而"隐性"障碍主要体现在规定农民工子女只能入读指定学校,只有初中、小学起始年级的学生能就读公办学校等。和义务教育阶段的门槛相比,初中后教育阶段的门槛更高。由于我国实行的是九年义务教育,高中阶段已经不属于义务教育,所以国家投入和支持力度不足,造成高中阶段容量有限,且高中是收费教育,这就提升了农民工子女入读高中阶段教育的门槛。另外,我国高考录取名额并不是根据参加考试的人数来划分的,而是分省及直辖市录取,如果允许所有的农民工子女在流入地参加高考,无疑会稀释原本就稀缺的优质高等教育资源,对当地学生的利益造成冲击,这也是异地高考政策难以真正推行的重要原因。

  准入升学制度改革的几个要点是:第一,要根据农民工子女数量和本地区的教育资源来衡量流入地政府和学校的接纳程度。具体来说,对于接纳程度大的地区和学校,以户口簿、居住证明及务工证明为准入材料;而接纳程度小的地方和学校可以优先解决居住时间较长农民工子女教育问题,以户口簿、居住证明及一定年限的工作证明等为准入材料。[①] 第二,增加政府对高中阶段教育的投入,努力提高教育供给;继续挖掘高中阶段公办学校的接纳潜力,并对家庭贫困的学生减免学杂费;实施强校帮扶弱校的发展策略,提升薄弱高中的教学质量;鼓励农民工子女就读中等职业学校,并加大补贴力度。第三,逐渐完善高考录取制度,加强国家宏观调

[①] 雷万鹏、汪传艳:《农民工随迁子女"入学门槛"的合理性研究》,《教育发展研究》2012年第24期。

控和实施专项计划,增加农民工子女较多省份的录取名额,控制并降低部属高校属地招生计划比例,逐步实现高等教育资源在区域、城乡、群体间的均衡配置。

5. 办学管理制度

"上面千条线,下面一根针",农民工子女教育问题牵涉的治理主体有很多,但最终还需要靠学校去解决该问题,因此,可以说办学管理制度的好坏直接影响农民工子女教育问题的解决。目前农民工子女义务教育办学管理制度还存在一些问题:公办学校容量有限,难以接纳所有的儿童,而且"大班额"现象严重,严重影响教育质量;对非公立学校资本输出没有形成制度化;农民工子女在公立学校受到不公正对待;民办学校及农民工子弟学校合法身份存在问题,校舍、安全、师资、教学、管理等方面都存在很大缺陷。

完善农民工子女办学管理制度的具体内容有:第一,继续实施"以公办学校为主"接纳农民工子女的教育政策,挖掘现有公办学校的教育资源,扩大接纳容量,合理利用闲置的校舍,根据需要新建扩建学校;在编班、入团、评优、评奖等方面,要公平对待农民工子女。第二,积极鼓励社会力量办学。改进拨款制度,对公办学校和非公办学校同等对待,按照接受农民工子女数量来拨付教育经费;实施教育券制度,让农民工子女"用脚投票",而且由于竞争的存在也可以提高教育质量;在校舍用地、建设方面给予非公办学校便利和优惠。第三,规范非公办学校的办学行为。要在法律政策上给予非公办学校明确的身份定位,设立最低的办学标准;办学者及教师必须有相关部门出具的上岗证书;加大公办名校对非公办学校的社会资本输出,鼓励学校走集团化发展道路。

6. 社会关爱制度

随着城镇化、工业化和农业现代化的发展,农民工持续、大规模进城的现象仍不会发生太大的改变,解决农民工子女教育问题在未来相当长的时期内仍是一个突出的社会问题。解决好农民工子女教育问题,对建设人力资源强国、维护社会和谐、实现"中国梦"都具有重要的理论与现实意义。解决该问题是一项非常繁杂的社会系统工作,需要政府、学校、家庭与社会彼此配合,形成合力。但从目前实践来看,农民工子女社会关爱还存在一些问题:其一,从社会关爱的主体来看,呈现单一性及缺少一种常规合作的机制。具体来说社会关爱的主体仍旧是以政府为主，企业、非正式组织及个人参与比较少，而且这种参与并没有形成一种常规化及制度化，没有形成一种合力，仍是一种"散兵游勇"式的关爱。其二，从社会关爱的对象来看，支持农民工子女及农民工学校的比较多，而针对农民工家庭支持的较少。农民工子女教育问题不是其本身的问题，而是一个以家庭为起点的教育问题。由于农民工受教育程度不高、技能水平低，这不仅影响了其家庭经济收入，也给家庭教育带来挑战；而且由于农民工从事工作的不规范性，每日工作时间较长，导致与孩子沟通不够，影响了农民工子女的学校教育和健康成长。其三，从社会关爱内容来看，以物质和经济支持为主，对农民工子女情感和交往、帮助和服务、权利和机会方面的关爱有所忽视。

为建立农民工子女社会关爱制度，需要从以下几个方面进行：第一，明确政府在解决农民工子女教育问题中的主要责任，同时要积极发动政府之外的力量，如妇联、工会、共青团等准官方组织，以社区或慈善机构为首的半官方组织，以 NGO 为首的民间组织，建立一个协作平台，形成责任明确、相互配合的治理网络。第二，要拓展社会关爱的对象，不仅对农民工子女及其学校给予关爱，也要加大对农民工家庭的关怀。学校和教师要建立家访制度，了解农民工家庭中的基本情况，并为其提供帮助和服务；举办家长经验交流会、家长学校，通过讲座培训、建立 QQ 交流群等方式对家庭教育进行指导。第三，要向农民工子女提供多元的关爱内容。需求影响供给，农民工子女需求是多元的，不仅有经济方面，也有情感与交往、权利与机会、帮助与服务等方面，这便决定了对其支持的内容要多样化。在权利与机会方面，从法律政策层面上保障农民工子女的教育权利，这种权利表现在入学权、升学权、转学权、平等教育权等，这些权利与机会是每个人平等享有的，不能因为经济、文化、政治方面的差异而不同。在经济和物质方面，政府可以向农民工子女及家庭、学校提供经济资助；社会可以捐赠图书、学习用品或生活用品；社会或企业、学校可以提供奖学金或贷款等。在情感与交往上，妇联、工会及志愿者等非政府组织可以对农民工子女开展亲情陪护、作业辅导、结对帮扶、心理关爱等多种形式的关爱。在帮助和服务上，教育管理部门对农民工子女入学、转学、升学等方面进行服务；社区对农民工子女进行登记，开展心理教育、社会融合等活动。

总之，农民工子女教育问题是一个体制性的问题，主要体现在该问题具有普遍性、反复性、必然性和复杂性的特征上，因此必须用统筹的视角来解决农民工子女教育问题：要统筹当下教育和未来教育的发展关系，统筹农村教育和城市教育的发展关系，统筹教育公平和社会公正之间的关系，统筹教育目标和社会目标之间的关系，统筹教育系统与其他社会系统、教育内部之间的利益关系，统筹诱导性变迁、强制性变迁及探索性变迁之间的关系，统筹党、政府、社会等主体的治理力量，统筹各项制度之间的改革关系等。

第七章 基于统筹视角的进城农民工子女义务教育发展评估指标体系研究[①]

第一节 分析视角：统筹视角下进城农民工子女义务教育发展评估

一 农民工子女义务教育的属性及定位

进城农民工子女教育发展评估的前提是要解决好责任分担的问题，而责任分担问题解决的前提又是对性质的认识和定位。农民工子女的义务教育是国家义务教育的一部分，而义务教育是公共产品还是准公共产品仍然存在争议，但基本上没有人认为是私人产品。就其目前的看法来说，不管是公共产品还是准公共产品，国家和地方政府对此承担的责任是没有争议的。有人认为鉴于我国流动儿童数量庞大、跨区域流动但只是在国内流动的现状，因此，进城农民工子女的教育应当是一个全国性的准公共产品。[②]也有人认为，尽管农民工在全国范围内流动，但其主要还是在一个地方工作生活，为地方经济发展做贡献，因此，农民工子女的教育更多地应当是一个地方性公共产品，而且这一定位也是与当前我国的"以县为主"的教育管理体制相适应的。[③]也有人从财政分权的理论分析出发，国家公共产品适合集权方式生产，即由中央政府来提供比较有效率，而地方

[①] 研究生陈宣霖参与了本章的撰写。
[②] 袁连生：《农民工子女义务教育经费负担政策的理论、实践与改革》，《教育与经济》2010年第1期。
[③] 王金秀、方海波：《解决农民工子女义务教育问题的财政激励机制》，《华中师范大学学报（人文社会科学版）》2008年第7期。

性公共产品由分散的地方政府提供更有效。鉴于典型的国家公共产品和地方公共产品都比较少见，多数的是中央政府与地方政府交叉的，即外溢性地方公共产品。因此，根据这一分析，农民工子女教育管理体制应当是地方管理为主，高层政府提供适当的财政补助，而这样的一种义务教育管理体制能解决高层政府直接管理中存在的信息不对称问题，从而有助于教育资源合理配置和农民工子女公平接受教育。[1]

鉴于以上分析，农民工子女义务教育并不是一个单纯的国家性或地方性公共产品。因此，笔者认为，农民工子女教育作为义务教育的一个重要组成部分，国家的主要责任是不可回避的；同时，由于农民工跨区域流动带来的利益外溢性等特点，决定流入地对其有重要的责任义务，这也与中央的"以流入地为主、以公立学校为主"的"两为主"政策思想是一致的。在"两为主"政策中，以公立学校为主意味着国家要承担农民工子女义务教育的绝大部分经济责任；以流入地为主，就意味着流动地政府对于进城农民工子女教育负有主要的管理责任及部分经济责任。从这个分析上来说，进城农民工子女的义务教育责任体系其实很明确。从世界各国流动儿童义务教育的管理制度来看，中央政府一般承担着流动儿童在公立学校的主要成本，而且多数国家都是各级政府共同分担义务教育经费的。[2] 因此，从农民工子女义务教育的产品属性、国家已有的政策方向及国际政策做法来看，农民工子女教育供给以中央与地方政府共同分担经费、以地方政府主要负责管理是一个理论上合理、现实中可行的做法。

二 统筹视角下地方政府农民工子女教育发展的责任划分

从前面的分析可以知道，进城农民工子女教育并不是一个纯国家性或地方性公共产品，而是一个国家与地方共同分担经济责任、地方主要负责管理的综合性公共产品，需要把国家与地方、流出地与流入地、现在与未来等统筹起来，才能解决这一问题。鉴于问题解决的着力点还在地方政府，因为地方政府具有管理操作的便利性和信息的对称性，因此，在统筹

---

[1] 范先佐等：《三尺书桌何处寻——流动人口子女教育困难与破解》，凤凰出版传媒集团江苏教育出版社2011年版，第195—196页。

[2] 袁连生等：《流动儿童义务教育及财政问题研究》，北京师范大学出版社2013年版，第80页。

视角下区域地方政府对进城农民工子女教育发展的责任是一个需要进一步明确的问题。

当前国家农民工子女教育的"两为主"政策,并没有把地方政府的教育发展责任细化,只是把权利下放到了地方政府。对此,不同地方对于这一责任有不同的解释或理解,在笔者看来,地方政府对于农民工子女教育发展的责任担当主要表现在四个方面:

第一,入学保障的责任。近年来,改革发展成果共享不仅是一种社会需求,也是作为中央政策的一种共识,实现基本公共服务均等化是公共产品的性质所决定的。①从理论上讲,地方政府也是国家在地方的代表,受中央政府委托处理公共事务,国家对于农民工子女的教育任务最终还是要落在具体的各级地方政府身上;从社会现实来看,进城农民工来一个城市务工,为这一地方的经济繁荣作贡献,地方政府理应保障其子女的入学需求。因此,进城农民工子女入学保障是地方政府的一个不可推卸的责任。进一步的细化,地方政府的具体职责就是保障农民工子女的教育经费的筹措、接受、分配等;安置农民工子女在公立学校就读,如果公立学校资源有限,则应当在其他类别的学校购买学位。总之,不能让任何一个义务教育阶段的农民工子女因为学位缺乏的原因而失学。

第二,教育公平的责任。进城农民工子女在流入地就读,由于教育资源配置不均衡、城乡二元体制等多种原因,农民工子女难以享受同等的教育服务。而保障公平既是人类政治文明的发展趋势,也是社会主义事业的本质要求。② 近年来,中央政府一直致力于教育公平的推进,各种教育政策文本和教育发展规划都把它作为一个重要的政府目标。然而,作为中央政府在地方的代理者,如何实施教育公平是地方政府需要具体明确的。一般来说,地方政府要做的工作是保障入学机会均等,保证教育过程中农民工子女受到同等的教育服务,同时,对在某方面有特别困难的农民工子女或家庭进行补偿。

第三,质量监控的责任。近年来,农民工子女教育入学问题基本得到

---

① 张贤明等:《公共、共享与尊严:基本公共服务均等化的价值定位》,《新华文摘》2012年第22期。

② 张贤明等:《公共、共享与尊严:基本公共服务均等化的价值定位》,《新华文摘》2012年第22期。

解决，有些地方农民工子女大多数能进入公立学校就读，农民工子女上学已经不是一个问题。然而，调研时发现，农民工子女就读的学校，不管是公立的还是民办的，都普遍存在教育质量较差的问题。[1][2]因此，作为对农民工子女教育负主要责任的地方政府，对其进行质量监控是一个不可忽略的责任。目前，各地方教育管理职能部门或科研机构都有进行基础教育质量监测的努力和行动，很多省级的基础教育质量监测中心都已经建立起来了。质量监控的责任，具体的包括以下几个方面：监测农民工子女的学业成就，不管其在公立还是民办的学校；监测有农民工子女就读学校的师资专业发展情况，保证基本的教育质量；监测学校的教育服务能力，有条件不达标的学校实行整顿和改善。

第四，人民满意的责任。现阶段党的十八大会议上提出本届政府以公平为价值取向，要办人民满意的教育，强调要"大力促进教育公平，合理配置教育资源，积极推动农民工子女平等接受教育，让每个孩子都能成为有用之才"。[3]那么，在农民工子女教育问题上，对于流入地政府来说，就是要让相关利益者满意或满意度增加。具体来说，就是尽力做到让农民工子女对学校教育更加满意，让其家长对学校教育满意，也让学校教师对自己的教育满意。不仅如此，这种满意还要让当地的学生和家长也满意，不因为与外来农民工孩子在一起而感到不满意。让人民满意就意味着地方教育管理部门和学校教育部门需要不断努力提升学校教育质量和教育服务能力。

第二节 理论建构：进城农民工子女义务教育发展评估的理论分析

农民工子女义务教育发展评估的理论分析主要涉及三个核心问题，即"为何评估""评估什么"以及"如何评估"。"为何评估"探讨评估的必要性问题；"评估什么"涉及评估的对象与内容；而"如何评估"则关乎

---

[1] 刘善槐、邬志辉：《农民工随迁子女公办校的教育质量困境与应对策略》，《教育发展研究》2013年第6期。

[2] 田慧生、吴霓：《农民工子女教育问题研究——基于12城市调研的现状、问题与对策分析》，教育科学出版社2010年版，第79—88页。

[3] 袁贵仁：《努力办人民满意的教育》，《中国高等教育》2012年第24期。

评估的方法选择。

一　教育发展评估的必要性

（一）农民工子女义务教育发展评估是义务教育督导的现实要求

从1985年的《中共中央关于教育体制改革的决定》首次提出要"有步骤地实行九年制义务教育"到1986年颁布实施的《义务教育法》规定"国家实行九年制义务教育"，我国的义务教育有了法律保障，结束了义务教育无法可依的历史。2006年新修订的《义务教育法》第二条规定："义务教育是国家统一实施的所有适龄儿童、少年必须接受的教育。"这里的"所有适龄儿童、少年"当然也应包括作为我国普通公民的农民工子女在内。

虽然我国1995颁布的《教育法》将教育督导列为国家基本教育制度，但是，我国一直还没有一个专门的、完整的关于教育督导的法律法规，这也一定程度上造成我国教育监督的无法可依。而当前教育改革与发展的新形势对我国教育督导提出了更高的要求，既要促进教育公平，也要提高教育质量。因此，有必要从法律上确立教育督导的职能，以保障新时期教育改革与发展各项目标的完成。为此，2012年我国正式颁布了首部《教育督导条例》。同年，教育部印发关于《县域义务教育均衡发展督导评估暂行办法》的通知，决定建立县域义务教育均衡发展督导评估制度，并建立包括入学机会、保障机制、教师队伍、质量与管理等四大类17个方面的"义务教育均衡发展工作评估指标"。其中，"入学机会"的第一个方面就是"将进城务工人员农民工子女就学纳入当地教育发展规划，纳入财政保障体系"。这一定程度上有利于督促当前义务教育中存在的农民工子女"上不了学""上不好学"等难题的解决，以促进教育公平，推动义务教育的均衡发展。为此，构建能反映区域内农民工子女义务教育发展总体水平的教育发展指标体系，对于正确督导义务教育不无现实意义。

（二）农民工子女义务教育发展评估是其教育政策过程的必经阶段

自20世纪50年代美国学者拉斯韦尔提出"政策科学"以来，政策研究与日俱增，其研究范畴从决策前的政策分析逐渐扩展到政策制定、执行及评估等方面。80年代后，政策评估已在社会科学中具有了独立的地位。一般而言，政策过程理论认为政策研究主要包括政策的决策、执行、评估三个方面。按照戴伊[①]的说法，公共政策"就是政府选择做与选择不做的事情"，其主要关注政府做些什么、为何这样做以及这样做的作用与影响。而政策评估即是分析政府政策行为的"作用与影响"。

进城务工人员农民工子女义务教育问题自20世纪80年代出现以来，中央的相关政策经历了从20世纪80年代的"不作为"到90年代后期的"被动应对"，再到21世纪的"积极解决"，现正走向"制度创新"的新阶段，其政策理念也已从"控制"逐步转向"接纳"。我国农民工子女义务教育政策虽已走过十余个年头，但因我国目前尚未建立正式的农民工子女义务教育政策监测与评估体系，结果导致在诸如农民工子女义务教育政策的执行力度怎样、效果如何、是继续执行还是调整抑或是终止、农民工子女义务教育是否有所改善等一系列问题上均未能达成共识。为此，通过构建能反映农民工子女义务教育政策绩效的教育发展指标体系以评估农民工子女义务教育发展水平就显得尤为必要。

（三）农民工子女义务教育发展评估是流入地政府绩效的组成部分

自20世纪80年代以来，我国就建立了包括德、能、勤、绩、廉等方面的各级领导干部的绩效考核制度，但却长期存在看重GDP增长的评价倾向。随着我国政府职能向公共服务的不断转向，如何保障政府公共服务的效率与质量已成为各级政府当前面临的主要难题。而政府绩效评估的出现则为其提供了一个工具和方向。它作为一种政府绩效管理的重要手段，以科学的评价工具对政府的公共行为及其产出与效益进行客观公正的分析与评估，指引着政府工作的方向。

我国地方政府绩效评估建立在干部绩效考核的基础之上，虽然目前尚未形成一套完整统一的绩效评估体系，但从众多学者的研究来看，我国地方政府绩效评估指标体系一般包括经济发展、社会稳定、教育科技、生活质量以及生态等方面，而其中的教育领域就包含有义务教育普及率、学龄

---

① ［美］戴伊：《理解公共政策》（第十二版），谢明译，中国人民大学出版社2010年版，第1页。

儿童入学率等指标。因 2006 年的新《义务教育法》已从法律上明确了流入地政府为农民工子女提供平等的义务教育的责任，所以，农民工子女的义务教育发展水平也应属于流入地政府的绩效评估的一个方面。流入地政府解决好农民工子女的义务教育，不仅有利于提高当地义务教育的普及率，而且也有利于其社会的和谐发展。为此，评估农民工子女义务教育发展总体水平，理应成为流入地政府绩效评估的重要组成部分。

二 教育发展评估的要素分析

（一）评估对象——流入地教育行政部门

从 2001 年《国务院关于基础教育改革与发展的决定》有关"要重视解决流动人口子女接受义务教育问题，以流入地区政府管理为主，以全日制公办中小学为主"的规定可知，农民工子女义务教育发展评估的对象至少应包括流入地政府及其全日制公办中小学。而且，2003 年教育部等六部门的《关于进一步做好进城务工就业农民子女义务教育工作的意见》在坚持"两为主"原则的基础上，更是明确了流入地的教育行政、公安、发展改革、机构编制、劳动保障等八个部门的责任，这进一步细化了农民工子女义务教育评估的对象。所以，农民工子女义务教育发展评估对象进一步细分为流入地政府的教育行政部门、公安、发展改革等八大部门和流入地全日制公办中小学。然而，《关于进一步做好进城务工就业农民子女义务教育工作的意见》有关"地方各级政府特别是教育行政部门和全日制公办中小学要建立完善保障进城务工就业农民工子女接受义务教育的工作制度和机制"的规定更加突出了流入地教育行政部门的主要责任，且流入地教育行政部门是一个区域内农民工子女义务教育各项具体政策规定的最终制定者与执行者。所以，本研究将农民工子女义务教育发展评估的对象限定为流入地教育行政部门。

（二）评估内容——有学上、上好学、学有成、好上学

从已有的相关研究可以看出，我国农民工子女义务教育主要存在三大难题：一是"上不了学"，即流入地因义务教育资源有限，在接收农民工子女的过程中设置了较高的"入学门槛"并收取高额的"借读费"，结果造成很大一部分农民工子女被拒之门外；二是"上不好学"，即"有学上"的农民工子女很难享受到与本地学生同样的优质教育和待遇，主要

表现在民工子弟学校的办学条件不达标、师资队伍质量差和公办中小学的开放度不高、教育过程中的"差别对待";三是"升不了学",包括小学升初中和初中升高中困难,很大一部分农民工子女因缺乏在流入地完整的小学或初中学习经历而不能参加当地的升学考试。

不过,随着农民工子女义务教育"两为主"政策的逐步贯彻与落实,农民工子女义务教育已经开始由"有学上"逐步转向"上好学"与"好上学"的新阶段。2010年颁布的《国家中长期教育改革与发展规划纲要(2010—2020)》要求"确保进城务工人员农民工子女平等接受义务教育,研究制定进城务工人员农民工子女接受义务教育后在当地参加升学考试的办法"。因此,这一时期(2010—2020年)我国农民工子女义务教育应达到"有学上""上好学""学有成"及"好上学"的目标。"有学上"是指农民工子女在流入地不会因户籍、家庭背景、学习经历等各种原因的限制而"上不了学";"上好学"是指农民工子女在流入地能与本地学生享受平等的待遇和优质教育;"学有成"是指在流入地接受义务教育的农民工子女能够完成学业并顺利毕业,且能平等地在流入地参加升学考试和接受义务后教育;"好上学"指农民工子女对流入地的学校教育感到满意,喜欢学校里的学习和生活。

第三节 指标体系:进城农民工子女教育发展指标体系的构建

一 构建原则与概念模式

(一)教育发展评估的构建原则

设计和构建农民工子女义务教育发展指标体系,除了遵循科学性、可操作性、实用性等指标体系的一般构建原则外,还需着重考虑以下原则。

1. 问题导向性

因本研究的目的在于评估区域内农民工子女义务教育发展的总体水平,以反映区域内农民工子女义务教育问题的解决程度。所以,在构建农民工子女义务教育发展指标体系时,必须要以农民工子女义务教育存在的实际问题(如不合理入学门槛导致的"入学难"、高额借读费导致的"入学贵"、公办中小学的独立编班以及义务后教育升学难等）为导向，且选择的教育指标要能反映当前的农民工子女义务教育问题（如可通过"公办学校中农民工子女的就读率"这一指标来反映各区域的入学难问题），这样才能提高教育指标的实际效用，为下一步的教育改革提供参考。

2. 可比性

作为一种分析工具，教育发展指标体系应具有纵向可比性和横向可比性。前者是指可用于比较同一区域内不同时期的农民工子女义务教育发展总体水平；后者是指可用于比较同一时期内不同区域（省、市、县等）间农民工子女的义务教育发展总体水平。然而，由于各区域的经济、人口及社会发展程度各异，所以，在设计指标时须考虑各地的实际差异，这样才能使横向比较具有意义。如各地的"农民工子女义务教育专项经费"可能会因各地社会经济发展程度不同而差距很大，若将其直接进行比较则意义不大。但如果以"农民工子女义务教育专项经费占财政支出的比例"作为指标进行横向比较，那么就更能真实地反映出各流入地的农民工子女义务教育经费投入的差异所在。

3. 层次性

因历史原因和政策差异，我国东、中、西部在义务教育发展上不仅参差不齐而且路径多样。在中西部努力解决义务教育均衡发展的同时，东部发达地区已开始进军"优质均衡"。就农民工子女义务教育而言，各地同样也存在发展程度不一的问题，如在一些地区的农民工子女"上不了学"和"上不起学"的同时，另一些地方已由"有学上"转向"上好学"阶段。所以，在构建农民工子女义务教育发展指标体系时，首先要清楚地认识到各地的教育发展阶段的不一致性；其次，构建的指标体系应具有不同的层次性，以便能反映出各地的不同发展水平。如农民工子女义务教育主要存在着入学难、教育不公平等问题，所以，在构建指标体系时应包括入学保障、教育公平等具有不同层次的维度。

4. 总量与差异相互参照

一般而言，研究者常用入学率、毕业率、师生比等一类指标来反映教育发展的总体水平，这样可以获得对于教育发展水平的一个总体认识。但是，如果教育内部存在较大差异时，这一类"总量型指标"就会掩盖实际存在的差异，不利于客观真实地反映教育发展的实际水平。如我国的义务教育在区域、城乡、学校及群体之间就存在明显的差异。区域间的差异很大程度上与经济发展有关，而城乡间的差异则来源于二元体制，这两者也正是我国农民工子女义务教育问题产生的原因之一。所以，在构建农民工子女义务教育发展指标体系时，不仅要关注农民工子女义务教育发展的总体水平，更要强调农民工子女义务教育的内部差异，如公办学校与民工子弟学校之间、农民工子女与流入地城市学生之间的差异。

5. 主客观相结合

主观指标多是通过问卷调查以测量被试的主观态度或感受，其优点在于能反映态度、意识、看法等难以直接量化的内容，缺点在于过于主观；而客观指标则多来自于相关统计部门的统计数据，优点在于客观、便捷，但却不够全面。农民工子女义务教育发展指标体系作为反映农民工子女义务教育总体发展水平的评估工具，既应包括能客观、真实地反映其发展水平的教育指标，如经费投入、入学率以及师生比等；也应包括作为利益相关者的农民工子女及其家长、接收农民工子女的学校以及流入地的学生与家长等的主观上的满意度。只有主观与客观相结合，才能更有效地反映农民工子女义务教育发展的总体水平。

6. 全面与重点相统一

虽然指标体系越全面越能反映问题，但一个过于庞杂的指标体系既造成信息搜集困难，也要求投入大量的人力、物力和财力，导致实际操作中较低的效率与效益。而且，过于繁杂的指标体系，有可能主次不分，造成关键性的指标的重点性不突出。爱因斯坦曾说过："科学，要尽量做到最简，但不要过于简单。"所以，构建农民工子女义务教育发展指标体系，既要全面分析与农民工子女义务教育相关的内容，如学生、教师、学校、经费等方面；又要抓住能反映其主要特征的指标，如农民工子女的入学率、在公办学校就读率、升学率和民工子弟学校的硬件设施、师资队伍等。总之，要尽可能做到全面与重点相统一。

（二）概念模式与具体结构

一般而言，综合指数的构建主要分为四个步骤：一是构建指标体系；二是确定各级指标的权重；三是数据的去量纲化；四是综合指数的合成。因此，构建农民工子女义务教育发展指数主要包括农民工子女义务教育发展指标体系的构建、各级指标的权重分配、数据的去量纲化以及义务教育发展指数的合成四个部分。

1. 农民工子女义务教育发展指标体系构建的概念模式

概念模式是构建指标体系的分析框架与构建基础，同时也是指标选择的依据。因研究视角、内容等不同，研究者构建指标体系的概念模式也有所差异。在分析已有教育指标体系的基础上，孙志麟[①]总结了包括"系统模式""演绎模式""归纳模式""问题模式"及"目标模式"等五种构建教育指标体系的概念模式（具体见表7-1）。

"系统模式"以教育生产力理论为基础，强调教育的输入、过程及产出，常用的模式有"输入—过程—产出"和"背景（context）—投入（input）—过程（process）—结果（product）"（简称为"CIPP"）。如经济合作与发展组织（OECD）发布的《教育概览：经济合作与发展组织指标》（*Education at a Glance：OECD Indicators*）就采用了CIPP系统模式，其指标体系主要包括教育背景、教育投入与过程、教育结果三大部分。

"演绎模式"先确定目标主题，然后采取"自上而下"的分析框架，通过层层分解目标主题，最终形成具有不同层次的指标体系。而"归纳模式"则与之相反，其基于现有统计资料，采用"自下而上"的方式，将所选指标归纳成具有一定概括性的几个维度，最后形成一个接近理论模式的指标体系。"演绎模式"是"应然"取向，而"归纳模式"则是"实然"取向。其实，它们只是一种思维方式，是一种分析方法。因此，在实际操作中，可以将其结合使用。

"问题模式"基于现实中的教育问题，围绕重要教育问题选取指标，在反映当前教育问题的同时，也作为今后教育改革的依据。"目标模式"着眼于教育政策的目标，以衡量教育政策结果为重点来形成一套反映教育政策目标达成程度的指标体系，以此为教育决策提供依据。

表 7-1　　　　　　构建教育指标体系的五种概念模式

	构建理念	设计重点	阶层关系	理念主张
系统模式	教育生产力	基于系统理论，衡量教育系统的输入、过程及产出	自上而下	明显，理论色彩很浓

---

① 孙志麟：《教育指标的概念模式》，《教育政策论坛》2000年第1期。

续表

	构建理念	设计重点	阶层关系	理念主张
演绎模式	教育发展	以目标主题为依据，了解目标主题的教育发展与表现。	自上而下	隐晦，需确立目标主题
归纳模式	教育发展	从现有统计资料中选取指标，以描述教育状况。	自下而上	隐晦，迁就现有统计资料
问题模式	教育改革	核心是重要教育议题，力求了解可能的教育问题	自上（下）而下（上）	隐晦，从实际情况出发
目标模式	教育政策	以教育改革目标为依据，评估目标达成的程度	自上而下	隐晦，较少依赖理论

可见，上述五种概念模式各有特色，既相互区别又相互补充。因此，可以根据研究内容的不同，有针对地选取其中的一种或几种。因本研究的目的在于评估农民工子女义务教育发展总体水平，主要是以农民工子女义务教育存在的实际问题为依据，以农民工子女义务教育目标为导向，既要能反映当前农民工子女义务教育的发展水平，又要能体现出农民工子女义务教育目标达成的程度，同时为今后的农民工子女义务教育改革提供依据和参考。所以，本研究采取以问题模式和目标模式为主轴、归纳法和演绎法相结合的方式构建农民工子女义务教育发展指标体系。

2. 农民工子女义务教育发展指标体系的具体结构

本书基于上述的问题导向性、可比性、层次性、总量与差异相互参照、主客观相结合及全面与重点相统一等原则，采取以问题模式和目标模式为主轴、归纳法和演绎法相结合的方式构建农民工子女义务教育发展指标体系（具体见表7-2）。

（1）农民工子女义务教育发展指标体系的主要维度

"教育保障度"是农民工子女义务教育的首要目标，用于反映农民工子女义务教育"有学上"的达成程度，包括入学保障、办学保障和经费保障三个方面。由第三章的分析可知，当前我国农民工子女义务教育主要存在"上不了学""上不好学"及"升不了学"三大难题，且其困难程度依次增加。所以，我国农民工子女义务教育的首要目标即是保障农民工子女"有学上"，不仅要保障农民工子女能够入学，而且还需为接收农民工子女的学校的办学条件和经费投入提供保障。

"教育公平度"是农民工子女义务教育的主要目标，用于反映农民工子女义务教育"上好学"的达成程度,包括机会平等、过程公平和差异补偿三个方面。当前,随着"两为主"政策的逐步贯彻与落实,农民工子女义务教育已开始由"有学上"逐步转向"上好学"的新阶段。因此,在保障农民工子女"有学上"的同时,应积极推进农民工子女在流入地平等地接受义务教育,促进包括机会平等、过程公平及差异补偿在内的教育公平,让其能够"上好学"和"好上学"。

"教育提升度"是农民工子女义务教育的发展目标,用于反映农民工子女义务教育"学有成"的达成程度,包括学生学业成就、教师专业发展和学校服务能力三个方面。"学有成"是实现农民工子女"有学上"与"上好学"之后的更高一级的教育目标,指农民工子女在流入地既能完成学业并顺利毕业,又能平等地参加升学考试和接受义务后教育。而为保障农民工子女更高的"毕业率"和"升学率",则需要加强师资队伍建设和提升流入地学校的服务能力。

"教育满意度"是农民工子女义务教育的最终目标,用于反映农民工子女"好上学"的达成程度,包括与农民工子女义务教育相关的学生、家长及教师等主要利益群体对农民工子女义务教育服务的满意程度。只有与农民工子女义务教育相关的主要利益群体(包括农民工子女就读学校的学生、家长、教师及校长等)都对流入地的农民工子女义务教育服务感到满意,才能算是实现其最终教育目标。

(2)农民工子女义务教育发展指标体系的具体指标

基于上述指标体系构建原则,本研究设计了37项具体指标用于反映区域内农民工子女义务教育发展的整体水平。为便于理解和使用,有必要对各具体指标的计算方式和含义进行简要说明。

①教育保障度指标(三类12项指标)

入学保障指标(3项)。"义务教育阶段农民工子女的总体入学率"是区域内接受义务教育的农民工子女总数与其义务教育阶段农民工子女总数之比,反映了一个地区农民工子女的总体入学情况,比例越大,说明农民工子女入学情况越好。"接受义务教育的农民工子女占义务教育学生总数的比例"是区域内接受义务教育的农民工子女数与其义务教育阶段学生总数之比,反映了一个地区接收农民工子女的能力,比例越大,说明其接收能力越强。"在未经审批的学校中接受义务教育的农民工子女的比例"是区域内在未经审批的学校中接受义务教育的农民工子女的人数与接受义务教育的农民工子女的人数之比,反映了一个地区未能进入合法义务教育学校的农民工子女数,比例越大,说明农民工子女入学问题解决程度越差。

办学保障指标（5项）。"接收义务教育阶段农民工子女的合法学校的比例"是区域内接收义务教育阶段农民工子女的合法学校数与义务教育阶段的合法学校总数之比,反映了一个地区经过审批的用于接收农民工子女的学校的情况,比例越大,说明接收农民工子女的学校数越多。"农民工子女就读学校的生均校舍建筑面积"是区域内所有农民工子女就读学校的校舍建筑面积的总和与这些学校的学生总数的比,反映了农民工子女就读学校的办学条件,比例越大,其办学条件越好。"农民工子女就读学校的班级规模"是农民工子女就读学校的学生总数与农民工子女就读学校的班级总数之比,反映了农民工子女就读学校的办学条件,比例越大（超过50人/班）,其办学条件越差。"农民工子女就读学校的师生比"是农民工子女就读学校的专任教师总数与农民工子女就读学校的学生总数之比,反映了农民工子女就读学校的师资配置情况,比例越大越好。"农民工子女就读学校的专任教师合格率"是农民工子女就读学校中具有教师资格证书的专任教师人数与农民工子女就读学校的专任教师总数之比,反映农民工子女就读学校的教师队伍质量,比例越大越好。

经费保障指标（4项）。"义务教育阶段国家财政性教育经费占地区生产总值的比例"是区域内义务教育阶段国家财政性教育经费与其地区生产总值之比,反映该地区的流入地政府对义务教育的经费投入情况,比例越大说明其投入力度越高。"农民工子女专项义务教育经费占财政支出的比例"是区域内流入地政府投入的农民工子女专项义务教育经费与其财政支出之比,反映了该地区流入地政府对农民工子女义务教育的投入力度,比例越大越好。"农民工子女就读学校的生均教育事业性经费"是区域内所有农民工子女就读学校的教育事业性经费与这些学校的学生总数之比,反映了一个地区流入地政府对农民工子女就读学校的经费投入力度,比例越大越好。"农民工子女就读学校的生均公用经费"是区域内所有农民工子女就读学校的公用经费与这些学校的学生总数之比,反映了一个地区流入地政府对农民工子女就读学校的经费投入力度,比例越大越好。

表 7-2 区域内农民工子女义务教育发展指标体系

一级 A	二级 B	三级 C	四级 D 具体指标	权重	目标值	指标方向	数据来源
区域内随迁子女义务教育发展指标体系	B1 教育保障度 (0.0965)	C1 入学保障 (0.5396)	D1 义务教育阶段农民工子女总体入学率	1/3	100%	正向	统计数据
			D2 接受义务教育的农民工子女占义务教育阶段学生总数的比例	1/3	实际值	正向	统计数据
			D3 在未经审批地的学校中接受义务教育的农民工子女的比例	1/3	0	反向	统计数据
		C2 办学保障 (0.297)	D4 接收义务教育阶段农民工子女的合法学校的比例	0.20	100%	正向	统计数据
			D5 农民工子女就读学校的生均校舍建筑面积	0.20	实际值	正向	统计数据
			D6 农民工子女就读学校的班级规模	0.20	实际值	反向	统计数据
			D7 农民工子女就读学校的师生比	0.20	实际值	正向	统计数据
			D8 农民工子女就读学校的专任教师合格率	0.20	100%	正向	统计数据
		C3 经费保障 (0.1634)	D9 义务教育阶段国家财政性教育经费占地区生产总值的比例	0.25	实际值	正向	统计数据
			D10 农民工子女专项义务教育经费占财政支出的比例	0.25	实际值	正向	统计数据
			D11 农民工子女就读学校的生均事业性经费	0.25	实际值	正向	统计数据
			D12 农民工子女就读学校的生均公用经费	0.25	实际值	正向	统计数据
	B2 教育公平度 (0.2047)	C4. 机会平等 (0.4934)	D13 义务教育阶段公办学校对农民工子女的开放度	1/3	100%	正向	统计数据
			D14 农民工子女在义务教育阶段公办学校的就读率	1/3	100%	正向	统计数据
			D15 接受义务教育的农民工子女享受免收借读费的比例	1/3	100%	正向	统计数据
		C5 过程公平 (0.3108)	D16 义务教育阶段公办学校中农民工子女单独编班的比例	0.50	0	反向	统计数据
			D17 与本地学生享受同等义务教育免费政策的比例	0.50	100%	正向	统计数据
		C6 差异补偿 (0.1958)	D18 义务教育阶段农民工子女受贫困生资助政策的比例	0.50	实际值	正向	统计数据
			D19 义务教育阶段农民工子女每学期的生均补助费用	0.50	实际值	正向	统计数据

第七章　基于统筹视角的进城农民工子女义务教育发展评估指标体系研究　265

续表

一级 A	二级 B	三级 C	四级 D 具体指标	权重	目标值	指标方向	数据来源
区域内随迁子女义务教育发展指标体系	B3 教育提升度 (0.2895)	C7 学生学业成就 (0.5714)	D20 义务教育阶段农民工子女的毕业率	0.25	100%	正向	统计数据
			D21 义务教育阶段农民工子女的辍学率	0.25	0	反向	统计数据
			D22 农民工子女小学升初中的比例	0.25	100%	正向	统计数据
			D23 农民工子女初中升高中的比例	0.25	100%	正向	统计数据
		C8 教师专业发展 (0.2857)	D24 农民工子女就读学校的教师接受在职培训的比例	0.25	100%	正向	统计数据
			D25 农民工子女就读学校的公办学校与民工子弟学校的教师交流的比例	0.25	100%	正向	统计数据
			D26 农民工子女就读学校的专任教师具有高级职称的比例	0.25	100%	正向	统计数据
			D27 农民工子女就读学校的专任教师具有本科及以上学历的比例	0.25	100%	正向	统计数据
		C9 学校服务能力 (0.1429)	D28 农民工子女就读学校的办学条件达标率	1/3	100%	正向	统计数据
			D29 接受义务教育的农民工子女增长数与适龄农民工子女增长数之比	1/3	实际值	正向	统计数据
			D30 义务教育阶段新增学位数中用于农民工子女的比例	1/3	实际值	正向	统计数据
	B4 教育满意度 (0.4094)	C10 学生满意 (0.5936)	D31 农民工子女就读学校的学生对其学校的满意度	0.50	5	正向	问卷调查
			D32 农民工子女就读学校的学生对其学校教师的满意度	0.50	5	正向	问卷调查
		C11 家长满意 (0.25)	D33 农民工子女就读学校的学生家长对子女所在学校教育服务的满意度	0.50	5	正向	问卷调查
			D34 农民工子女就读学校的学生家长对政府教育服务的满意度	0.50	5	正向	问卷调查
		C12 教师满意 (0.157)	D35 农民工子女就读学校的教师对所在学校的满意度	1/3	5	正向	问卷调查
			D36 农民工子女就读学校的专任教师对政府教育服务的满意度	1/3	5	正向	问卷调查
			D37 农民工子女就读学校的校长对政府教育服务的满意度	1/3	5	正向	问卷调查

（注："实际值"是指在无法确定某一指标"目标值"的情况下的实际数值；因"教育满意度"的数据收集拟采用李克特五点式评分的问卷调查，其选项"一点儿也不满意""有点不满意""差不多满意""比较满意""非常满意"分别赋值 1、2、3、4、5，故其四级指标的"目标值"为 5。）

②教育公平度指标（三类 7 项指标）

机会平等指标（3 项）。"义务教育阶段公办学校对农民工子女的开放度"是区域内接收义务教育阶段农民工子女的公办学校数与义务教育阶段的公办学校总数之比，反映了流入地公办学校对农民工子女的开放程度，比例越大越好。"农民工子女在义务教育阶段公办学校的就读率"是区域内在义务教育阶段公办学校就读的农民工子女人数与接受义务教育的农民工子女总数之比，反映了农民工子女进入公办学校就读的情况，比例越大越好。"接受义务教育的农民工子女享受免收借读费的比例"是区域内接受义务教育的农民工子女享受免收借读费的人数与接受义务教育的农民工子女总数之比，反映农民工子女义务教育的免费入学情况，比例越大越好。

过程公平指标（2 项）。"义务教育阶段公办学校中农民工子女单独编班的比例"是区域内义务教育阶段公办学校中农民工子女单独编班的人数与其公办学校中接受义务教育的农民工子女总数之比，反映了公办学校中对农民工子女的教育管理的"差别对待"程度，比例越大说明"差别对待"越严重。"农民工子女与本地学生享受同等义务教育免费政策的比例"是区域内与流入地学生享受同等义务教育免费政策的农民工子女人数同该地区接受义务教育的农民工子女总数之比，反映了农民工子女就读学校对学生"一视同仁"的程度，比例越大说明"一视同仁"程度越高。

差异补偿指标（2 项）。"义务教育阶段农民工子女享受贫困生资助政策的比例"是区域内享受贫困生资助政策的农民工子女数与接受义务教育的农民工子女的总数之比，反映一个地区对农民工子女弱势群体的帮扶程度，比例越大越好。"义务教育阶段农民工子女每学期的生均补助费用"是区域内每学期用于补助困难家庭农民工子女的费用，反映了一个地区对农民工子女弱势群体的帮扶程度，数值越大越好。

③教育提升度指标（三类 11 项指标）

学生学业成就指标（4 项）。"义务教育阶段农民工子女的毕业率"是区域内义务阶段农民工子女的毕业人数与义务教育阶段的农民工子女入学人数之比，反映了农民工子女义务教育的成就情况，比例越大越好。

"义务教育阶段农民工子女的辍学率"是区域内义务教育阶段农民工子女的辍学人数与义务教育阶段农民工子女的入学人数之比,比例越大,说明农民工子女辍学情况越严重。"农民工子女小学升初中的比例"是区域内农民工子女小学升初中的人数与小学阶段农民工子女的毕业人数之比;"农民工子女初中升高中的比例"是区域内农民工子女初中升高中的人数与初中阶段农民工子女的毕业人数之比,两者反映了农民工子女的升学情况,比例越大越好。

教师专业发展指标(4项)。"农民工子女就读学校的教师接受在职培训的比例"是区域内农民工子女就读学校中接受在职培训的教师数与农民工子女就读学校的教师总数之比;"农民工子女就读的公办学校与民工子弟学校的教师交流的比例"是区域内农民工子女就读的公办学校与民工子弟学校的教师交流人数与农民工子女就读学校的教师总数之比,两者反映了农民工子女就读学校的教师专业发展情况,比例越大越好。"农民工子女就读的专任教师具有高级职称的比例"是农民工子女就读学校中具有高级职称的专任教师数与农民工子女就读学校的专任教师总数之比;"农民工子女就读学校的专任教师具有本科及以上学历的比例"是区域内农民工子女就读学校中专任教师具有本科及以上学历的人数与农民工子女就读学校的专任教师总数之比,两者反映了农民工子女就读学校的教师专业化与学历化水平,比例越大越好。

学校服务能力指标(3项)。"农民工子女就读学校的办学条件达标率"是区域内接收农民工子女的办学条件达标的义务教育学校数与接收农民工子女的义务教育学校总数之比,反映了农民工子女就读学校办学条件的标准化程度,比值越大越好。"接受义务教育的农民工子女增长数与适龄农民工子女增长数之比"是区域内接受义务教育的农民工子女增长数与义务教育阶段农民工子女的增长数之比,反映了一个地区农民工子女义务教育的接收力度,比例越大越好。"义务教育阶段新增学位数中用于农民工子女的比例"是区域内义务教育阶段用于农民工子女的新增学位数与新增学位总数之比,反映了一个地区接收义务教育阶段农民工子女的力度,比值越大越好。

④教育满意度指标(三类7项指标)

学生满意指标(2项)。"农民工子女就读学校的学生对其学校的满意度"和"农民工子女就读学校的学生对其学校教师的满意度"反映了区域内接收农民工子女的学校中的农民工子女与本地学生对其所在学校及其教师的满意情况,可以采用问卷调查的形式对农民工子女就读学生的学生进行抽样调查,以五点评分的方式分别赋予"一点儿也不满意""有点不满意""差不多满意""比较满意""非常满意"1—5 的分值来进行评价,得分越高说明学生越满意。

家长满意指标(2 项)。"农民工子女就读学校的学生家长对子女所在学校的满意度"反映了农民工子女就读学校的农民工子女家长与本地学生家长对学校的满意度;"农民工子女就读学校的学生家长对政府教育服务的满意度"反映了农民工子女就读学校的农民工子女家长与本地学生家长对流入地政府的教育服务的满意情况,两者皆可采取上述类似的问卷调查。

教师满意指标(3 项)。"农民工子女就读学校的专任教师对所在学校的满意度"和"农民工子女就读学校的专任教师对政府教育服务的满意度"反映了接收农民工子女的公办学校与民办学校中的专任教师对其所在学校与当地政府的满意度情况;"农民工子女就读学校的校长对政府教育服务的满意度"反映了接收农民工子女的公办学校和民办学校中的校长对流入地政府教育服务的满意情况,三者同样可采取上述类似的问卷调查。

二 权重分析与去量纲化

(一) 权重分配的方法选择

1. 权重分配的一般方法

在指标体系综合评价中,确定指标权重是重要的一环,指标权重的大小直接影响到最终的评价结果。因此,科学地分配指标权重非常重要。目前,常用的分配指标权重的方法大致上可分为主观赋值法、客观赋值法及主客观相结合赋值法三大类。

主观赋值法一般是由专家根据经验进行主观判断而得出权重。常用的方法有德尔菲法、专家调查法、层次分析法等。主观赋值法的优点在于,专家可以根据实际问题用自己的经验较为合理地确定各指标的重要性。而其缺点在于,一是主观随意性大,即所得权重依赖于专家的选取;二是采用增加专家数量或仔细选择专家等措施也很难根本改善最终结果。所以，用主观赋值法确定的最终权重可能与实际情况存在较大差异。客观赋值法一般是根据已有统计数据之间的相关关系来计算相应的权重。常用的方法有主成分分析法、因子分析法、最大熵权法、变异系数法等。其中，最为常用的是主成分分析法。因客观赋值法基于现有统计数据，因此，其不具有主观随意性，客观性强，结果具有较强的数学理论依据。但是，其对实际数据的依赖易导致所得权重具有不稳定性，结果可能与设计者的主观意图相矛盾，如最重要的指标不一定具有最大的权重，而最不重要的指标可能具有最大的权重。此外，针对主观赋值法和客观赋值法的优缺点，学者们探索并提出了主客观相结合赋值法，即同时使用主观和客观赋值法，充分利用其各自的优点。[1][2]

然而，一方面，因各地政府职能部门并未公开与本书中构建的指标体系有关的统计信息，所以，本书在确定指标体系的权重时只能选择主观赋值法。另一方面，因各专家学者对农民工子女义务教育各方面的重要性并不一定能达成共识，而本研究中的指标体系则主要是基于笔者的一些思考，所以，在确定各指标的重要性时并未考虑相关专家的意见，而是主要反映作者的价值偏好。因此，在综合考虑的基础上，本书选择主观赋值法中最常用的定性与定量分析相结合的层次分析法。

2. 层次分析法简介

层次分析法（Analytic Hierarchy Process，AHP）是美国著名的运筹学家 Thomas. L. Satty 等人在 20 世纪 70 年代提出的一种定性与定量分析相结合的多准则决策方法[3]。该方法原用于多目标决策中的多方案择优，但其择优过程的实质是根据各自准则对多个方案进行排序，而排序的结果实际上就是指标体系综合评价中的权重。层次分析法的基本原理是先将一个复杂的问题整理成一种树状递阶层次结构；然后对同一层次的各元素两两比

---

[1] 郭红玲、黄定轩：《多属性决策中属性权重的无偏好赋权方法》，《西南交通大学学报》2007 年第 4 期。

[2] 陶菊春、吴建民：《综合加权评分法的综合权重确定新探》，《系统工程理论与实践》2001 年第 8 期。

[3] 杜栋、庞庆华：《现代综合评价方法与案例精选》，清华大学出版社 2005 年版，第 9—10 页。

较其相对于上一层次的重要性,并按 1—9 标度法(见表 7-3[①])数值化;最后通过层层分析计算各层的重要程度并以此作出决策。

因一个确定的指标体系即是一个明确的层次结构模型,所以,在运用层次分析法确定指标体系的权重时,大致包括以下三个步骤:①对同一级指标相对于上一级层次的重要性进行两两比较,并用 1—9 标度法构造判断矩阵;②根据判断矩阵计算被比较的各级指标的相对权重,主要有和积法、方根法、特征根法等方法;③对判断矩阵进行一致性检验,即检查判断者判断思维的一致性程度,如若出现"甲比乙重要、乙比丙重要,而丙又比甲重要"的判断,则说明这一判断是相互矛盾的,需要调整判断矩阵并重新计算权重。

表 7-3　　　　　　层次分析法判断矩阵中的标度及含义

标度	含义
$b_{ij}=1$	对于某一属性,i 元素与 j 元素同样重要
$b_{ij}=3$	对于某一属性,i 元素比 j 元素稍微重要
$b_{ij}=5$	对于某一属性,i 元素比 j 元素明显重要
$b_{ij}=7$	对于某一属性,i 元素比 j 元素特别重要
$b_{ij}=9$	对于某一属性,i 元素比 j 元素极端重要
$b_{ij}=2,4,6,8$	对于某一属性,i 元素比 j 元素的重要性处于上述判断的中间状态
b_{ij} 为各值的倒数	对于某一属性,i 元素与 j 元素重要性反向

(二) 各级指标权重的确定

因各级指标权重的计算方法一致,所以,在此仅以表 7-3 中的二级指标权重的计算为例(三级指标的具体计算过程见附录 C[②])。

1. 构造判断矩阵 B

表 7-2 中的农民工子女义务教育发展评估指标体系共有教育保障度(B1)、教育公平度(B2)、教育提升度(B3)及教育满意度(B4)四个二级指标。根据前面的分析,笔者认为,就农民工子女义务教育发展而

---

① 曾红颖等:《发展的刻度:中国发展水平评价指标体系》,中国水利水电出版社 2004 年版,第 145—148 页。

② 因三级指标各维度对应的四级指标个数不一且较多,故其相应的四级指标采取等权重的方法。——笔者注

言,教育公平度、教育提升度和教育满意度均要比教育保障度"稍微重要"些;教育提升度和教育满意度相对于教育公平度的重要性介于"同等重要"和"稍微重要"之间;教育满意度相对于教育提升度的重要性也介于"同等重要"和"稍微重要"之间。根据表7-3中有关层次分析法1—9标度法的赋值规则,可以得到表7-4的判断矩阵B。

表7-4　农民工子女义务教育发展指标体系二级指标的判断矩阵

	教育保障度 B1	教育公平度 B2	教育提升度 B3	教育满意度 B4
教育保障度 B1	1	1/3	1/3	1/3
教育公平度 B2	3	1	1/2	1/2
教育提升度 B3	3	2	1	1/2
教育满意度 B4	3	2	2	1

2. 计算指标的权重

根据表7-4的判断矩阵计算指标权重的方法有和积法、方根法、特征值法,下面以方根法为例进行指标权重的计算。

第一步,计算判断矩阵B每一行的乘积 $m_i = \prod_{j=1}^{n} b_{ij}$ (i = 1, 2, 3, 4; n = 4):

$m_1 = 1 \times (1/3) \times (1/3) \times (1/3) = 1/27$; $m_2 = 3 \times 1 \times (1/2) \times (1/2) = 3/4$

$m_3 = 3 \times 2 \times 1 \times (1/2) = 3$; $m_4 = 3 \times 2 \times 2 \times 1 = 12$

第二步,将每行的乘积 m_i 开4次方,计算其方根 $\underline{w}_i = \sqrt[4]{m_i}$ (i = 1, 2, 3, 4):

$\underline{w}_1 = \sqrt[4]{1/27} = 0.4387$; $\underline{w}_2 = \sqrt[4]{3/4} = 0.9306$

$\underline{w}_3 = \sqrt[4]{3} = 1.3161$; $\underline{w}_4 = \sqrt[4]{12} = 1.8612$

第三步,将向量 $\underline{W} = (\underline{w}_1, \underline{w}_2, \underline{w}_3, \underline{w}_4)^T$ 进行归一化处理($w_i = \underline{w}_i / \sum_{i=1}^{n} \underline{w}_i$),即可得到其特征向量 $W = (w_1, w_2, w_3, w_4)$,即各指标的权重。

$\sum_{i=1}^{n} \underline{w}_i = 0.4387 + 0.4387 + 1.3161 + 1.8612 = 4.5466$

$w_1 = 0.4387/4.5466 = 0.0965$; $w_2 = 0.9306/4.5466 = 0.2047$

$w_3 = 1.3161/4.5466 = 0.2895$；　　$w_4 = 1.8612/4.5466 = 0.4094$

因此，二级指标 B1、B2、B3、B4 的权重依次为 0.0965、0.2047、0.2895、0.4094。

3. 一致性检验

在层次分析法中引入一致性检验是为了检查判断者判断思维的一致性程度，但限于事物的复杂性和判断者认识的多样性与有限性，层次分析法并不要求判断矩阵具有完全的一致性，只需检查判断的一致性程度如何。具体步骤如下：

第一步，计算一致性指标 $CI = \dfrac{\lambda \max - n}{n - 1}$，CI 值越小，表明判断矩阵越接近完全一致性。

其中，$\lambda \max$ 为判断矩阵的最大特征根，即 $\lambda \max = \dfrac{1}{n} \sum_{i=1}^{n} \dfrac{(BW)_i}{W_i}$，$(BW)_i$ 为矩阵 BW 的第 i 个元素，W_i 为特征向量 W 的第 i 个元素。一般而言，具有满意一致性的判断矩阵的 $\lambda \max \geq n$；若判断矩阵是完全一致性时，则 $\lambda \max = n$。具体计算过程如下：

$$BW = \begin{pmatrix} 1 & 1/3 & 1/3 & 1/3 \\ 3 & 1 & 1/2 & 1/2 \\ 3 & 2 & 1 & 1/2 \\ 3 & 2 & 2 & 1 \end{pmatrix} \begin{pmatrix} 0.0965 \\ 0.2047 \\ 0.2895 \\ 0.4094 \end{pmatrix} = \begin{pmatrix} 0.3977 \\ 0.8437 \\ 1.1931 \\ 1.6873 \end{pmatrix}$$

$\lambda \max = \dfrac{1}{n} \sum_{i=1}^{n} \dfrac{(BW)_i}{W_i} = (1/4) \times (0.3977/0.0965 + 0.8437/0.2047 + 1.1931/0.2895 + 1.6873/0.4094) = 4.1214$

$CI = \dfrac{\lambda \max - n}{n - 1} = (4.1214 - 4)/(4 - 1) = 0.0405$

第二步，计算衡量一致性程度的随机一致性比例 $CR = CI/RI$。其中，RI 为平均随机一致性系数（见表 7-5[①]），是针对多阶判断矩阵而引入的。一般规定，当 $CR < 0.1$ 时，判断矩阵具有满意的一致性，否则就需要调整判断矩阵。

[①] 冯晖：《教育评估计算学》，高等教育出版社 2012 年版，第 189 页。

表 7-5　　　　　　　　　　n 阶判断矩阵的 RI 系数值

n	1	2	3	4	5	6	7	8	9
RI	0	0	0.58	0.90	1.12	1.24	1.32	1.41	1.45

由表 7-5 可知，$n = 4$ 时，RI $= 0.90$，则可得随机一致性比例

CR $=$ CI/RI $= 0.0405/0.90 = 0.045 < 0.1$

因此，该判断矩阵具有满意的一致性，说明由该判断矩阵计算而得的指标权重具有一定的可信度。

（三）农民工子女义务教育发展指标体系的去量纲化

由于选取的各指标的量纲差异很大，所以并不能直接进行综合评价，必须先对不同量纲的指标进行去量纲化。

1. 数据去量纲化的方法选择

数据的去量纲化又被称为数据的标准化，即去掉指标数据的不同量纲。去量纲化主要有三种方法，即直线型、折线型和曲线型。直线型去量纲化在处理数据时假设数据处理前后的值之间呈线性关系，即实际值的变化导致标准化后的值相应比例的变化。折线型去量纲化适用于那些在不同区间变化导致对被评价对象影响程度不一的数据。曲线型去量纲化方法的计算结果虽比较精确，但其计算过程复杂，且与直线型去量纲化方法的计算结果大致接近。所以，根据本指标体系的特征，本书选择计算较简单的直线型去量纲化方法。

直线型去量纲化包括阈值法、比例法、增长率法和 Z 评分法四种。在综合评价指标体系的计算中，一般常用阈值法和增长率法。阈值法一般先确定数据的最大值和最小值，然后用数据的实际值与最值的差除以极差，其数值在 0—1 之间，便于指数的合成。阈值法一般用于横向比较，如联合国计划开发署的"人类发展指数"的数据标准化即是采用该方法。增长率法适用于测量增长的幅度，常用于进行时间序列分析，即不同年份的纵向比较。因本书的目的在于横向比较各区域的农民工子女义务教育发展总体水平，所以本书选择阈值法。

2. 数据去量纲化的操作步骤

使用阈值法对数据进行去量纲化大致包括如下步骤：

（1）确定各指标数据的阈值

根据各指标数据的来源的不同，确定各指标数据的阈值又可分为以下

三种情况。一是依据有关的统一规定来确定阈值。例如,《国家教育事业发展第十二个五年规划》在"教育服务社会和文化建设目标"中指出,"进城务工人员农民工子女在公办学校接受免费义务教育的比例达到85%以上"[①]。因此,有关农民工子女在公办学校的就读率的最小值应为85%,而其最大值则应为100%。

二是选取各地（用于横向比较）或某地（用于纵向比较）的实际值中的极大值与极小值作为阈值。例如,各地因经济发展程度存在差异,所以其"农民工子女每学期的生均补助费用"可能并不相同。因而,像这一类指标应采用以各地的实际值中的极小值与极大值作为其阈值。

三是有关主观态度类指标的数据可自行设定阈值。如本研究中有关教育满意度的指标即可采用此方式。因本研究拟采用李克特五点式问卷调查,其选项"一点儿也不满意""有点不满意""差不多满意""比较满意""非常满意"的分值范围从1到5,所以教育满意度相关指标的阈值应分别为1和5。

（2）利用极差公式进行数据标准化

常用的极差公式如下：

正向指标：$X_{new} = (X - X_{min}) / (X_{max} - X_{min})$

反向指标：$X_{new} = (X_{max} - X) / (X_{max} - X_{min})$

其中,X_{new}代表去量纲化后的值；X代表各指标数据的实际值；X_{max}是指标数据的最大值；X_{min}是指标数据的最小值。

第四节　进城农民工子女义务教育发展指数合成

一　发展指数合成的方法选择

在多指标综合评价中,合成是指通过按一定的计算方式将多个指标对被评价事物不同方面的评价值综合在一起以得到一个整体性的评价。其一

[①] 中国教育和科研计算机网：《国家教育事业发展第十二个五年规划（全文）》,http://www.edu.cn/zong_he_870/20120723/t20120723_813704_3.shtml. 2012年7月23日/2013年11月11日。

般方法有加法合成、乘法合成、加乘混合和代换法四种（具体比较见表7-6①），而经常使用的则是加法合成和乘法合成两种。

表7-6　　　　　　　　四种指数合成方法的比较

	加法合成	乘法合成	加乘混合	代换法
指标间的补偿作用	线性补偿	很少补偿	部分补偿	可完全补偿
指标间的关系	独立	相关	部分相关	相关
权重的作用	较重要	不太重要	一般	通常不设权重
对指标间差异变动的反映	不太敏感	最敏感	较敏感	最不敏感
计算的复杂程度	最简单	比加法复杂	较复杂	比乘法复杂
对评价值的要求	无	评价值大于零	部分评价值要大于零	无
合成结果	突出较大评价值且权重较大者的作用	突出较小评价值的作用	介于加法和乘法之间	决定于评价值中的最高水平
方法原则	主因素突出型	强调水平一致		主因素决定型

从表7-6可知，与加法合成相比，乘法合成强调各指标的一致性，而且要求各指标的差异较小，同时还突出了评价值较小的指标的作用。而本研究中的指标体系并不要求各指标具有一致性，甚至还设计了部分反向指标。另外，本书的目的还在于突出主要因素的作用。所以，综合各方面的考虑，本研究最终选择加法合成法。

二　教育发展指数的合成处理

线性加法合成法是多指标综合评价指数合成最常用的方法，其计算公式为

$$Y = \sum_{i=1}^{n} W_i X_{newi} \ (i=1, 2, 3, \cdots, n)$$

Y表示综合评价指数，n表示指标的个数，W_i表示第i项指标的权重，X_{newi}表示第i项指标数据去量纲化后的值。根据此公式，农民工子女义务教育发展指数的计算如下（下面的D1至D37为四级指标去量纲化后的值）：

---

① 邱东：《谁是政府统计的最后东家》，中国统计出版社2003年版，第38页。

（一）教育保障指数

教育保障指数 $B1 = 0.5396 \times$ 入学保障指数 $C1 + 0.297 \times$ 办学保障指数 $C2 + 0.1634 \times$ 经费保障指数 $C3$。

其中，入学保障指数 $C1 = 1/3$（$D1+D2+D3$）；办学保障指数 $C2 = 1/5$（$D4+D5+D6+D7+D8$）；经费保障指数 $C3 = 1/4$（$D9+D10+D11+D12$）。

（二）教育公平指数

教育公平指数 $B2 = 0.4934 \times$ 机会平等指数 $C4 + 0.3108 \times$ 过程公平指数 $C5 + 0.1958 \times$ 差异补偿指数 $C6$。

其中，机会平等指数 $C4 = 1/3$（$D13+D14+D15$）；过程公平指数 $C5 = 1/2$（$D16+D17$）；差异补偿指数 $C6 = 1/2$（$D18+D19$）。

（三）教育提升指数

教育提升指数 $B3 = 0.5714 \times$ 学生学业成就指数 $C7 + 0.2857 \times$ 教师专业发展指数 $C8 + 0.1429 \times$ 学校服务能力指数 $C9$。

其中，学生学业成就指数 $C7 = 1/4$（$D20+D21+D22+D23$）；教师专业发展指数 $C8 = 1/4$（$D24+D25+D26+D27$）；学校服务能力指数 $C9 = 1/3$（$D28+D29+D30$）。

（四）教育满意指数

教育满意指数 $B4 = 0.5936 \times$ 学生满意指数 $C10 + 0.25 \times$ 家长满意指数 $C11 + 0.157 \times$ 教师满意指数 $C12$。

其中，学生满意指数 $C10 = 1/2$（$D31+D32$）；家长满意指数 $C11 = 1/2$（$D33+D34$）；教师满意指数 $C12 = 1/3$（$D35+D36+D37$）。

（五）农民工子女义务教育发展指数

农民工子女义务教育发展指数 $CEDI = 0.0956 \times$ 教育保障指数 $B1 + 0.2047 \times$ 教育公平指数 $B2 + 0.2895 \times$ 教育提升指数 $B3 + 0.4094 \times$ 教育满意指数 $B4$。

主要参考文献

国内部分：

专著类：

[德] 柯武刚、史漫飞：《制度经济学——社会秩序与公共政策》，韩朝华译，商务印书馆 2002 年版。

[法] 卢梭：《社会契约论》，何兆武译，商务印书馆 1982 年版。

[法] 托克维尔：《论美国的民主》，董果良译，沈阳出版社 1999 年版。

[古希腊] 亚里士多德：《政治学》，发海彭译，商务印书馆 1965 年版。

[古希腊] 亚里士多德：《尼各马可伦理学》，廖申白译，商务印务馆 2003 年版。

[美] 安·弗洛里妮、赖海榕等：《中国试验——从地方创新到全国改革》，冯瑾等译，中央编译出版社 2013 年版。

[美] 戴维·奥斯本、特德·盖布勒：《改革政府》，周敦仁译，上海译文出版社 2006 年版。

[美] 罗伯特·诺齐克：《无政府、国家与乌托邦》，何怀宏等译，中国社会科学出版社 1991 年版。

[美] 罗尔斯：《正义论》，何怀宏等译，中国社会科学出版社 2003 年版。

[美] 纳达夫·萨弗兰：《以色列的历史和概况》，北京大学历史系翻译小组译，人民出版社 1973 年版。

[美] 诺曼·K. 邓金：《解释性交往行动主义》，周勇译，重庆出版社 2004 年版。

［美］萨巴蒂尔：《政策过程理论》，彭宗超、钟开斌译，生活·读书·新知三联书店2004年版。

［美］珍妮特·V.登哈特、罗伯特·B.登哈特：《新公共服务——服务，而不是掌舵》，丁煌译，中国人民大学出版社2010年版。

［英］戴维·伯姆：《论对话》，王松涛译，教育科学出版社2004年版。

［英］简·莱恩：《新公共管理》，赵成根译，中国青年出版社2004年版。

安双宏：《印度教育战略研究》，浙江教育出版社2013年版。

范先佐等：《三尺书桌何处寻——流动人口子女教育困难与破解》，江苏教育出版社2011年版。

金辉、杨莉：《可怕的温州人》，光明日报出版社2006年版。

李丽红：《多元文化主义》，浙江大学出版社2011年版。

梁治平：《法辨》，贵州人民出版社1992年版。

刘建娥：《中国乡——城移民的城市社会融入》，社会科学文献出版社2011年版。

刘楠来：《发展中国家与人权》，四川人民出版社1994年版。

鲁善坤：《求知求真，卓越发展——重庆一中教育创新研究》，教育科学出版社2011年版。

潘忠强等：《2013年温州经济社会形势分析与预测》，社会科学出版社2013年版。

史晋川等：《制度变迁与经济发展：温州模式研究》，浙江大学出版社2002年版。

王长纯：《印度教育》，吉林教育出版社2000年版。

吴敬链等：《无锡经验：中国经济发展转型的个案研究》，上海远东出版社2010年版。

肖宪：《中东国家通史·以色列卷》，商务印书馆2001年版。

徐一超：《低门槛 双通道 上好学——进城务工人员子女教育的杭州模式》，中国广播电视大学出版社2009年版。

杨曼苏：《以色列——谜一般的国家》，世界知识出版社1992年版。

余世存：《大民小国》，江苏文艺出版社2012年版。

俞可平：《治理与善治》，社会科学文献出版社 2000 年版。

袁振国等：《农民工子女教育问题研究》，经济科学出版社 2012 年版。

张慧洁、文达等：《二战以来各国迁徙人口教育保护政策——兼论流动人口及子女受教育权的法学问题》，吉林大学出版社 2011 年版。

郑金洲：《教育文化学》，人民教育出版社 2000 年版。

中国（海南）改革发展研究院：《中国农民权益保护》，中国经济出版社 2004 年版。

周佳：《教育政策执行研究——以进城就业农民工子女义务教育政策执行为例》，教育科学出版社 2007 年版。

朱旭东：《新比较教育》，高等教育出版社 2008 年版。

期刊类：

曹淑江、张辉：《美国流动和迁徙人口的教育法律与政策及其对中国的启示》，《外国教育研究》2007 年第 1 期。

陈美芬：《外来务工人员子女父母教养方式的研究》，《心理科学》2007 年第 5 期。

陈瑞丰：《美国流动儿童入学保障机制的借鉴意义》，《上海教育科研》2006 年第 7 期。

陈振明：《从公共行政学、新公共行政学到公共管理学——西方政府管理研究领域的"范式"变化》，《政治学研究》1999 年第 1 期。

陈振明：《评西方的"新公共管理"范式》，《中国社会科学》2000 年第 6 期。

褚宏启：《城乡教育一体化：体系重构与制度创新——中国教育二元结构及其破解》，《教育研究》2009 年第 11 期。

杜剑峰：《美国非法移民如何争夺教育平等权?》，《社会观察》2013 年第 2 期。

段成荣、吕利丹等：《城市化背景下农村留守儿童的家庭教育与学校教育》，《北京大学教育评论》2014 年第 3 期。

高明华：《教育不平等的身心机制及干预策略——以农民工子女为例》，《中国社会科学》2013 年第 4 期。

韩世强：《流动儿童受义务教育权的实现及司法救济——兼论超法规

路径的行政诉讼变革》,《华中师范大学学报(人文社会科学版)》2008年第5期。

江怡:《制度变迁理论对中国现代化路径选择的启示》,《江汉论坛》2003年第12期。

姜晓萍、郭金云:《基于价值取向的公共服务绩效评价体系研究》,《行政论坛》2013年第6期。

阚阅:《公平与积极的反歧视:印度义务教育均衡发展策略透析》,《比较教育研究》2011年第8期。

孔令帅:《发展中国家大都市基础教育均衡发展中的政府作用——以印度德里为例》,《外国教育研究》2011年第3期。

孔令帅:《教育均衡发展与政府责任——试论印度政府在基础教育均衡发展中的作用》,《比较教育研究》2010年第5期。

雷万鹏、汪传艳:《农民工随迁子女"入学门槛"的合理性研究》,《教育发展研究》2012年第24期。

李芳洲、白金英:《以色列教育发展与人的现代化》,《内蒙古民族大学学报》2008年第1期。

李俊清:《试论民族地区制度变迁的路径选择与可持续发展》,《中国行政管理》2009年第7期。

李培林:《改革和发展的"中国经验"》,《甘肃社会科学》2010年第4期。

李屏南、朱国伟:《转型社会和谐利益场的构建:制度功能与政府角色——量、向、质的分析范式》,《湖南师范大学学报》2009年第6期。

李志芬:《主体民族主义与国族构建的悖论——以色列民族政策思想之评析》,《西非亚洲》2011年第7期。

刘小楠、许玉镇:《美国教育平等权的法律保护及其对中国的启示》,《中国法学教育研究》2008年第2期。

刘延东:《指导我国教育改革发展的宏伟纲领和行动指南》,《求是》2010年第17期。

潘光:《试论以色列的文化发展和科教兴国》,《世界经济研究》2004年第6期。

邱兴:《以色列新移民子女教育的经验教训》,《外国中小学教育》

2005 年第 2 期。

任国平：《给学生可选择的教育——江苏省无锡市蠡园中学育人纪实》，《人民教育》2009 年第 19 期。

桑锦龙、雷虹等：《我国城市流动人口农民工子女高中阶段入学问题初探》，《教育研究》2009 年第 7 期。

邵宁、王立影：《美国非法移民子女教育研究》，《外国教育研究》2011 年第 5 期。

邵宁：《容纳还是排斥？——美国非法移民子女社会生活状况研究》，《青年探索》2011 年第 4 期。

石隆伟等：《面临挑战不懈改革：印度"十一五"规划初等教育发展战略探析》，《西南大学学报》（社会科学版）2011 年第 3 期。

石人炳：《美国关于流动儿童教育问题的研究与实践》，《比较教育研究》2005 年第 10 期。

孙立新：《美国移民教育发展新阶段特征研究》，《国家教育行政学院学报》2012 年第 2 期。

陶西平：《我国流动儿童教育问题的制约因素和政策出路》，《教育科学研究》2012 年第 5 期。

王中会、蔺秀云、方晓义：《公办学校和打工子弟学校中流动儿童城市适应过程对比研究》，《中国特殊教育》2010 年第 12 期。

邬志辉：《当前我国城乡义务教育一体化发展的核心问题探讨》，《教育发展研究》2012 年第 17 期。

吾幼喜：《改革试点方法分析》，《经济体制改革》1995 年第 6 期。

吴霓、张宁娟等：《农民工随迁子女教育的五大趋势及对策》，《当代教育科学》2010 年第 7 期。

吴霓、朱富言：《流动人口农民工子女在流入地升学考试政策分析》，《教育研究》2014 年第 4 期。

项继权：《农民工子女教育：政策选择与制度保障——关于农民工子女教育问题的调查分析及政策建议》，《华中师范大学学报（人文社会科学版）》2005 年第 3 期。

谢建社、牛喜霞、谢宇：《流动农民工随迁子女教育问题研究——以珠江三角城镇地区为例》，《中国人口社会科学》2011 年第 1 期。

熊春文、史晓晰、王毅：《"义"的双重体验——农民工子弟的群体文化及其社会意义》，《北京大学教育评论》2013年第1期。

薛华领：《以色列教育立国之路与创新策略》，《教育研究》2012年第11期。

俞可平：《新移民运动、公民身份与制度变迁：对改革开放以来大规模农民工进城的一种政治学解释》，《经济社会体制比较》2010年第1期。

袁方成：《农村流动儿童教育权利保障的国际观察与启示——以美国的"流动学生教育计划"政策为参照》，《中国青年研究》2008年第5期。

袁连生：《农民工子女义务教育经费负担政策分析》，《中国教育学刊》2010年第2期。

张彩云、毕诚：《以色列创新人才培养战略及其启示》，《中国教育学刊》2013年第12期。

张绘、郭菲：《美国流动儿童教育管理和教育财政问题及应对措施》，《比较教育研究》2011年第8期。

张倩红：《论以色列教育的特点》，《西北大学学报》（哲学社会科学版）2000年第1期。

张青：《美国乡村流动儿童的教育及其经验借鉴》，《外国教育研究》2007年第4期。

张媛、任翠英：《为了更加公平的教育——由印度的基础教育改革历程着眼》，《外国教育研究》2008年第5期。

张运红、冯增俊：《美国移民社会融合的教育实践模式探讨》，《比较教育研究》2014年第3期。

张兆曙：《城市议题与社会复合主体的联合治理——对杭州3种城市治理实践的组织分析》，《管理世界》2010年第2期。

中国教育科学研究所课题组：《进城务工农民工随迁子女教育状况调研报告》，《教育研究》2008年第4期。

钟伟军：《地方政府在社会管理中的"不出事"逻辑：一个分析框架》，《浙江社会学》2011年第9期。

周国华、陈宣霖：《美国儿童"流动教育项目"监测与评估研究及启示》，《比较教育研究》2014年第5期。

周皓：《流动儿童的心理状况与发展——基于"流动儿童发展状况跟踪调查"的数据分析》，《人口研究》2010年第2期。

邹泓等：《中国九城市流动儿童发展与需求调查》，《青年研究》2005第2期。

学位论文类：

冯广林：《美国少数人受教育权法律保护研究》，中央民族大学，2012年。

李志芬：《以色列民族构建研究——意识形态、族群、宗教因素的探讨》，西北大学，2009年。

刘晓婧：《实质自由与社会发展——阿马蒂亚·森正义思想研究》，吉林大学，2010年。

杨妮：《美国加州"流动学生教育计划"研究》，西南大学，2013年。

报纸、报告其他类：

陈桂芬：《外来务工子女教育管理的策略》，《温州商报》2006年12月30日。

陈瑞昌、张策华：《百尺竿头再跨越——江苏无锡创建义务教育高位均衡发展示范区纪实》，《中国教育报》2009年11月17日。

郭晓琼等：《广州外来工积分入户竞争降温》，《工人日报》2012年11月15日。

黄蓉芳等：《发放"教育券"解决外来工子女入学》，《广州日报》2008年8月29日。

雷雨：《354名外来工子女获粤高考"入场券"》，《南方日报》2014年2月22日。

雷雨等：《"高中指标到校"今年不会施行》，《南方日报》2011年2月22日。

李博、番禺：《民办学校为打工子弟入学撑起半边天》，《中国经济导报》2013年5月14日。

林圳等：《广州：外来工子女同时满足5大条件可申读公办学校》，《羊城晚报》2013年1月28日。

马晖：《"流动儿童"生根策》，《21世纪经济报道》2009年12月14日。

吴彤、郭晓兰、潘萱：《广州番禺试行外来工子女积分申请读公立学校》，《羊城晚报》2010年7月17日。

《新市民子女上学有新政策》，《江南晚报》2008年9月2日。

张婷：《全国超八成农民工子女就读公办校》，《中国教育报》2014年2月21日。

张西陆等《外来工子女在穗中考有三年过渡期》，《南方日报》2014年3月25日。

周大正：《温州破解流动人口子女教育难题》，《温州商报》2007年9月2日。

国外部分：

专著类：

Banks, J.A.*Multiethnic Education*: *Theory and Practice*.Boston: Ally and Bacon, 1988.

Brian K. Fitzgerald, Patricia A. Hopper. A Review and Description of Services for Migrant

Children.Washington, DC: Education Analysis Center for State and Grants, 1985.

Daniel J, Elazar. Israel: Building a New Society. Indiana University Press, 1986.

Devorah Kalekin Fishman.Ideology, Policy, and Practice: Education for Immigrants and Minorities in Israel Today.New York: Kluwer Academic Publishers, 2004.

Haim Gaziel.Politics and Policy-Making in Israel's Education System .Portland: Sussex Academic Press, 1996.

J.C.Aggarwal.Education Policy in India: 1992 and Review 2000 and 2005. Delhi: Shipra Publications, 2009.

Merike Darmody, Naomi Tyrrell. The Changing Faces of Ireland: Exploring the Lives of Immigrant and Ethnic Minority Children.Boston: Sense Publishers, 2011.

Yaacov Iram, Mirjam Schmida.The Educational System of Israel.Westport:

Green Wood Press, 1998.

期刊论文类:

Angela Maria Branz-Spall, Roger Rosenthal. "Children of the Road: Migrant Students, Our Nation's Most Mobile Population." Journal of Negro Education, 2003, (1): 55-62.

Jean Pierre Espinoza. " Overview And Analysis of the Development, Relief, And Education For Alien Minors A (Dream Act): 'What Was Not But Could Be'." Journal of Migration and Refugee Issues, 2009, (5): 1-12.

Nitza Davidovitch. " Educational Challenges in a Multicultural Society: The Case of Israel." Cross-Cultural Communication, 2012, (2): 29-39.

Ori Eyal, Izhak Berkovich. "National challenges, Educational Reforms, and Their Influence on School Management: the Israeli Case." Educational Planning, 2011, 19 (4): 44-63.

Rachel Peleg, Chaim Adler. " Compensatory Education in Israel: Conceptions, Attitudes, and Trends." American Psychologist, 1977, (11): 945-958.

Salinas.Education Experience of Children in the Migrant Stream: Ecological Factors Necessary for Academic Success, Bowing Green: Bowling Green State University, 2007.

Zvi Bekerman. "Israel: Unsuccessful and Limited Multicultural Education." SA-eDUC JOURNAL, 2009, (2): 132-145.

Zvi Bekerman. "Potential and Limitations of Multicultural Education in Conflict-Ridden Areas: Bilingual Palestinian-Jewish Schools in Israel." Teachers College Record, 2004, (3): 574-610.

报告类:

Bureau of Migrant Education.Migrant Child Advocate Handbook.Louisiana State, 1998.

Government of India Planning Commission.Faster, Sustainable and More Inclusive Growth: An Approach to the Twelfth Five Year Plan (2012-17).New Delhi: India Office Press, 2011.

Ministry of Human Resource Development, Government of India.Report to the People on Education 2011-12." New Delhi, 2013.

Maria Teresa Tatto, Virginia Lundstrom - Ndibongo. The Education of Migrant Children In Michigan: A Policy Analysis Report (2000). Michigan State: Julian Samora Research Institute, 2000.

NUESCO, UNICEF. For a Better Inclusion of Internal Migrants in India Policy Briefs. New Delhi, 2012.

Resendez, Miller. A Comprehensive Plan for the Education of American's Migrant Children. National Association of Migrant Education, 1993.

The Publications Department Ministry of Immigrant Absorption. Information for Immigrant Students. Rehov Hille, 2012.

UNESCO, Ministry of Human Resource Development. Education for Street and Working Children in India. New Delhi, 2001.

后　　记

　　进城农民工子女教育问题是伴随着中国工业化、城镇化的社会转型过程出现的一个重大社会问题。它不只是一个教育问题，也是一个管理问题，还是一个政策问题。

　　本书始于作者2010年主持的国家社科基金项目《进城农民工子女教育政策绩效评价与体制创新研究》，为了完成这个课题，课题组成员经过长达五年的理论思考和实证调查，并结合国内外最新的研究成果，终于完成了这一课题。在这个研究过程中，我们发现了中国农民工子女教育问题的特殊性，同时又与世界各国流动儿童的教育问题一样具有相似的一面。为此我们提出了中国农民工子女教育问题解决的独特观点，并对如何进一步促进地方政府持续改进农民工子女教育设计了一套评估指标体系。欣慰的是，我们的研究结论产生的良好的社会效应，先后多次应《中国教育报》等多个重要报纸要求把其中一些研究成果在他们的重要版面上发表，我们的研究成果还多次被一些重要学术刊物转载，被多家网页转载和摘引。

　　在本书的出版过程中，要特别感谢浙江师范大学教师教育学院院长周跃良的大力支持，出版经费的落实离不开他的鼎力帮助。本书的出版还要感谢中国社会科学出版社宫京蕾编辑的大力协助，宫编辑在每一次的电话和QQ信息交流中，总是耐心和从容，让我深感宽慰。另外，还要感谢此书的研究过程中那些帮助联系学校、机构的朋友，出于某种需要我不能一一公布他们的名字，在此一并深切致谢！

　　我还要感谢我的研究生，郭元凯、张蕊蕊、华巧红、陈宣霖、王琳、周文元、侯晓光、吴海江、姚丹丹等，他（她）们不管是研究过程，还是写作过程都积极参与、认真工作！他们的具体贡献都在书中有专门说明。感谢研究生王少菲、徐思奇和肖红杰对本书的校对做了很大的贡献！

本书的部分章节在研究过程中作为阶段性的成果，曾发表在《教育发展研究》《比较教育研究》《教师教育研究》《人口与经济》等学术刊物中，有的也曾是作者在参加学术年会时的发言材料。

虽然作者从事流动人口及社会弱势群体教育研究已经十多年了，但由于水平有限，加上时间仓促，错误和疏漏之处肯定难免，恳请读者批评指正。

作者

2020 年 1 月